Mulheres nas Luzes

Mulheres nas Luzes

Organização, tradução e notas
Regina Schöpke & Mauro Baladi

editora
unesp

Direitos de publicação reservados à:
Fundação Editora da Unesp (FEU)
Praça da Sé, 108
01001-900 – São Paulo – SP
Tel.: (0xx11) 3242-7171
Fax: (0xx11) 3242-7172
www.editoraunesp.com.br
www.livrariaunesp.com.br
atendimento.editora@unesp.br

AMBASSADE
DE FRANCE
AU BRÉSIL
Liberté
Égalité
Fraternité

Cet ouvrage, publié dans le cadre du Programme d'Aide à la Publication année 2024 Carlos Drummond de Andrade de l'Ambassade de France au Brésil, bénéficie du soutien du Ministère de l'Europe et des Affaires étrangères.

Este livro, publicado no âmbito do Programa de Apoio à Publicação ano 2024 Carlos Drummond de Andrade da Embaixada da França no Brasil, contou com o apoio do Ministério francês da Europa e das Relações Exteriores.

Dados Internacionais de Catalogação na Publicação (CIP) de acordo com ISBD
Elaborado por Odilio Hilario Moreira Junior – CRB-8/9949

S373m Schöpke, Regina (org.)

Mulheres nas Luzes / Regina Schöpke, Mauro Baladi; organizado por Regina Schöpke, Mauro Baladi; traduzido por Regina Schöpke, Mauro Baladi. – São Paulo: Editora Unesp, 2024.

Inclui bibliografia.
ISBN: 978-65-5711-221-2

1. Filosofia. 2. Iluminismo. 3. História da filosofia. 4. Mulheres. 5. Pensadoras. 6. Mulheres filósofas. 7. Século das Luzes. 8. Filosofia ocidental. I. Baladi, Mauro. II. Título.

CDD 100
2024-2691 CDU 1

Editora afiliada:

Asociación de Editoriales Universitarias de América Latina y el Caribe

Associação Brasileira de Editoras Universitárias

Sumário

Introdução – As mulheres nas Luzes: os primórdios da revolução feminina . 7
Regina Schöpke

Reflexões novas sobre as mulheres por uma dama da corte . 35
Marquesa de Lambert

Apologia do belo sexo – Fábula com algumas reflexões curiosas e divertidas . 61
Cavaleiro de Cerfvol

A apoteose do belo sexo . 103
André-François Boureau-Deslandes

O triunfo do sexo feminino . 135
Joseph-Antoine-Toussaint Dinouart

A mulher não é inferior ao homem – Dissertação na qual se prova que a mulher não é inferior ao homem . 171
Madeleine de Puisieux

Ensaio sobre a educação das donzelas . 229
Adélaïde d'Espinassy

Mulher – físico e moral . 261
Voltaire

Ensaio sobre a saúde das moças núbeis . 279
Pierre Virard

Memória em prol do sexo feminino contra o sexo masculino . 305
Marie Armande Jeanne Gacon-Dufour

Filosofia de uma mulher . 331
Anônimo

Queixas e lamentações das mulheres malcasadas . 361
Cailly

Os preconceitos destruídos (Das mulheres) . 393
Joseph-Marie Lequinio de Kerblay

Introdução

As mulheres nas Luzes: os primórdios da revolução feminina

O século XVIII, também conhecido como o "Século das Luzes", representou, filosófica e politicamente, um profundo divisor de águas na história do Ocidente. Sem dúvida, a disseminação dos ideais de liberdade, igualdade e fraternidade, que tanto embalaram os iluministas – especialmente os franceses – na crítica contra os abusos religiosos e políticos, fizeram desse movimento intelectual um fenômeno que se estendeu para muito além da Europa (como podemos constatar pelos episódios da Independência norte-americana e da Inconfidência mineira).

Para muitos estudiosos, o conceito de "esclarecimento" (*Aufklärung*) de Kant expressa a essência mais profunda do espírito das "Luzes" e do chamado "século da razão", exatamente por conclamar os homens a saírem de seu estado de menoridade (a que estariam condenados por culpa deles próprios) e assumirem a responsabilidade por suas vidas e ações a partir do uso correto de seu entendimento. No entanto, são os franceses – como Voltaire, Diderot, Rousseau, Holbach etc. – que parecem ter entendido melhor a relação estreita que existe entre os indivíduos e o campo social e histórico que os constitui, de modo que é no Iluminismo francês que a ideia da liberdade individual se apresenta inexoravelmente atrelada à luta por uma liberdade política e social – ou, em outras palavras, é ali que ela se encontra inseparável das circunstâncias concretas em que a vida humana se manifesta.

É por isso que, ainda que Kant tenha razão em acentuar a importância das letras para se atingir alguma liberdade, nem por isso o filósofo alemão avança, como os franceses, na crítica aos poderes instituídos que mantinham o povo apartado da educação, ou seja, aprisionado em uma ignorância que, como já bem diziam os antigos gregos, é a fonte de muitas superstições, preconceitos e fanatismos. Em resumo, a "ilustração" não costuma interessar aos poderes estabelecidos exatamente porque amplia a consciência crítica. E, afinal, como já mostravam filósofos como Epicuro e Espinosa, é preciso enfraquecer o outro para melhor dominá-lo.

É neste sentido que a diferença crucial trazida pelos iluministas franceses foi a ruptura com o encastelamento da filosofia (herança dos longos séculos da Idade Média), ao criar mecanismos poderosos de circulação do pensamento para além da própria elite letrada. Se isso não era suficiente para solucionar o problema da falta de uma educação para todos, ao menos fazia com que as ideias atingissem o máximo de pessoas possível, seja por meio de textos, a maioria clandestinos, seja oralmente. Em poucas palavras, é neste período do Iluminismo francês que vemos os filósofos se voltarem cada vez mais para o seu tempo e para o contexto social mais imediato, deixando em segundo plano as antigas querelas metafísicas. E foi assim que, abandonando a segurança e o conforto das cátedras e gabinetes, o Iluminismo francês se transformou em uma verdadeira máquina de guerra apontada para os abusos seculares da Igreja e da nobreza, que dividiam todo o poder ao se legitimarem mutuamente.

Essa guerra – ou, melhor, essa guerrilha, sempre clandestina e subterrânea, por razões óbvias – teve como seu fruto mais visível a Revolução Francesa, ainda que, em tudo e por tudo, pode-se dizer que os antigos ideais libertários, igualitários e fraternos dos próprios iluministas acabaram sendo traídos por ela – e igualmente por razões óbvias. Afinal, os interesses envolvidos nessa mudança de sistema, que pleiteavam maior liberdade individual e política (em resumo, lutavam pela liberdade de expressão, pela liberdade religiosa, pela separação entre Estado e religião etc.), iam muito além da luta iluminista pela libertação humana, embora isso não tenha impedido esse movimento de estar na base das mais genuínas frentes de batalha e de transformações sociais que eclodiriam naquele século e, mais ainda, nos seguintes.

Sim, os jogos do poder são bem mais perversos e a verdade é que a política não é feita por filósofos, mas é claro que a emergência de um pensamento crítico, que colocava em juízo as "verdades absolutas" que há séculos legitimavam os abusos cometidos pelos poderes, não poderia deixar de produzir cicatrizes, de abrir fendas, fissuras, nesse sistema (e, claro, não poderia deixar de abrir definitivamente as portas para novas críticas e contestações contra todas as formas de opressão). O problema é que são muitas as forças e as variáveis atuando nesse momento; muitas são as insatisfações sociais, e também muitas são as ambições que se cruzam nessa verdadeira trama do poder.

É assim que vemos nascer, com o Iluminismo francês, uma filosofia de cunho mais político, cujas críticas são intensamente difundidas por manuscritos e impressos clandestinos de surpreendente circulação, sendo também digno de nota o fato de que tais críticas acabaram sendo apropriadas tanto pelas camadas mais instruídas da sociedade, que também tencionavam levar a cabo seus próprios combates, quanto por um segmento do Terceiro Estado bastante descontente na época, no caso, a burguesia, que ansiava igualmente por ainda maiores transformações – já que, na prática, era ela quem sustentava economicamente o Antigo Regime, embora continuasse sem ter qualquer voz, qualquer poder político.

Ao lado, portanto, de uma crítica propriamente filosófica, dirigida contra o poder absoluto dos monarcas, contra os privilégios de sangue e contra o domínio teológico-político e cultural da Igreja – que ainda queimava seus hereges em pleno século XVIII –, veremos começar a pulular outros interesses políticos, alguns até mesmo antagônicos e, sobretudo, como ressaltamos acima, novos focos de luta legítimos, que, embora ainda incipientes, eram igualmente prementes, ainda que tais causas estivessem bastante invisibilizadas em função dos atavismos sociais e da naturalização de muitas dessas opressões. Referimo-nos aqui à opressão feminina, mas também à dos negros que foram escravizados (e que por mais que, na época, já houvesse algum clamor em torno da ideia dos direitos universais dos homens, a escravidão ainda permaneceria durante longo tempo), e também, com pouca ou quase nenhuma ressonância na época, mas nem por isso menos arbitrária, à tirania que a nossa espécie sempre exerceu sobre todas as outras espécies do planeta.

Sobre esta última forma de opressão, a título de curiosidade e também para mostrar como a desconstrução da lógica opressora acaba passando por toda e qualquer tirania humana, independentemente de quais sejam as vítimas, foi também nesse momento de contestações que o movimento que no século XX seria chamado de "causa animal" fez sua entrada em cena, mesmo que timidamente – a saber, em uma nota de pé de página da renomada obra do jurista e filósofo inglês Jeremy Bentham, "Uma introdução aos princípios da moral e da legislação", de 1789 (curiosamente, no mesmo ano da Revolução Francesa). É surpreendente ver como Bentham emprega ali o termo tirania para falar também da nossa relação com os animais, além do fato de que é também nessa nota que aparece, pela primeira vez, mesmo que de modo breve, o tema da senciência animal – que, em suma, é a capacidade de ter, de modo consciente, sensações e sentimentos, incluindo-se a dor, o sofrimento – algo que havia sido arbitrariamente negado em relação aos animais por Descartes (embora a experiência sempre tenha sido profícua em mostrar o contrário disso).

Hoje isso já não nos surpreende tanto, levando-se em conta que até a ciência da época terminava por corroborar os preconceitos e abusos cometidos contra os negros, por exemplo, que chegavam a ser pensados como destituídos de alma – ideia que acabava sendo fortalecida por pesquisas, ditas científicas, que defendiam que eles sentiam menos dores que os brancos. É claro que estamos aqui diante de um discurso capcioso que invade até as áreas de saber que mais se orgulham de ser absolutamente compromissadas com o conhecimento objetivo, e, ainda que nos cause profunda indignação a hierarquização dos homens para justificar a usurpação de seus direitos (algo que as mulheres conhecem ainda há mais tempo, e com relação aos próprios homens), é fato que, para nos elevarmos à condição de seres verdadeiramente morais, precisaremos reconhecer que o mesmo discurso que diminui os negros e as mulheres para dominá-los é o que sustenta como natural a tirania exercida sobre todas as formas de vida do planeta: a saber, a hierarquização dos seres (que legitima a ideia de que apenas a nossa espécie tem verdadeiros direitos à vida). Não sem razão tal tirania nos levou hoje a um desequilíbrio climático de proporções gigantescas.

Sim, antes mesmo da escravização dos negros, as mulheres já passavam por isso. Por tantas vezes, a ciência corroborou a ideia da inferioridade do sexo feminino, tendo sido a mulher inclusive pensada durante longo tempo como uma espécie de homem imperfeito, incompleto. Na verdade, não era tão extraordinário encontrar em meio a dados científicos valiosos ideias como a de que, no fundo, só um sexo, o masculino, existia verdadeiramente. E obviamente é impossível não ver, em todas as formas de opressão humana, a ressonância das ideias religiosas vigentes, que, se não se infiltravam no espírito da ciência como um todo, ao menos ressoavam em muitos homens de ciências. É assim que a própria ideia da mulher como um "homem incompleto" e, por isso mesmo, mais vulnerável e fraca, está profundamente enraizada no espírito da época pelos ensinamentos do Velho Testamento judaico-cristão, onde, no livro do Gênesis, a mulher, nascida de uma costela do homem, não deixava de ser um apêndice do único ser que teria sido integralmente feito "à imagem e semelhança de Deus".

Não é sem razão, portanto, que buscamos trazer aqui um panorama mais geral do século XVIII e das questões que o atravessam, porque é preciso, mais que tudo, entender que a luta do Iluminismo francês acabou se convertendo em uma luta contra os poderes instituídos, que levavam os indivíduos a acreditar em uma ordem eterna e imutável do mundo. Por mais críticas que se possa ter contra os partidários convictos da razão, estamos falando daqueles que sabiam que as lutas pela ampliação dos direitos, a luta pela liberdade individual e social, a luta pela própria fraternidade, esbarravam sempre na religião e na moral vigentes, nos costumes e valores atávicos, ou seja, em tudo aquilo que sustenta o *status quo*.

Nesse sentido, e levando-se em consideração que apenas um pensamento verdadeiramente crítico pode descortinar a opressão e a exploração humana, parece-nos bastante perigosa esta verdadeira cruzada atual que se dirige contra a chamada "razão ocidental", considerada, por muitos estudiosos, como a principal (e, às vezes, até a única) responsável pelos grandes males do nosso mundo. Mas nada, no entanto, parece-nos mais ingênuo do que, primeiro, supor que existe uma só "razão ocidental", ou mesmo uma só "razão grega" (quando nem mesmo entre os gregos antigos o conceito de razão era unívoco – e é só comparar a ideia de razão sistematizada por Platão e Aristóteles e a forma como os sofistas e os filósofos não metafísicos a entendiam) e, segundo, porque diminuir cada vez mais o alcance da razão e, consequentemente, do pensamento em seu poder de criticar e transformar a realidade é uma porta mais do que aberta para o fortalecimento de forças que sempre estiveram, em menor ou maior grau, ao lado dos poderes estabelecidos. E é claro que aqui estamos nos referindo às forças religiosas devidamente institucionalizadas.

Sem dúvida, é impossível negar que a luta atual contra o chamado eurocentrismo, que envolve todo o processo da descolonização, é mais do que necessária e urgente para que possam eclodir outras formas de pensar e viver que não sejam as do homem ocidental, branco, heterossexual etc., mas não se pode ser ingênuo a ponto de não perceber outros interesses que se entrelaçam nesta cruzada. Necessária também é a distinção do valor da filosofia como pensamento crítico real do uso político que os poderes sempre fizeram dela. Na verdade, está mais do que na hora de começarmos a nos perguntar de que "razão" estamos falando quando esta legitima os poderes que nos violentam, excluem e hierarquizam as vidas, e que "razão" está verdadeira e inextricavelmente comprometida com a libertação humana.

Parafraseando Kant, está mesmo na hora de sairmos de nossa infância duradoura e, para tal, precisamos compreender que o pensamento também não pode servir às demandas políticas sem levar às últimas consequências a crítica a essas próprias demandas, porque se é verdade, repetimos, que é preciso dar voz a outros mundos que foram dominados e sufocados, mesmo assim é preciso prudência para não cairmos na armadilha de eleger novos modelos de vida e existência. Assim, é preciso, antes de tudo, desfazer os "nós" que nos enredam em uma miríade de interesses, alguns justos, outros demasiado sórdidos e tirânicos, na sempre complexa trama política, da qual, tal como em um *iceberg*, só conseguimos vislumbrar a ponta.

É preciso, então, ter o cuidado para não liberar, nesta luta em prol de nossa própria descolonização, as forças nada libertárias que se contrapõem à razão, pois, se é certo que Nietzsche levou a fundo a crítica da própria razão, também é mais certo ainda que ele não fez isso com o intuito de mergulhar o pensamento no irracionalismo, mas, ao contrário, desejava libertá-lo de seus pressupostos metafísicos implícitos e das prisões demasiado lógicas e excludentes dos raciocínios formais. Dito de outra maneira, a verdadeira finalidade de Nietzsche era ampliar os poderes críticos e criativos do próprio pensamento e não aumentar a potência do mundo mágico-religioso. Em poucas palavras, se continuarmos lutando cegamente, e de um modo até certo ponto pueril, contra "a razão ocidental", talvez em breve só nos reste reclamar das consequências das próximas "revoluções", que, tal como a francesa, coloquem no poder forças que perpetuem ainda mais a opressão e a exploração.

Enfim, uma vez contextualizadas todas estas questões que se entrelaçam, falemos agora diretamente das mulheres, objeto destes escritos, e que são as que mais longamente foram oprimidas pelo que chamamos de "patriarcado", termo que foi e continua sendo muito usado na luta feminista por igualdade social e de direitos entre homens e mulheres. O patriarcado (palavra que remete a pai, patriarca, ou seja, ao homem como a figura central da família, o líder, o chefe) é o nome dado a um sistema que privilegia absolutamente o sexo masculino ou, mais precisamente, o sistema que, desde as primeiras grandes civilizações, usurpou o direito das mulheres de exercer funções que não fossem a do lar e a do cuidado da família.

No patriarcado, como sabemos, vigora a ideia de que apenas os homens são talhados para governar a vida social, política, econômica e moral, devendo ser as mulheres absolutamente tuteladas por eles, por conta da sua fragilidade física e mental – algo que, como já dissemos, a própria ciência, em muitos momentos, ajudou a reforçar, como, por exemplo, quando defendeu durante muito tempo que a menstruação seria uma doença que enfraquece a mulher. Em poucas palavras, e, claro, guardando-se as devidas proporções e diferenças entre os campos sociais, as mulheres, em geral, e com raríssimas exceções, foram subtraídas por completo da vida política e do exercício de qualquer profissão. As exceções à regra dizem mais respeito à condição das mulheres aristocratas, tais como princesas e rainhas que, na falta de um homem na sucessão real, eram elevadas à condição de governantes. E também no caso de aristocratas que podiam ter alguma ilustração, ainda que também vivessem subordinadas aos homens durante toda a vida, passando diretamente da tutela do pai à do marido, e devendo estrita obediência a ambos.

É claro que, em tese, estas ideias já não circulam mais tão abertamente nos meios sociais, mas é fato também que elas continuam bem vivas, como tivemos a ocasião de observar (com consequências que vivemos bem de perto) com o atual fortalecimento político da extrema-direita ultraconservadora em várias partes do mundo. Como também tivemos ocasião de perceber, o vínculo com a religião exerce papel central na legitimação dos poderes autocráticos tão ambicionados por esta porção radical da direita que defende com todas as forças o patriarcado.

Mas, voltando ao século XVIII, em uma época na qual se dá, nas palavras da historiadora Lynn Hunt, a "invenção dos direitos humanos", uma ampla série de costumes e comportamentos abusivos, tidos até então como "naturais" ou "mandamentos divinos", começaram a ser objetos de reflexão e até mesmo a ser apresentados como usurpações – embora uma das vertentes mais polêmicas da luta pela igualdade seja exatamente a que envolve as mulheres, já que até mesmo alguns filósofos iluministas tinham dificuldade para vencer os preconceitos e a desconfiança que atingiam o sexo feminino. Seja como for, pode-se dizer que as primeiras manifestações em favor dos direitos iguais entre homens e mulheres, já em um contexto iluminista, datam das últimas décadas do século XVII, por meio dos escritos do filósofo cartesiano francês François Poullain de La Barre (1647-1723).

Considerado por muitos como o primeiro "feminista", Poullain de la Barre se tornou conhecido por obras como

"Da igualdade entre os dois sexos" (1673) e "Da educação das damas para a conduta do espírito nas ciências e nos costumes" (1674), nas quais ele desenvolve os principais argumentos em defesa da igualdade dos gêneros, a saber: 1 – o homem e a mulher são, em princípio, iguais, física e intelectualmente, diz ele; 2 – a inferioridade que se apresenta nas mulheres é produto das circunstâncias históricas e de sua longa sujeição a um mundo absolutamente masculino; 3 – com uma educação semelhante, diz o filósofo, as mulheres logo se igualariam intelectualmente aos homens e poderiam se ocupar das ciências e da política; 4 – essa educação é negada às mulheres exatamente para perpetuar os privilégios masculinos, para que os homens possam conservar o controle absoluto sobre o chamado "sexo frágil".

Ainda que a obra de Poullain de La Barre não tenha tido uma estrondosa repercussão e nem dado origem a um novo gênero de reflexão filosófica, não podemos dizer que ela não tenha semeado ideias subversivas em algumas cabeças pensantes, já que enunciava com sólidos argumentos algumas verdades que, até então, não costumavam ser objeto de problematização. A ideia, por exemplo, de que a inferioridade perceptível das mulheres na sociedade não era uma determinação da natureza nem uma punição de Deus pelo pecado original abria perspectivas inéditas, especialmente entre algumas mulheres da elite, que também tinham pretensões intelectuais e alimentavam o desejo de liberdade. Infelizmente, tais pretensões nem sempre foram bem-vistas, nem mesmo por filósofos ditos revolucionários (o que só prova que se trata de um preconceito estrutural, que extrapola o próprio tempo).

É assim que, de um lado, temos um Voltaire, cuja longa convivência afetiva e espiritual com a marquesa de Châtelet o levou a chamá-la de "vasta e poderosa gênia" e "Minerva da França", por sua intelectualidade inegável, enquanto, de outro lado, temos um Rousseau, pródigo em criticar as mulheres intelectualizadas, que, segundo ele, estariam trocando os seus "deveres femininos" por um pedantismo estéril. E quando pensamos que por "deveres femininos" se entende, no fundo, os mesmos ideais bíblicos, entendemos como, em Rousseau, eles ganham ainda o reforço da razão. Explicando melhor, em sua obra *Emílio*, Rousseau chega a afirmar que tais considerações sobre a mulher não configuram mero preconceito, mas que se trata de uma determinação tanto da natureza quanto da razão. Em outras palavras, a mulher foi talhada para cuidar da família e, nas palavras do revolucionário Rousseau – ao menos quando se trata de pensar a propriedade privada como a verdadeira causa dos conflitos e das guerras, ou quando produz a ideia do bom selvagem que, estando mais próximo da lógica natural e da vida, está, por consequência, mais distante da corrupção da vida social estatal – a verdadeira função da mulher, diz ele, deve ser a de "agradar ao homem".

Como é possível perceber, nem mesmo alguns notáveis pensadores da liberdade, da igualdade e dos direitos para todos conseguiam levar suas reflexões até o ponto de se desfazer de alguns preconceitos que, como bem se diz, foram sugados junto com o leite materno. Mas, entre contradições e exageros, entre a pura misoginia e a idealização da figura feminina, vemos ali, como já dissemos, se esboçarem as grandes questões e reflexões que incendiarão os séculos seguintes.

É claro que ainda estamos bem longe das grandes lutas feministas do século XX, que levaram, de fato, a transformações inimagináveis em outros tempos. Mas, independentemente de todos os avanços reais, os direitos femininos ainda não são completamente respeitados e não se pode sequer dizer que exista uma verdadeira equiparação entre homens e mulheres. Sem falar que, em culturas mais conservadoras, a mulher continua vulnerável e exposta a opressões e violências terríveis, e que em alguns lugares elas não têm assegurado sequer os direitos mais básicos à vida e à liberdade, continuando a ser tuteladas pelos homens do início ao fim de suas vidas.

De fato, não é uma tarefa das mais simples explicar como, depois de toda a luta das mulheres para expandir seus direitos – que vão desde o direito mais elementar de ser livres, no sentido de não estarem mais submetidas à tutela dos homens, de poderem votar, ou seja, de poderem escolher seus governantes e de participar ativamente da vida política, de poderem exercer cargos públicos e terem uma profissão, ou até mesmo o direito de serem a dona do que deveria ser mais seu do qualquer outra coisa, o seu corpo –, ainda possam existir mulheres que continuam aferradas ao "antigo posto" de dona de casa, mãe de família e esposa exemplar. Mas isso é exatamente o que estamos tentando mostrar aqui o tempo inteiro: que é no campo das ideias que se dão as verdadeiras batalhas e guerras; que o mundo concreto só se transforma quando as ideias que o sustentam são colocadas em juízo, são dessacralizadas em nome, antes de tudo, de uma justiça social, de uma equidade de direitos, em nome do respeito às diferenças, tanto individuais quanto coletivas.

É claro que o problema maior não está em ser uma dona de casa, e muito menos ser mãe ou esposa; o problema é continuar acreditando que esta é a única e verdadeira função da mulher ou, em outros casos, quando elas precisam trabalhar para ajudar na sobrevivência da família, que elas continuem sobrecarregando seus corpos e almas com o governo do lar, os tais "deveres femininos" dos quais Rousseau ressaltava e que são próprios de um patriarcado que insiste em se perpetuar – encontrando, como não poderia deixar de ser, um solo mais fértil entre os espíritos mais religiosos (que, por essência, são mais dogmáticos e menos críticos).

Em tudo e por tudo, é vital conhecer os primórdios de uma revolução que podemos dizer que ainda continua em andamento. Eis, então, que trazemos aqui uma coleção de obras originais, escritas (ou traduzidas) por homens e mulheres da França do século XVIII (e talvez, em alguns casos, até por homens que se faziam passar por mulheres, uma vez que tais obras eram quase sempre clandestinas), nas quais é possível encontrar exemplos bastante pertinentes daquilo que se pensava sobre as mulheres e sobre a própria existência feminina em seus aspectos mais significativos. Estes textos, com temáticas e abordagens bastante diversas, fornecem o panorama de uma sociedade em transformação, que começava a se desfazer dos últimos vestígios da Idade Média para poder entrar em nova era, onde aos poucos os direitos femininos deixariam de ser vistos como uma extravagância para se tornarem um dos mais urgentes problemas da nossa sociedade.

Enfim, é neste período que a revolução feminina dá os seus primeiros passos, embalada, como já foi bastante tratado anteriormente, pelos ideais democráticos iluministas. E pode-se dizer que foram passos tão firmes que não se admitiu mais, sem resistência, qualquer retrocesso – algo que fica evidente com as lutas, já no século XIX, pelo direito ao divórcio e pelo sufrágio feminino, ou seja, a luta pelo direito de votar, negado desde sempre às mulheres. Mas não nos enganemos: os mesmos tiranos que estão sempre à espreita, esperando a oportunidade certa de usurpar os direitos do povo, são os que também aguardam sorrateiros a hora de poder reverter o jogo e submeter todas as mulheres outra vez. Afinal, o patriarcado continua vivo e ativo, só que agora caminhando lado a lado com movimentos libertários que cada vez mais fazem ressoar a voz dos que foram silenciados; uma voz que grita, ao mesmo tempo, um Não e um Sim. Um não à tirania humana em todas as suas manifestações, e um sim estrondoso à vida em toda a sua diversidade, expressos nos eternos ideais de liberdade, igualdade e fraternidade.

Regina Schöpke
Doutora em filosofia e professora adjunta da UERJ

A seguir, algumas informações técnicas, e de conteúdo, a respeito dos doze textos que foram traduzidos e publicados em ordem cronológica, a partir das edições originais:

Marquesa de Lambert
"Reflexões novas sobre as mulheres..." (1727)

Anne-Thérèse de Marguenat de Courcelles (1647-1733), a marquesa de Lambert, é autora de obras morais e filosóficas, como as *Advertências de uma mãe a sua filha*, o *Tratado da amizade* e o *Tratado da velhice*. Além de suas obras, ela exerceu sua influência por meio de um prestigiado salão literário, onde acolhia autores como Fontenelle e Fénelon. Quanto ao seu escrito, ele traz reflexões bastante originais para a época, e chamava a atenção para o fato de que, quanto mais as mulheres tentavam se parecer com os homens em tudo, mais elas se aviltavam e perdiam dignidade. A princípio, isso poderia soar como uma defesa velada do *status quo* e das proclamadas diferenças naturais que existem entre homens e mulheres, mas a marquesa de Lambert parece estar mais preocupada com que a mulher não se perca nesse processo, já que ela teria qualidades superiores às dos homens, que lhe trariam muitas vantagens se fossem bem conhecidas e empregadas. É assim que a autora vai tecendo reflexões sobre a mulher e, sobretudo, sobre a razão, mostrando que, com um pouco de "coração" e "sentimentos", a própria razão pode ainda ser mais poderosa na mulher.

Cavaleiro de Cerfvol
"Apologia do belo sexo – Fábula com algumas reflexões curiosas e divertidas" (1729)

A atribuição deste texto a De Cerfvol (entre outros, por Eliane Viennot, em sua bibliografia sobre a *Querelle des femmes*), conhecido principalmente pela sua *Mémoire sur la population* (1768), é bastante duvidosa. Embora o autor tenha se dedicado à condição feminina em sua obra *Gamologia, ou da educação das moças destinadas ao casamento*, todas as publicações conhecidas de De Cerfvol datam do período 1768-1772, bem distante da data desta obra. De qualquer modo, esta apologia parte do pressuposto, bastante presente nestes textos, de que a corrupção das mulheres é sempre induzida pelos homens, que se aproveitam de seu despreparo para a vida social. O autor começa com uma análise do Gênese, a fim de identificar a participação da mulher no pecado original, mas segue com uma série de fábulas e anedotas históricas que demonstram a incontinência e a falta de vergonha dos homens – que, assim, não fariam jus à sua condição de sexo superior.

André-François Boureau-Deslandes
"A apoteose do belo sexo" (1741)

André-François Boureau-Deslandes (1690-1757), filósofo, cientista e escritor, foi um ácido crítico dos abusos dos poderosos do seu tempo. Sua primeira obra, *Reflexões sobre os grandes homens que morreram brincando*, causou escândalo. Como curiosidade, muitas fontes apontam a *Apoteose do belo sexo* como uma publicação de 1712, por conta de uma falha de impressão na data em algarismos romanos (MDCCXLI por MDCCXII). Sobre este escrito, pode-se dizer que o autor faz aí uma verdadeira apologia do "belo sexo", que não é exatamente o sexo feminino, mas, sim, uma parte do sexo feminino (ou, antes, literalmente, a sua "parte íntima"). Mas o que poderia soar grosseiro e até extremamente machista, porque o autor prefere exaltar uma parte do corpo da mulher às qualidades do seu espírito, acaba sendo uma homenagem às mulheres, pela beleza e perfeição de um órgão que é, ao mesmo tempo, um objeto de desejo e o lugar por onde toda a vida humana se inicia. É assim que ele deseja mostrar que o sexo da mulher (ou a própria mulher) mereceria ser elevado à categoria de uma divindade, como aconteceu com tantas outras coisas em diversas religiões.

Joseph Dinouart
"O triunfo do sexo feminino" (1749)

Célebre, principalmente, pela sua *Arte de se calar* (1771), que teve inúmeras edições e traduções, Joseph-Antoine-Toussaint Dinouart (1716-1786), mais conhecido como Abade Dinouart, foi autor de diversas obras de cunho religioso. Porém, seus interesses também se voltaram para a condição feminina, especialmente no texto aqui publicado. Dedicado à marquesa de Châtelet (que morreria naquele mesmo ano), a obra se empenha em demonstrar a superioridade das mulheres sobre os homens em diversos aspectos. Bem, mais do que qualquer outra coisa, é fabuloso ver um Abade fazer uma defesa tão contundente das mulheres, algo absolutamente incomum, para não dizer contrário, ao próprio discurso misógino da Igreja. Além disso, o Abade vai revelando em seu escrito todas as características mais básicas do chamado patriarcado, mostrando como os homens sujeitam suas esposas aos seus caprichos e desejos e lhes negam qualquer autonomia, como se elas existissem para obedecer aos homens. Como diz o autor, evidenciando o traço de caráter tirânico do homem, que vai além da usurpação "da vontade, da liberdade e do espírito" femininos, "o homem pretende governar tudo, dispor de tudo".

Madeleine de Puisieux
"A mulher não é inferior ao homem..." (1750)

Madeleine de Puisieux (1720-1798) é um triste exemplo dos percalços das mulheres no mundo intelectual do Antigo Regime. Filósofa e romancista, ela é conhecida principalmente como amante do célebre Diderot, a quem os críticos preconceituosos atribuem a redação de suas obras. Nesse sentido, este texto é um perfeito exemplo das dificuldades de estabelecer fatos concretos no emaranhado de publicações anônimas, pseudônimas e, muitas vezes, clandestinas do século XVIII. É assim que, embora ele tenha sido atribuído à marquesa de Puisieux, trata-se de uma tradução de uma obra inglesa, e esta parece ser a única informação realmente indubitável. Quanto ao tradutor, os antigos bibliógrafos apontavam o advogado Philippe-Florent de Puisieux, embora os trabalhos mais recentes se voltem exatamente para sua esposa Madeleine. A obra original, *Woman not inferior to man*, de 1739, é assinada singelamente por "Sophia, a person of quality", que, segundo alguns pesquisadores, seria a escritora Mary Wortley Montagu (1689-1762). Porém, outros pesquisadores igualmente respeitáveis identificam a obra inglesa como o resumo de um escrito feminista francês bastante anterior, "De l'égalité des deux sexes", publicado em 1673 pelo filósofo cartesiano François Poullain de la Barre (1647-1725). Quanto a este escrito, trata-se de uma crítica contundente e ácida à autoridade dos homens, "esses seres feitos para dominar, como eles modestamente se qualificam, ciosos de sua superioridade, e muito preocupados em conservá-la", como diz a autora. Ela, que chama de "autoridade tirânica" esse domínio masculino, pretende mostrar como tal desejo de pleitear para as mulheres a servidão mais vil não encontra qualquer justificativa real. Estamos diante de um escrito filosófico-político completamente comprometido com a liberdade da mulher, um verdadeiro grito de guerra que expõe os absurdos dos raciocínios masculinos – não deixando de ser, antes de tudo, uma crítica bem elaborada à própria razão enquanto esta se coloca à mercê dos homens e não da verdade. Eis aqui traçada, em linhas gerais, a relação entre poder e saber.

Adélaïde d'Espinassy
"Ensaio sobre a educação das donzelas" (1764)

Adélaïde d'Espinassy (17**-1777?) é mais uma figura feminina sobre a qual existem pouquíssimas informações. O teor de suas duas obras conhecidas, este ensaio e um resumo da história francesa para jovens, supõe que se tratava de uma educadora. Uma das constantes, nos textos desta antologia, é o reconhecimento de que a falta de uma educação adequada é a maior causa da inferioridade feminina concreta, mas nem por isso madame d'Espinassy defende uma educação igual para homens e mulheres. Melhor dizendo, ela chega a preconizar uma educação rica para as meninas e adolescentes (que deveria incluir até mesmo as matérias antes dirigidas apenas aos homens, tais como matemática, física etc.), mas desde que não se perdesse o foco no ensino das prendas domésticas, porque a educação mais formal e intelectual, ainda que fizesse da mulher um ser mais refinado e culto, só deveria servir a ela, enquanto ocupação, até o casamento. Longe de ser uma feminista, o que ela parece propor é mais uma educação para entreter e distrair as jovens de namoros e demais atividades indesejáveis e perigosas para as futuras senhoras do lar – algo que se confirma, no fim de tudo, pela menção feita às ideias de um famoso filósofo iluminista bem avesso à ilustração das mulheres. Seja como for, o escrito não deixa de trazer interessantes percepções e até se mostra avançado para o seu tempo, no que tange à proposta de educar as mulheres nas letras e nas ciências, embora seu interesse principal consista na boa exposição da situação feminina no período das Luzes.

Voltaire
"Mulher – físico e moral (Questões sobre a *Enciclopédia*)" (1771)

Dividindo com Jean-Jacques Rousseau a condição de mais célebre filósofo do iluminismo francês, Voltaire (1694-1778) é um gênio literário de múltiplas facetas. Escritor incansável, foi também um dos muitos colaboradores da *Enciclopédia*, obra que simbolizou o "Século das Luzes". Insatisfeito com o resultado do empreendimento, de qualidade muitas vezes desigual, Voltaire decidiu refazê-lo por conta própria, nos nove volumes de suas *Questões sobre a Enciclopédia* (1770-1772), dos quais extraímos este verbete. Sobre este escrito, particularmente, nem sempre parece clara a posição de Voltaire quanto ao que ele julga ser natural e o que seria efeito da educação e dos costumes nas mulheres, porque é fato que ele defende as mulheres dos inúmeros preconceitos dirigidos a elas (até porque sua relação profunda com a marquesa de Châtelet não poderia fazê-lo duvidar da capacidade das mulheres), embora não fique sempre muito evidente o que ele realmente pensa, por exemplo, da poligamia masculina em várias partes do mundo. Se ele a vê somente como um abuso de poder exercido pelos homens ou como parte de uma cultura que apenas se distingue da nossa, isso por vezes se confunde. Mas, por fim, no diálogo fictício final entre um árabe e um cristão, sentimos que, a despeito do perspectivismo necessário para pensar outros modos de ser e viver, a tirania (algo que se obtém sempre à força ou pela autoridade) será sempre algo impossível de se justificar, na nossa ou em qualquer outra sociedade.

Pierre Virard
"Ensaio sobre a saúde das moças núbeis" (1776)

Quase nada se sabe sobre a vida e a carreira do médico Pierre Virard (17**-18**), do qual esta é a única obra que conseguimos encontrar. A dedicatória da primeira edição, a um tio do autor, dá a entender que é o seu primeiro trabalho. Na 2ª edição, de 1779, Virard se apresenta como "doutor em medicina da Universidade de Montpellier", embora não fique claro se foi aquele o lugar da sua formação ou se ele era professor na instituição. Este tipo de obra de vulgarização da medicina, com conselhos para a conservação da saúde e o tratamento de doenças leves, foi bastante comum no século XVIII, quando o acesso a bons médicos era ainda mais difícil do que hoje. Neste livro, Virard se concentra nos dois principais problemas de saúde que afetavam as adolescentes de sua época: a menstruação e a clorose (uma espécie de anemia causada pela perturbação do fluxo menstrual), recomendando um tratamento baseado principalmente em dietas. No decorrer do texto, no entanto, o autor premia suas leitoras com reflexões sobre o casamento, deixando claro que uma jovem saudável e bem-disposta logo encontrará um esposo – razão de ser, afinal, da vida de toda mulher.

Marie Gacon-Dufour
"Memória em prol do sexo feminino contra o sexo masculino" (1787)

Marie Armande Jeanne Gacon-Dufour (1753-1835?) foi uma romancista e ensaísta que também se dedicou à agronomia, publicando diversas obras sobre economia doméstica destinadas às populações rurais. Quanto a este escrito, em resposta a alguns homens célebres, (que teriam se enfurecido com as mulheres, acusando-as de serem a causa da corrupção e decadência dos homens), principalmente a um tal Cavaleiro de Feucher, a autora defende que foi o homem que, deixando de lado o seu gênio e prudência, se entregou primeiramente à libertinagem e à devassidão, sendo os homens, sim, os responsáveis pela corrupção das mulheres, e não o contrário. Do início ao fim, vemos a autora buscando responder aos ataques do tal Cavaleiro, enquanto procura mostrar as qualidades femininas que são ocultadas por trás dos preconceitos que a sociedade, dominada pelos homens, nutre contra as mulheres. Por fim, depois de examinar bastante, a autora conclui que os homens mais virtuosos são os homens de letras e os artistas.

ANÔNIMO
"Filosofia de uma mulher" (1787)

Ainda não se chegou a qualquer conclusão sobre a autoria desse texto, que pode até mesmo ser obra de um homem. O certo, no entanto, é que esta obra, anônima, é dirigida às mulheres. Pode ser descrita como uma longa série de reflexões sobre o amor e de conselhos às jovens damas (ao menos em sua maior parte, já que, nas últimas páginas, ela se volta curiosamente para o público masculino). Muitas vezes passa a impressão de que se trata de um homem tentando disfarçar seu sexo, talvez para encontrar menos resistência do público feminino ou apenas para camuflar as intenções mais profundas dos conselhos que oferece – muitas escritoras do Antigo Regime recorriam à mesma prática, a fim de serem "levadas a sério" por seus leitores. Independentemente disso, o que o escrito traz de mais revolucionário, que contraria as expectativas da época, é a defesa do amor como verdadeira motivação para o casamento, condenando a prática dos matrimônios por interesses financeiros ou políticos. Bem, quer tenha sido escrito por uma mulher ou por um homem, com certeza este escrito tem mais o objetivo de tentar pensar uma felicidade possível e real para a mulher do que ir fundo nas causas maiores desta infelicidade de viver uma vida bem mais restrita e menor quando comparada à do homem.

Cailly
"Queixas e lamentações das mulheres malcasadas" (1789)

O que sabemos sobre este autor é que ele foi um revolucionário que dedicou alguns escritos à defesa do divórcio, um dos temas mais polêmicos dos primeiros tempos da Assembleia Nacional (a quem este escrito é endereçado). Na verdade, a legalização do divórcio foi prometida às mulheres na Revolução Francesa e chegou a ser aprovada pela Assembleia Nacional, mas, com os novos rumos da revolução, que se tornou mais propriamente burguesa, o divórcio acabou sendo novamente proibido. Aqui, o autor fala dos males e das desordens que um casamento infeliz produz e de como a relação desigual condena a mulher a uma vida absolutamente opressiva e vil. Para começar, o adultério ainda era um crime naquele tempo, mas apenas para a mulher, porque, para o homem, não há restrições: ele pode, como diz o autor, se entregar à libertinagem e à devassidão e até na frente da mulher, em sua casa, enquanto ela não teria sequer o direito de reclamar. Enfim, o autor vai relatando todos os problemas que vão se tornando incontroláveis e incontornáveis para os matrimônios que são realizados por interesses alheios ao da própria felicidade. Com bem diz o autor, a proibição do divórcio, ou seja, a ideia de "um laço indissolúvel", é um atentado à liberdade dos homens (termo aqui usado como gênero humano), embora seja um atentado maior à mulher, que vive subjugada e humilhada pela sua condição social de ser inferior.

Joseph-Marie Lequinio de Kerblay "Os preconceitos destruídos (Das mulheres)" (1793)

O advogado Joseph-Marie Lequinio (1755-1812), também conhecido como Lequinio de Kerblay, exerceu diversos cargos nos primeiros tempos da Revolução Francesa, na Assembleia Nacional e na Convenção. O texto que apresentamos dele é um dos capítulos do livro *Os preconceitos destruídos*, no qual Lequinio propõe diversas reformas para eliminar os vícios remanescentes do Antigo Regime. Seu escrito narra o momento em que o divórcio se torna legal na França, o que faz o autor enaltecer sua pátria enquanto critica outras, sem saber que, em breve, tal lei também seria revogada. O texto, no entanto, não é sobre o divórcio propriamente dito, mas versa sobre a necessidade de as mulheres terem outra educação; uma educação em que os preconceitos serão destruídos em nome de uma nova mulher que não se deixará seduzir mais pelos sonhos românticos e mais do que quiméricos dos romances e livros religiosos que são dados às jovens para despertar nelas o desejo do grande amor que, por fim, termina em uma brutal e nada romântica submissão feminina. Nas palavras do autor, eis um conselho dado a todas as mulheres, e que se transforma em uma verdadeira prescrição: "Sexo frágil, que nossa injustiça oprime em todos os tempos, e submete a uma escravidão quase universal e completa, quereis enfim quebrar o nosso cetro e romper vossas correntes? Tenhais a coragem de vos instruir... [...]. Renunciai às frivolidades... [...]. Acima de tudo, aprendei a escapar da dominação dos preconceitos religiosos, porque eles são o princípio de toda cegueira e a morte da inteligência humana. Desvencilhai-vos com audácia de todas as quimeras; aprendei a pensar e fazei uso da vossa razão; saibais, enfim, vos governar por vossa própria conta, se pretendeis não ser mais governada doravante pelos caprichos e a vontade suprema de vossos esposos...".

Marquesa de Lambert
(1647-1733)

Reflexões novas sobre as mulheres por uma dama da corte[1]

Ao leitor

Um antigo dizia que os pensamentos eram os passeios do espírito. Acreditei ter o privilégio de passear dessa maneira. As ideias se ofereceram a mim bastante naturalmente, e pouco a pouco me levaram mais longe do que eu devia ou queria. Eis aqui o caminho que elas me fizeram percorrer. Fiquei chocada com o fato de que os homens conheçam tão pouco o seu interesse que condenem as mulheres que sabem se ocupar de seu espírito. Os inconvenientes de uma vida frívola e dissipada e os perigos de um coração que não é sustentado por nenhum princípio também sempre me impressionaram. Examinei se não era possível tirar um melhor partido das mulheres; encontrei alguns autores respeitáveis que acreditaram que elas tinham em si algumas qualidades que as podiam conduzir a grandes coisas, como a imaginação, a sensibilidade e o gosto – presentes que elas receberam

1 *Réflexions nouvelles sur les femmes, par une dame de la cour* (Paris: François Le Breton, père, 1727).

da natureza. Fiz algumas reflexões sobre cada uma dessas qualidades. Como a sensibilidade as domina, e as leva naturalmente ao amor, busquei se não era possível salvá-las dos inconvenientes dessa paixão, separando o prazer daquilo que se chama de *vício*. Imaginei, pois, uma metafísica do amor: a praticará quem puder.

Reflexões novas sobre as mulheres

O livro de Dom Quixote, segundo um autor espanhol, arruinou a monarquia da Espanha, porque o ridículo que ele espalhou sobre o seu valor, que tal nação possuía outrora em um grau tão eminente, debilitou-a e abateu sua coragem.

Molière, na França, causou a mesma desordem com a comédia *Femmes savantes* [As eruditas]. Desde esse tempo, associou-se quase tanta vergonha ao saber das mulheres quanto aos vícios que lhes são mais proibidos. Quando se viram atacadas por conta de alguns divertimentos inocentes, elas compreenderam que, vergonha por vergonha, era preciso escolher aquela que lhes rendesse mais, e se entregaram aos prazeres. A desordem cresceu pelo exemplo, e foi autorizada pelas mulheres eminentes, porque o desregramento e a impunidade são os privilégios da grandeza, como nos ensinou Alexandre. Foram um dia dizer a ele que sua irmã amava um rapaz, que o seu relacionamento era público e que ela não se dava ao respeito. *É preciso* – disse ele – *deixar que ela tenha a sua parcela da realeza, que são a liberdade e a impunidade.*

Será que a sociedade ganhou com essa mudança do gosto das mulheres? Elas puseram a devassidão no lugar do saber. A afetação pela qual foram tão criticadas, elas transformaram em indecência. Com isso, degradaram-se e perderam sua dignidade, porque somente a virtude conserva o lugar delas, e somente a decência preserva os seus direitos. Quanto mais elas quiseram se parecer com os homens nesse aspecto, mais se aviltaram.

Os homens, mais pela força do que pelo direito natural, usurparam a autoridade sobre as mulheres. Elas só têm domínio pela beleza e pela virtude. Se elas podem juntar as duas, seu império será mais absoluto, mas o reinado da beleza é pouco duradouro. Chamam-no de uma *breve tirania*. Ela lhes confere o poder de fazer infelizes, mas não é possível que abusem disso.

O reinado da virtude é por toda a vida: é característico das coisas estimáveis que redobrem de valor pela sua duração, e que agradem pelo grau de perfeição que elas têm, quando não agradam mais pelo encanto da novidade. É preciso pensar que há pouco tempo para ser bela, e muito para não sê-lo; que, quando as graças abandonam as mulheres, estas só se sustentam pelas partes essenciais e pelas qualidades estimáveis. Não é possível que elas esperem aliar uma juventude voluptuosa e uma velhice honorável. Uma vez que o pudor é imolado, ele não volta mais, assim como os belos anos. É o pudor que serve o seu verdadeiro interesse; ele aumenta a sua beleza e é a flor dessa beleza; ele serve de paliativo para a feiura; ele é o encanto dos olhos, o atrativo dos corações, a caução das virtudes e a união e a paz das famílias.

Porém, se ele é uma segurança para os costumes, é também o aguilhão dos desejos. Sem ele, o amor não teria glória e nem gosto. É sobre ele que se fazem as mais deleitosas conquistas. Ele dá valor aos favores. O pudor, enfim, é tão necessário aos prazeres que é preciso conservá-lo mesmo nos tempos destinados a perdê-lo. Ele é também uma galanteria refinada, uma espécie de aditamento que as pessoas belas acrescentam aos seus atrativos e uma maneira delicada de aumentar seus encantos, ocultando-os. Aquilo que ele rouba dos olhos lhes é devolvido pela generosidade da imaginação. Plutarco diz que existia um templo dedicado à Vênus velada. *Nunca seria demais* – diz ele – *cercar essa deusa de muitas sombras, obscuridades e mistérios*. Mas, agora, a indecência chega ao ponto de não querer mais véu para as suas fraquezas.

As mulheres poderiam dizer: como é a tirania dos homens! Eles querem que não façamos nenhum uso do nosso espírito nem dos nossos sentimentos. Não deveria ser o bastante para eles, regular todo o movimento do nosso coração sem que se apoderassem também da nossa inteligência? Eles querem que a decência seja ferida tanto quando adornamos o nosso espírito como quando entregamos o nosso coração. É levar demasiado longe os seus direitos.

Os homens têm um grande interesse em fazer as mulheres se voltarem para si mesmas e para os seus deveres primordiais. O divórcio que fazemos com nós mesmas é a fonte de todos os nossos extravios. Quando não estamos ligadas a nós mesmas por gostos sólidos, estamos ligadas a tudo. É na solidão que a verdade dá suas lições, e onde aprendemos a diminuir o valor das coisas, que a nossa imaginação sabe exagerar. Quando sabemos nos ocupar com boas leituras, cria-se em nós, imperceptivelmente, uma cultura sólida que se reflete nos costumes.

Havia, outrora, casas onde era permitido falar e pensar, onde as Musas estavam em sociedade com as Graças. Ia-se ali tomar lições de polidez e delicadeza. Nessas casas, as maiores princesas se sentiam honradas relacionando-se com pessoas de espírito.

Madame Henrietta da Inglaterra,[2] que teria servido de modelo para as Graças, dava o exemplo. Sob um rosto sorridente, sob

---

2 Henrietta Anne da Inglaterra (1644-1670), filha de Carlos I da Inglaterra e esposa de Filipe de França, duque de Orleãs.

uma aparência de juventude que parecia prometer apenas divertimentos, ela escondia um grande senso e um espírito sério. Quando se tratava ou se discutia com ela, ela esquecia de sua posição e parecia se elevar apenas por sua razão. Enfim, só se acreditava em uma aproximação da graça e da perfeição quando se tinha sabido agradar à Madame. Um palácio de Rambouillet, tão honorável no século passado, seria o ridículo do nosso. Saía-se dessas casas como dos banquetes de Platão, com os quais a alma era nutrida e fortalecida. Esses prazeres espirituais e delicados não custavam nada aos bons costumes e nem à fortuna, porque os dispêndios do espírito jamais arruinaram ninguém. Os dias corriam na inocência e na paz. Porém, agora, o que não se faz para empregar o tempo, para entreter um dia?! Que multidão de gostos se sucedem uns aos outros! A mesa, o jogo, os espetáculos. Quando o luxo e o dinheiro têm muita consideração, a verdadeira honra perde a sua.

Não se busca mais do que essas casas nas quais reina um luxo vergonhoso. Penseis que, quando abordais o dono da casa para cumprimentá-lo, muitas vezes o que estais saudando são a injustiça e o roubo. *Sua mesa* – dizeis vós – *é refinada, o bom gosto reina em sua casa*. Tudo é polido, tudo é adornado, a não ser a alma do dono da casa. *Ele se esquece* – dizeis vós – *daquilo que é*. Mas como ele não se esqueceria, se vós mesmos vos esqueceis? Sois vós que baixais a cortina do esquecimento e do orgulho diante dos olhos dele. Eis os inconvenientes, para os dois sexos, aos quais conduz o afastamento das letras e do saber, porque as Musas sempre foram o asilo dos bons costumes.

Será que as mulheres não poderiam dizer aos homens: *Que direitos tendes vós de nos proibir o estudo das ciências e das belas artes? Aquelas que têm se dedicado a isso não terão tido êxito no sublime e no agradável?*

Se as poesias de algumas damas tivessem o mérito da antiguidade, vós as consideraríeis com a mesma admiração que as obras dos antigos a quem fazeis justiça.

Um autor muito respeitável[3] atribui ao sexo frágil todos os encantos da imaginação. *Aquilo que pertence ao bom gosto é* – diz ele – *da sua alçada, e elas são juízas da perfeição da língua.* A vantagem não é medíocre.

Ora, o que não se deve aos encantos da imaginação? É ela quem faz os poetas e os oradores. Nada agrada tanto quanto essas imaginações vivas, delicadas, repletas de ideias amenas. Se vós juntais a força ao encanto, elas dominam, elas forçam a alma e a arrastam – porque cedemos mais seguramente ao encanto que à verdade. A imaginação é a fonte e a guardiã de nossos prazeres. É somente a ela que se deve a agradável ilusão das paixões. Sempre em conivência com o coração, ela sabe lhe fornecer todos os erros dos quais ele tem necessidade. Ela também tem direito sobre o tempo: ela sabe evocar os prazeres passados e nos faz desfrutar de antemão de todos aqueles que o futuro nos promete. Ela nos dá essas alegrias sérias, que fazem rir apenas o espírito. Toda a alma está nela, e a partir do momento em que ela esfria, todos os encantos da vida desaparecem.

Entre as vantagens atribuídas às mulheres, afirma-se que estas têm um gosto refinado para julgar as coisas de encanto. Muitas pessoas definiram o bom gosto. Uma dama de profunda erudição[4] afirmou que é uma harmonia, um acordo entre o espírito e a razão, e que se tem mais ou menos dele conforme

---

3 Nicolas Malebranche.

4 Madame Dacier. [Anne Dacier (1645-1720), intelectual francesa célebre como tradutora de obras gregas e latinas. (N. T.)]

essa harmonia é mais ou menos justa. Uma outra pessoa afirmou que o bom gosto é uma união do sentimento e do espírito, e que ambos, de comum acordo, constituem aquilo que se chama de juízo. Aquilo que faz crer que o bom gosto esteja mais ligado ao sentimento do que ao espírito é o fato de que não podemos justificar os nossos gostos, porque não sabemos por que sentimos, mas sempre damos razão a nossas opiniões e a nossos conhecimentos. Não há nenhuma relação, nenhuma ligação necessária entre os gostos; não existe a mesma coisa entre as verdades. Creio, portanto, poder persuadir toda pessoa inteligente do meu ponto de vista, mas nunca estou segura de poder levar uma pessoa sensível a aderir ao meu gosto; não tenho nada que possa seduzi-la e atraí-la para mim. Não há nada fixo nos gostos; tudo vem da disposição dos órgãos e da relação que se encontra entre eles e os objetos. Existe, no entanto, uma justeza de gosto, assim como existe uma justeza de senso. A justeza de gosto julga aquilo que se chama de encanto, sentimento, decência ou flor do espírito – se ousamos falar assim –, que faz sentir que é necessário, em cada coisa, conservar a sua medida. Porém, como não é possível fornecer uma regra segura, não se pode convencer aqueles que nisso cometem falhas. A partir do momento em que o sentimento deles não os adverte, vós não podeis instruí-los. Além do mais, o bom gosto tem como objeto coisas tão delicadas, tão imperceptíveis, que escapam às regras. É a natureza que o concede; ele não se adquire. O bom gosto é de uma grande amplitude; ele põe refinamento no espírito e vos faz perceber de uma maneira viva e rápida, sem que custe nada à razão, tudo aquilo que existe para ser visto em cada coisa. É aquilo que quer dizer Montaigne quando assegura que as mulheres têm um *espírito instantâneo*. No coração, o bom gosto confere sentimentos delicados; e, nas relações mundanas, uma certa polidez atenta que nos ensina a poupar o amor-próprio daqueles com quem vivemos. Eu creio que o bom gosto depende de duas coisas: de um sentimento muito delicado no coração e de uma grande justeza no espírito. É preciso, portanto, admitir que os homens não conhecem a magnitude do presente que dão às damas quando transferem a elas o espírito do bom gosto.

Aqueles que atacam as mulheres afirmam que a ação do espírito que consiste em considerar um objeto é bem menos perfeita nas mulheres porque o sentimento que as domina as distrai e as arrasta. A atenção é necessária; ela faz, por assim dizer, nascer a luz, aproxima as ideias do espírito e as põe ao alcance. Porém, nas mulheres, as ideias se oferecem por si mesmas, e se organizam mais pelo sentimento do que pela reflexão. A natureza raciocina por elas e lhes poupa todos os custos disso. Não creio, portanto, que o sentimento prejudique o entendimento; ele fornece novos espíritos que iluminam, de maneira que as ideias se apresentam mais vivas, mais claras e mais distintas. E, como prova daquilo que digo, todas as paixões são eloquentes: chegamos tão seguramente à verdade pela intensidade e pelo calor dos sentimentos quanto pela amplitude e a justeza dos raciocínios. E, por eles, chegamos sempre mais rápido ao objetivo desejado do que por intermédio dos conhecimentos. A persuasão do coração está acima da do espírito, já que muitas vezes nossa conduta depende dela. É à nossa imaginação e ao nosso coração que a natureza entregou a condução das nossas ações e dos seus movimentos.

A sensibilidade é uma disposição da alma que é vantajoso encontrar nos outros. Vós não podeis ter nem humanidade e nem generosidade sem sensibilidade. Um único sentimento, um único movimento do coração tem mais influência sobre a alma do que todas as sentenças dos filósofos. A sensibilidade socorre o espírito e serve a virtude. Reconhece-se que os encantos se encontram nas pessoas desse caráter; as graças intensas e súbitas, das quais fala Plutarco, não são senão para elas. Uma dama que foi um modelo de encantos serve de provas daquilo que eu afirmo. Perguntaram um dia a um de seus amigos, homem de espírito, aquilo que ela fazia e que ela pensava em seu retiro. *Ela jamais pensou* – respondeu ele –, *ela nada mais faz que sentir.* Todos aqueles que a conheceram são unânimes em dizer que era a pessoa mais sedutora desse mundo, e que os gostos – ou, antes, as paixões – se tornaram donos da sua imaginação e da sua razão, de maneira que seus gostos eram sempre justificados por sua razão e respeitados por seus amigos. Nenhum daqueles que a conheceram ousou condená-la parando de vê-la, porque ela nunca havia errado diante de ninguém. Isso prova que nada é tão absoluto quanto a superioridade do espírito, que vem da sensibilidade e da força da imaginação, porque a persuasão sempre se segue a ela.

As mulheres comumente nada devem ao artifício. Por que achar ruim que elas tenham um espírito que não lhes custa nada? Nós arruinamos todas as disposições que lhes foram dadas pela natureza. Começamos por negligenciar sua educação; não ocupamos seu espírito com nada de sólido e o coração se aproveita disso. Nós as destinamos a agradar, e elas só nos agradam pelas suas graças ou pelos seus vícios. Parece que elas foram feitas apenas para ser um espetáculo agradável aos nossos olhos. Elas só pensam, pois, em cultivar os seus encantos, e se deixam facilmente arrastar pela inclinação da natureza. Elas não recusam os gostos que não acreditam ter recebido da natureza para serem combatidos.

Porém, o que existe de singular é que, formando-as para o amor, nós lhes proibimos o uso dele. Seria preciso se decidir: se as destinamos apenas a agradar, não lhes proibamos o uso de seus encantos; se vós as quereis racionais e espirituosas, não as abandoneis quando elas não têm senão essa forma de mérito. Porém, exigimos delas uma mistura e um cuidado com essas qualidades que é difícil de alcançar e de reduzir a uma justa medida. Queremos que elas tenham espírito, mas para ocultá-lo, contê-lo e impedir que ele produza alguma coisa. Ele não poderia alçar voo sem ser logo trazido de volta por aquilo que se chama de *decência*. A glória, que é a alma e o sustentáculo de todas as produções do espírito, lhes é recusada. Tiram do seu espírito todo o objetivo, toda a esperança. Rebaixam-no e – se ouso me servir dos termos de Platão – *cortam-lhe as asas*. É bem espantoso que ainda lhes reste alguma.

As mulheres têm a seu favor uma grande autoridade: é Saint-Évremond.[5] Quando ele quis apresentar um modelo de perfeição, não o situou entre os homens. *Creio* – diz ele – *que é menos impossível encontrar nas mulheres a sã razão dos homens do que nos homens os encantos das mulheres*. Pergunto aos homens, da parte de todo o sexo frágil: O que quereis de nós? Todos vós desejais vos unir a pessoas estimáveis, com um espírito amável e um coração reto. Permiti-lhes, pois, o uso das coisas que aperfeiçoam a razão. Quereis apenas as graças que favorecem os prazeres? Não vos queixeis, pois, de que as mulheres ampliem um pouco o uso de seus encantos.

Porém, para dar às coisas a condição e o valor que elas merecem, diferenciemos as qualidades estimáveis e as agradáveis.

---

5 Charles de Marguetel de Saint-Denis, senhor de Saint-Évremond (1614?-1703), letrado e moralista francês. (N. T.)

As estimáveis são reais e intrínsecas às coisas; e, pelas leis da justiça, têm um direito natural à nossa estima. As qualidades agradáveis que comovem a alma e que causam tão doces impressões não são de maneira nenhuma reais e nem próprias do objeto. Elas se devem à disposição dos nossos órgãos e à potência da nossa imaginação. Isso é tão verdadeiro que um mesmo objeto não causa as mesmas impressões sobre todos os homens, e que muitas vezes nossos sentimentos mudam sem que exista nenhuma mudança no objeto.

As qualidades exteriores não podem ser amáveis por si mesmas; elas só o são pelas disposições que encontram em nós. O amor não é de maneira nenhuma merecido, ele se subtrai às grandes qualidades. Seria, pois, possível que o coração não pudesse depender das leis da justiça, e que estivesse submetido apenas às do prazer? Quando os homens quiserem, eles reunirão todas essas qualidades e encontrarão mulheres tão amáveis quanto respeitáveis. Eles empobrecem a sua felicidade e o seu prazer, quando os degradam. Porém, da maneira como os homens se comportam, os bons costumes perdem infinitamente, sem que os prazeres ganhem.

Todo mundo reconhece que é necessário que as mulheres se façam estimar. Porém, será que temos necessidade apenas de estima, e que não nos faltará mais nada? Nossa razão nos dirá que isso deve bastar. Porém, nós abandonamos facilmente os direitos da razão pelos do coração. É preciso encarar a natureza como ela é: as qualidades estimáveis só agradam enquanto podem se tornar úteis para nós, mas as amáveis também nos são necessárias para ocupar o nosso coração. Porque temos tanta necessidade de amar quanto de estimar. Nos cansamos até mesmo de admirar, se aquilo que admiramos não é tão apto a agradar. Não é mesmo bastante que esse sexo nos agrade; parece que ele é obrigado a nos comover. O mérito não está misturado com as graças; só ele tem o direito de nos sujeitar; sem ele, elas são inconstantes e fugidias. Além do mais, a virtude jamais enfeou ninguém, e isso é tão verdadeiro que a beleza sem mérito e sem espírito é insípida, e que o mérito faz perdoar a feiura.

Não coloco o amável sentimento entre as qualidades exteriores; eu o estendo mais longe. Os espanhóis dizem que a beleza é como os perfumes cujo efeito é de pouca duração: nos acostumamos com eles e não os sentimos mais. Porém, bons costumes, um espírito justo e refinado e um coração reto e sensível são belezas encantadoras e sempre novas. Atualmente nossos prazeres são menos delicados porque nossos costumes são menos puros. Examinemos o que deve ser responsabilizado por isso.

Há muito tempo se ataca o comportamento das mulheres; afirma-se que elas jamais foram tão desregradas quanto hoje em dia, que elas baniram a pureza do seu coração e a decência da sua conduta. Não sei se quem diz isso tem alguma razão. Eu poderia, no entanto, dizer que faz muito tempo que se queixam das mesmas coisas, que um século pode ser inocentado por um outro e que, para salvar o século atual, tenho apenas que vos remeter ao passado. Os costumes se parecem em todos os tempos, mas se mostram sob diferentes formas. Como as práticas só têm direitos sobre as coisas exteriores, e não se estendem aos sentimentos, elas não corrigem a natureza, não removem as necessidades do coração, e as paixões são sempre as mesmas.

Será que os homens terão adquirido, pela pureza de seus costumes, o direito de atacar os das mulheres? Na verdade, os dois sexos não têm nada para censurar um ao outro. Eles contribuem igualmente para a corrupção do seu tempo. É preciso, no entanto, reconhecer que as maneiras mudaram. A galanteria foi banida e ninguém ganhou com isso. Os homens se separaram das mulheres e perderam a polidez, a suavidade e essa refinada delicadeza que só se adquire no relacionamento com elas. As mulheres, também tendo menos relacionamento com os homens, perderam a vontade de agradar com maneiras doces e modestas – e essa era, no entanto, a verdadeira fonte dos seus encantos.

Embora a nação francesa esteja desprovida da antiga galanteria, é preciso, no entanto, reconhecer que em nenhuma outra nação ela tinha sido mais desenvolvida e depurada. Os homens fizeram dela uma arte de agradar, e aqueles que se exercitaram nisso e adquiriram uma grande prática têm regras seguras quando sabem se dirigir a caracteres fracos. As mulheres estabeleceram regras para resistir a eles: como elas desfrutam de uma grande liberdade na França, e só são guardadas pelo seu pudor e pela sua decência, elas souberam opor o seu dever às impressões do amor. É dos desejos e das pretensões dos homens e do pudor e da continência das mulheres que se forma o relacionamento delicado que suaviza o espírito e que purifica o coração – porque o amor aperfeiçoa as almas bem-nascidas. É preciso reconhecer que somente a nação francesa transformou o amor em uma arte delicada.

Os espanhóis e os italianos ignoraram esta arte. Como ali as mulheres vivem quase encarceradas, os homens só se empenham em vencer os obstáculos exteriores; e, quando os sobrepujam, não encontram mais nenhum na pessoa amada. Porém, o amor que se oferece não é muito excitante. Parece que seja obra da natureza, e não do amante. Na França, as pessoas sabem fazer um melhor uso do tempo. Como o coração faz parte do jogo, e como muitas vezes, mesmo entre as pessoas honestas, só se tem relação com ele, ele é considerado a fonte de todos os prazeres. É também aos sentimentos que devemos todos os nossos romances tão cheios de espírito e tão depurados – e que são ignorados pelas nações das quais eu falo. Um espanhol, lendo as conversações de Clélia,[6] dizia: *Eis aí um espírito muito mal-empregado*. A partir do momento em que só se sabe fazer um uso do amor, o romance é breve: eliminando a galanteria, passe-se por cima da delicadeza do espírito e dos sentimentos. As espanholas são intensas e arrebatadas; elas fazem uso dos sentidos, e não do coração. É na resistência que os sentimentos se fortalecem e adquirem novos graus de delicadeza. A paixão se extingue a partir do momento em que é satisfeita, e o amor sem temor e sem desejos não tem alma.

O amor é o primeiro prazer, a mais doce e a mais lisonjeira de todas as ilusões. Já que esse sentimento é tão necessário à felicidade dos humanos, não é possível bani-lo da sociedade. É preciso somente aprender a conduzi-lo e a aperfeiçoá-lo. Existem tantas escolas estabelecidas para cultivar o espírito, então por que não tê-las para cultivar o coração? Trata-se de uma arte que foi negligenciada. No entanto, as paixões são cordas que têm necessidade das mãos de um grande mestre para serem tangidas. Será que se escapa de quem sabe acionar as engrenagens da alma com aquilo que existe de mais vivo e de mais intenso?

O amor não era depreciado entre os antigos como é atualmente. Por que o aviltamos? Por que não lhe deixamos toda a sua dignidade? Platão tem um grande respeito por esse sentimento; quando fala dele, sua imaginação se inflama, seu espírito

---

6 A marquesa de Lambert se refere à obra *Clélie, histoire romaine* (Clélia, história romana), romance em dez volumes publicado entre 1654 e 1661, da autoria de Madeleine de Scudéry (1607-1701). (N. T.)

se ilumina e seu estilo se embeleza. Quando fala de um homem apaixonado, ele diz: *Esse amante, cuja pessoa é sagrada* etc. Ele chama os amantes de *amigos divinos*, e inspirados pelos deuses.

Os antigos não acreditavam que o prazer devesse ser o primeiro objetivo do amor. Eles estavam persuadidos de que a virtude devia ser o seu sustentáculo. Nós banimos dele os bons costumes e a probidade, e essa é a fonte de todas as desgraças. A maioria dos homens de hoje acredita que os juramentos que o amor ditou não obrigam a nada. A moral e a gratidão não defendem os sentidos contra as atrações da novidade. A maioria ama por capricho e muda por temperamento. Aquele que o amor faz sofrer quase sempre não aprende a passar sem ele, mas apenas a deplorá-lo. Vejamos o que podemos fazer com isso. Examinemos a conduta das mulheres no amor e suas diferentes características.

Existem mulheres de muitos tipos. Existem aquelas que não procuram e não querem senão os prazeres do amor; outras que desfrutam do amor e dos prazeres e algumas que só recebem o amor e rejeitam todos os prazeres. Tratarei brevemente do primeiro caráter. As desse tipo só buscam no amor os prazeres dos sentidos, o prazer de serem intensamente ocupadas e arrebatadas, e o de serem amadas. Enfim, elas amam o amor e não o amante. Essas pessoas se entregam a todas as paixões mais ardentes. Vós as vedes ocupadas com o jogo e com a mesa. Tudo aquilo que usa a roupagem do prazer é bem recebido.

Sempre fiquei espantada com o fato de que se pudessem associar outras paixões ao amor, que se deixasse um vazio em seu coração e que, depois de haver dado tudo, não se estivesse ocupado unicamente com aquilo que se ama. Comumente as pessoas desse caráter perdem todas as virtudes ao perderem a inocência, e, uma vez que a sua glória seja sacrificada, elas não poupam mais nada. Faziam críticas a Madame ***, que violava todas as leis da decência. *Eu quero* – dizia ela – *desfrutar da perda da minha reputação*. Aquelas que seguem máximas semelhantes rejeitam as virtudes do seu sexo. Elas as consideram como uma prática política da qual querem escapar. Algumas acreditam que basta manter certas aparências para satisfazer suas obrigações e disfarçar suas fraquezas. Porém, é perigoso acreditar que aquilo que é ignorado seja inocente. Elas rejeitam os princípios para evitar os remorsos e recorrem do decreto de todos os homens. Elas passam toda a vida de fraqueza em fraqueza, e não se detêm[7] jamais.

A partir do momento em que uma mulher baniu de seu coração essa honra terna e delicada que deve ser a regra da sua vida, tremei pelas outras virtudes. Que privilégio terão elas para serem respeitadas? Deve-se mais a elas do que à sua própria honra? Esses caracteres jamais são amáveis. Vós não encontrareis nessas mulheres nem pudor e nem delicadeza. Elas transformaram a galanteria em um hábito e não sabem juntar a qualidade de amiga à de amante. Como não buscam senão os prazeres, e não a união dos corações, elas se furtam a todos os deveres da amizade. Eis aí o amor que está em uso hoje em dia, e para o qual as conduz uma vida frívola e dissoluta.

Existe um outro tipo de mulheres galantes, que se entregam ao prazer de amar, que souberam conservar os princípios da honra, que jamais perderam nada da decência e que se respeitam, mas que são arrebatadas pela violência da paixão. Existem algumas que não se prestam às suas fraquezas e que resistem a elas,

---

7 Corrigido de acordo com as *Oeuvres complètes de madame la Marquise de Lambert* (Paris: Léopold Collin, 1808). (N. T.)

mas por fim o amor é mais forte. Conheci uma mulher de muito espírito, a quem eu fazia algumas vezes pequenas censuras pelo interesse que tinha por ela. *Será que nunca haveis sentido* – me dizia ela – *a força do amor? Sinto-me atada, garroteada, arrastada; são as culpas do amor, não são mais as minhas.* Montaigne nos descreve as suas disposições quando estava apaixonado. É um filósofo quem fala... *Eu me sentia* – diz ele – *carregado vivo e tudo vendo. Eu via a minha razão e a minha consciência se retirarem, se porem de lado, e o fogo da minha imaginação me transportava para fora de mim mesmo.* Sempre acreditei que não existe nenhuma pessoa honesta que não deva temer encontrar-se nesta condição.

Existem algumas mulheres que têm uma outra forma de apego. Não se pode dizer que elas sejam galantes. No entanto, estão ligadas ao amor pelas sensações, são sensíveis e ternas e recebem a impressão das paixões. Porém, como respeitam as virtudes do seu sexo, elas rejeitam os compromissos mais sérios. A natureza as fez para amar. Os princípios detêm os movimentos da natureza. Contudo, como as práticas só têm direitos sobre o comportamento, e nada podem sobre o coração, quanto mais os seus sentimentos são contidos, mais eles são fortes.

Os das mulheres galantes não são nem intensos e nem duradouros. Ao serem exercitados, eles se desgastam como os dos homens. Logo encontramos o fim de um sentimento, a partir do momento em que nos permitimos tudo. O hábito dos prazeres os faz desaparecer. Os prazeres dos sentidos são sempre contidos pela sensibilidade dos corações, e aquilo que deles suprimis retorna aos prazeres da ternura.

Porém, se quiserdes encontrar uma imaginação ardente, uma alma profundamente ocupada e um coração sensível e bem apaixonado, buscai-os entre as mulheres de um caráter racional.

Se vós só encontrais felicidade e repouso na união dos corações; se sois sensível ao prazer de ser ardentemente amado, e se quiserdes desfrutar de todas as delicadezas do amor, das suas impaciências e dos seus movimentos tão puros e tão doces, estejais persuadido de que eles só se encontram entre as pessoas contidas e que se respeitam.

Além do mais, será que não sentis a necessidade de estimar aquilo que amais? Quanta paz isso não põe em um relacionamento? A partir do momento em que souberam vos persuadir de que vos amam, e que vós vedes – sem motivo para duvidar disso – que é somente à virtude que são sacrificados os desejos de seu coração, será que isso não estabelece a confiança em todo o resto? *As recusas por castidade* – diz Montaigne – *não desagradam nunca.*

Os homens não conhecem os seus interesses quando procuram conquistar o espírito e o coração das pessoas que eles amam. Existe um prazer mais tocante e mais duradouro que a ligação dos sentidos: é a união dos corações, essa inclinação secreta que vos leva para aquilo que amais, essa efusão da alma, essa certeza de que existe uma pessoa nesse mundo que vive apenas para vós, e que faria tudo para vos poupar um desgosto.

O amor – diz Platão – *é empreendedor de grandes coisas. Ele vos conduz pelo caminho da virtude e não tolerará de vós nenhuma fraqueza.* Eis a marca do verdadeiro amor. Na Lacedemônia, quando um homem falhava, não era ele quem era punido, mas a pessoa que ele amava. Acreditava-se que ela era culpada pelas falhas da pessoa amada. Eles sabiam que o amor do qual eu falo é o apoio mais seguro da virtude. Todos os exemplos confirmam isso. Quantos amantes pediram para combater diante de suas amadas, e fizeram coisas incríveis? Eis o motivo pelo qual as pessoas honestas se permitem amar. Elas sabem que, ligando-se a um homem de mérito, serão apoiadas e conduzidas no caminho da virtude por princípios e por preceitos. As mulheres entre si não podem desfrutar do doce prazer da amizade. São as necessidades que as unem, e não os sentimentos. A maioria não conhece a amizade e nem é digna dela.

Existe um gosto na perfeita amizade que não pode ser atingido pelos caracteres medíocres. As mulheres nunca podem deixar de sentir o seu coração. O que fazer desse fundo de sentimento e dessa necessidade que se tem de amar e de ser amado? Os homens se aproveitam disso, mas nada é tão precioso nem tão duradouro quanto essa espécie de amor, quando vós a associais com a virtude. Ela coloca decência nos pensamentos, na conduta e nos sentimentos. Tasso nos oferece um modelo de delicadeza na pessoa de Olindo. Ele diz que *esse amante deseja muito, espera pouco e não exige nada*.[8] Esse amor pode se bastar a si mesmo, ele é a sua própria recompensa.

A maioria dos homens ama apenas de uma maneira vulgar. Eles têm apenas um objetivo. Eles se propõem um limite no amor ao qual esperam chegar. Depois de muitos mistérios, eles repousam apenas nos prazeres. Sempre me surpreendo de que não se queira refinar o mais delicioso sentimento que nós temos. Aquilo que se chama de limite do amor é pouca coisa. Para um coração terno, existe uma ambição mais elevada a ter: é levar nossos sentimentos e os da pessoa amada ao mais extremo grau de delicadeza, e torná-los todos os dias mais ternos, mais intensos e mais ocupantes. Da maneira como as pessoas se

8 "*Brama assai, poco spera, e nulla chiede.*" (Canto II.) [Torquato Tasso, *Gerusalemme liberata*, canto II, 16. (N. T.)]

conduzem, o amor morre com os desejos e desaparece quando não há mais esperança. Aquilo que há de mais tocante é ignorado. A ternura ordinária se enfraquece e se extingue. Não há nada limitado no amor, a não ser para as almas limitadas, mas poucos homens têm a ideia desses compromissos, e poucas mulheres são dignas deles.

O amor atua segundo as disposições que encontra. Ele adota o caráter das pessoas que ocupa. Para os corações que são sensíveis à glória e aos prazeres, como são dois sentimentos que se combatem, o amor os harmoniza. Ele prepara, ele depura os prazeres para fazer com que sejam recebidos pelas almas altivas, e lhes dá como objetivo a delicadeza do coração e dos sentimentos. Ele tem a arte de elevá-los e de enobrecê-los. Ele inspira uma elevação no espírito que os salva dos aviltamentos da volúpia. Ele os justifica pelo exemplo e os deifica pela poesia. Enfim, ele age tão bem que nós os julgamos dignos de estima, ou pelo menos de desculpa.

Custa mais para o amor sujeitar esses caracteres altivos. As pessoas que têm a glória no coração sofrem com os compromissos. Existe sempre uma imagem de servidão vinculada ao amor. A ternura ocupa o lugar da glória nas mulheres. Naquelas que foram bem educadas, e nas quais foram inspirados alguns princípios, os preconceitos ficam profundamente gravados. Quando é preciso desalojar semelhantes ideias, não é trabalho para um dia. Elas raramente serão felizes? Arrastadas pelo coração e dilaceradas por sua glória, um desses sentimentos não subsiste mais senão à custa do outro. Isso sempre predomina nelas e são comumente as mais amáveis conquistas. Vós sentis o esforço e a resistência que o dever opõe à sua ternura. Um amante desfruta do prazer secreto de sentir todo o seu poder. A conquista é maior e mais plena. Elas têm mais a perder: vós lhes custais mais.

Há sempre uma espécie de crueldade no amor. Os prazeres do amante não dependem senão das dores da amada. O amor se alimenta de lágrimas.

Aquilo que torna esses caracteres mais amáveis é o fato de existir neles mais segurança. Uma vez que elas tenham se comprometido, é para a vida toda, a menos que os maus procedimentos as desobriguem do compromisso. Elas fazem do seu amor um dever, elas o respeitam, elas são fiéis e delicadas, elas não falham em nada. O sentimento de glória que as ocupa se volta em proveito do amor, já que, por causa dele, elas são mais ternas, mais intensas e mais dedicadas. Uma amante amável, e que tem a glória no coração, só pensa em se fazer estimar e o amor a aperfeiçoa. É preciso reconhecer que as mulheres são mais delicadas que os homens no que tange ao apego. Cabe exclusivamente a elas fazer sentir através de uma única palavra, de um único olhar, todo um sentimento. Os inconvenientes dos caracteres altivos é que são imperiosos e fáceis de ferir. Como percebem o seu valor, elas exigem mais.

Os caracteres sensíveis e melancólicos encontram encantos e graças infinitas no amor, e fazem sentir isso. Existem prazeres exclusivos das almas ternas e delicadas. Aqueles que viveram a vida do amor sabem o quanto a sua vida era animada; e quando isso vem a lhes faltar, eles não vivem mais. O amor produz todos os bens e todos os males. Ele aperfeiçoa as almas bem-nascidas, porque o amor do qual eu falo é um censor severo e delicado que não perdoa nada. Os caracteres melancólicos são mais apropriados a isso. Quem diz "apaixonado" diz "triste", mas não cabe senão ao amor dar tristezas agradáveis.

As pessoas melancólicas não estão ocupadas senão com um sentimento; elas vivem unicamente para aquilo que amam.

Desocupadas de tudo, amar é o emprego de todo o seu tempo ocioso. Será que todas as suas horas serão coisas demais para serem dadas àquilo que se ama?

Oponham este caráter, para conhecer o seu valor, àquele que lhe é contrário. Vejam as mulheres da alta sociedade, que estão entregues ao jogo, aos prazeres e aos espetáculos. De que mais elas precisam para empregar o seu tempo? Se elas sabem chegar ao fim do dia sem que amem, não será à custa do gosto principal? Nós temos apenas uma porção de atenção e de sentimento: a partir do momento em que nos entregamos aos objetos exteriores, o sentimento dominante se enfraquece. Será que os nossos desejos não são mais intensos e mais fortes no isolamento?

Existem alguns prazeres que são feitos apenas para as pessoas delicadas e atentas. O Amor é um deus ciumento que não suporta nenhuma rivalidade. A maior parte das mulheres adota o amor como um divertimento: elas se submetem a ele, mas não se entregam. Elas não conhecem esses sentimentos profundos que ocupam a alma de uma amante terna.

Mademoiselle de Scudéry diz que *a medida do mérito se aufere pela amplitude do coração e pela capacidade que se tem de amar*. Com semelhante regra, o mérito das mulheres de hoje em dia será ínfimo.

Enfim, aquelas que estão destinadas a viver uma vida de sentimento sentem que o amor é mais necessário para a vida do espírito do que o são os alimentos para a do corpo. Porém, nosso amor não poderia ser feliz se não fosse regrado. Quando ele não nos custa nem virtude e nem decência, desfrutamos de uma felicidade sem interrupção. Nossos sentimentos são profundos, nossas alegrias são puras, nossas esperanças são deleitosas, a imaginação é agradavelmente preenchida, o espírito é intensamente ocupado e o coração, tocado. Existem nesse tipo de amor alguns prazeres sem dor, e uma espécie de imensidão de felicidade que aniquila todos os sofrimentos e os faz desaparecer. O amor é para a alma aquilo que a luz é para os olhos. Ele afasta os sofrimentos, assim como as luzes afastam as trevas. Madame de *** dizia que *os belos dias concedidos pelo Sol são apenas para o povo, mas a presença daquilo que se ama faz os belos dias das pessoas honestas.*[9] Aqueles que estão destinados a uma vida tão ditosa estão no mundo como se não estivessem nele, e não se submetem a ele senão por alguns instantes. Nada lhes interessa, a não ser o que elas sentem. Nada pode preenchê-las, a não ser o amor.

O espírito que o amor dá é vivo e luminoso: ele é a fonte das graças. Nada pode agradar ao espírito que não tenha passado pelo coração.

A diferença entre o amor e os outros prazeres é fácil de estabelecer para aqueles que foram tocados por ele. A maioria dos prazeres, para serem sentidos, necessitam da presença do objeto. A música, a boa mesa, os espetáculos – é preciso que esses prazeres estejam presentes para causar suas impressões, para voltar a alma para eles e mantê-la atenta. Temos em nós uma disposição para usufruir deles, mas eles estão fora de nós, vêm de fora. Não acontece o mesmo com o amor; ele está dentro de nós, ele é uma porção de nós mesmos. Ele não está ligado somente ao objeto, nós o desfrutamos sem ele. Essa alegria da alma que é dada pela certeza de ser amada; esses sentimentos ternos e profundos; essa emoção intensa e tocante que vos é dada pela ideia e pelo nome da pessoa que vós amais – todos esses prazeres estão em nós, e estão ligados ao nosso próprio sentimento. Quando

9 A frase é de Ana de Bourbon (1619-1677), filha de Henrique II, príncipe de Condé. (N. T.)

o vosso coração está muito apaixonado, e quando estais segura de ser amada, todos os vossos maiores prazeres estão em vosso amor. Vós podeis, portanto, ser feliz apenas pelo vosso sentimento, e associar a felicidade com a inocência.

FIM

Cavaleiro de Cerfvol[1]

1 Não encontramos as datas de nascimento e morte deste autor. (N. T.)

Apologia do belo sexo

Fábula com algumas reflexões curiosas e divertidas[2]

Carta de um provinciano a uma dama sua amiga

Vós me fazeis a honra de me perguntar, madame, se muitos escritores trabalharam na defesa do vosso sexo. Eis um catálogo daqueles que chegaram ao meu conhecimento:

Le champion des dames [O campeão das damas] é uma obra composta por Martin Le Franc,[3] preboste e cônego de Lausanne, secretário dos papas Félix V e Nicolau V e um dos melhores poetas do século XV. Ele escreveu esse poema contra o *Romance da Rosa*, no qual Jean de Meun havia tratado cruelmente o belo sexo.

La femme généreuse [A mulher generosa], *que mostra que o seu sexo é mais nobre, politicamente melhor, mais valente, mais sábio, mais virtuoso e mais ecônomo que o dos homens*, por L. S. D. L. L., impresso em Paris em 1643.

---

2 "Apologie du beau sexe, fable avec des réflexions curieuses & divertissantes" (Rouen: Abraham Viret, 1729). (N. T.)

3 Na enumeração das obras, De Cerfvol comete vários pequenos erros de datas e grafia, que serão corrigidos diretamente no texto. (N. T.)

La nobiltà et l'eccellenza delle donne, co' diffetti et mancamenti de gli huomini [A nobreza e excelência das mulheres, com os defeitos e falhas dos homens], é um in-4° de Lucrezia Marinella, veneziana muito espirituosa, impresso em Veneza em 1601.

Les dames illustres [As damas ilustres], *no qual, por boas e fortes razões, prova-se que o sexo feminino ultrapassa em todos os tipos de gêneros o sexo masculino*, pela senhorita Jacquette Guillaume, impresso em Paris em 1665.

L'égalìté des homens et des femmes [A igualdade entre os homens e as mulheres], por Mademoiselle de Gournay.[4]

De l'égalité des deux sexes, Discours physique & moral où l'on voit l'importance de se défaire des préjugés [Da igualdade entre os dois sexos. Discurso físico e moral no qual se vê a importância de se desfazer dos preconceitos]. Esta obra é de um certo Poullain,[5] eclesiástico loreno, e foi impressa em Paris em 1673. O autor foi ameaçado com uma crítica, mas ela não foi publicada. Pouco tempo depois, sob o pretexto de fazê-la ele próprio, ele confirmou seu primeiro ponto de vista.[6] As duas obras foram impressas juntas, em Paris, em 1679.

La donna migliore dell'uomo, paradosso [A mulher melhor que o homem, paradoxo]. Obra de Giacomo del Pozzo, impressa em Upsala em 1650.

Girolamo Ruscelli, em um livro italiano que publicou em 1552, confere às mulheres a superioridade de perfeição.

---

4 Marie de Gournay (1565-1645), escritora francesa. (N. T.)

5 François Poullain de la Barre (1647-1723), sacerdote católico, feminista e filósofo cartesiano. (N. T.)

6 *De l'excellence des hommes contre l'égalité des sexes* (Da excelência dos homens contra a igualdade entre os sexos). Paris: Jean du Puis, 1675. (N. T.)

Maggio e Bernardo Spina escreveram em prol da mesma causa.

Plutarco, Giovanni Boccaccio, Il Cortegiano,[7] Agrippa[8], Il Portio[9], Il Lando[10] e Il Domenichi[11] fizeram o paralelo entre os dois sexos sem dar preferência.

Heinrich Frauenlob,[12] alemão, fez em seus livros grandes elogios ao sexo feminino. Quando esse autor morreu em Mogúncia, em 1318, as mulheres dessa cidade, por gratidão, o carregaram da sua residência até a grande igreja. Elas fizeram as ruas ressoarem com seus lamentos e clamores fúnebres. Despejaram uma quantidade tão grande de vinho sobre o seu túmulo que a igreja ficou inundada, diz Albertus Argentinensis, um dos autores da *História da Alemanha*.

Juntai a esses escritores aqueles dos quais se fala no corpo da apologia que se segue.

Apesar de tantos defensores célebres do belo sexo, um homem – que, aliás, parece sensato e que de tempos em tempos gosta de nos mostrar os seus ditos engenhosos em nossas pequenas assembleias literárias – ousou recentemente proferir o seguinte paradoxo: *A discrição é uma virtude superior ao alcance das mulheres*. Esta espécie de blasfêmia despertou inicialmente a indignação de todo o círculo contra aquele que a havia proferido.

---

7 É provável que De Cerfvol esteja se referindo a Baldassarre Castiglione (1478-1529), escritor italiano autor do célebre *Il cortigiano* (O cortesão). (N. T.)

8 Heinrich Cornelius Agrippa von Nettesheim (1486-1535), escritor ocultista alemão. (N. T.)

9 Simone Porzio (1496-1554), filósofo e médico napolitano. (N. T.)

10 Ortensio Lando (1512-1560), escritor humanista italiano. (N. T.)

11 Lodovico Domenichi (1514-1564), polígrafo italiano nascido em Piacenza. (N. T.)

12 Poeta alemão (1260?-1318). (N. T.)

Citaram-lhe o exemplo daquela mulher de Atenas que, para não revelar o segredo de seus amigos, depois de ter suportado os tormentos e as torturas com uma incrível firmeza, sem que jamais se pudesse arrancar nada de sua boca, cortou a própria língua com os dentes e cuspiu-a no rosto do tirano que queria saber aquilo que ela não queria dizer.[13] Essa passagem, tão apropriada para fazer nosso homem reconhecer o seu erro, nada mais fez que excitar sua bile contra as mulheres em geral, que ele tratou muito mal de todas as maneiras. Naquele momento, nosso fabulista prometeu nos apresentar um apólogo que pudesse fornecer algumas reflexões capazes de vingar o vosso sexo. Tende a bondade de aceitá-las, assim como os penhores sinceros do profundo respeito com o qual tenho a honra de ser,

MADAME,
Vosso muito humilde e muito obediente servidor,

* * * *

Fábula Terceira

A perdiz e os perdigões

Um caçador criava uma perdiz fêmea,
E a tratava com cuidado;
Esperando que a bela
Ser-lhe-ia muito útil quando fosse necessário.

Com efeito, na época do acasalamento,
Ao fim de um belo dia, nosso caçador armado,

13 Dominique Bouhours (1628-1702), *Les entretiens d'Ariste et d'Eugène*. (N. T.)

Vai colocar em um campo seu pássaro engaiolado,
E atrás de um arbusto se põe em emboscada.

Nem bem preparara o arcabuz,
Quando a perdiz, pelos furos da gaiola
Passa a cabeça, e se achando ao ar livre
Repete cem vezes o seu canto.

Com esse grito aliciante, os perdigões da vizinhança
Acorrem para competir nas asas do amor.
Cada um pretende ter a posse da donzela;
Eles furam os olhos e arrancam a plumagem dos rivais,
Se empertigam e dão mil voltas e reviravoltas.
Jamais se viu tamanha algazarra.

No momento em que esses briguentos
Estão mais ardorosos em sua refrega,
O caçador dispara a escopeta;
Pelo chumbo mortal dois são atingidos;
Os outros batem em retirada.

– Foste tu, dizem os dois moribundos
À fêmea prisioneira,
Foste tu, pérfida assassina,
Que nos deste a morte na flor de nossos anos.

Por tua tagarelice cheia de artifício
Nós nos deixamos iludir.
Tu só nos chamaste para melhor nos enganar,
E ao precipício nos levar.

A fêmea responde: – Vós me acusais em falso,
Desses indignos estratagemas.
Não tive intenção de causar a vossa morte;
Das vossas desgraças culpai a vós mesmos.

Para abrandar meu cativeiro,
Eu cantava, é verdade, minha canção maternal,
Mas sem projeto cruel e sem malignidade.
Somente a vossa lubricidade
Vos mergulha nesse momento na noite eterna.

Reflexões

Não existe nenhum tema sobre o qual os homens exerçam tanto a malignidade da sua crítica quanto sobre o sexo feminino em geral. É, para eles, um fundo inesgotável de ditos espirituosos, de zombarias picantes e de contos humorísticos. Porém, por uma bizarrice das mais singulares, esse mesmo tema que fornece tantos pensamentos cáusticos ao espírito dos homens apresenta muitas vezes furiosos entraves ao seu coração, e não é muito raro ver esses zombeteiros, pouco de acordo consigo mesmos, rastejarem vergonhosamente diante dos objetos de suas zombarias.

É esse contraste ridículo que fez com que um engenhoso escritor[14] concluísse que a maior parte das maledicências contra as mulheres são os resmungos de um escravo que sente o peso de seus grilhões, ou que, posto em liberdade, ainda vê em seu corpo as marcas da sua antiga servidão.

14 Bayle. [Pierre Bayle (1647-1706), filósofo francês. Sua obra mais importante é o *Dicionário histórico e crítico*. (N. T.)]

Isso é tão verdadeiro que aqueles que censuram mais impiedosamente o sexo feminino são comumente aqueles que o idolatram ou que mais o idolatraram. Se as mulheres ainda têm outros inimigos, são misantropos conhecidos como tais ou homens tão desgraçados pela natureza que perdem a esperança de ter prazer e se divertem em maldizê-lo, quase sempre em prejuízo do senso comum.

Será que podemos nos impedir de rir, por exemplo, vendo um autor italiano sustentar seriamente, em um livro impresso,[15] que *as mulheres não têm alma*, e pretender provar isso por meio de passagens das Escrituras ajustadas à sua fantasia? Será que vocês vão acreditar que, nessa ocasião, o belo sexo da Itália ficou de braços cruzados? A estocada era muito cruel. Enviou-se o sr. autor ao segundo capítulo do Gênese, no qual o Criador diz em termos formais: *Não é bom que o homem fique só, façamos-lhe um coadjutor que se pareça com ele*. Se esse coadjutor, diziam as damas romanas, é semelhante ao homem, como o texto sagrado assegura positivamente, é preciso concluir uma de duas coisas: ou que o coadjutor tem uma alma, ou que o próprio homem não tem nenhuma.

Elas citaram também o capítulo 17 do Eclesiastes, no qual o historiador sacro declara explicitamente que Deus deu a Adão e a sua companheira uma língua, olhos, ouvidos e, acima de tudo isso, uma alma para pensar e se conduzir. A causa do autor italiano era demasiado absurda para poder se sustentar, e ele teve a vergonha de ver seu livro ser infamado por uma censura autêntica.

É verdade que o autor do *Comentário sobre as epístolas de São Paulo*, falsamente atribuído a santo Ambrósio, diz expressamente,

15 Extraído das *Mélanges d'histoire et de littérature*, de Vigneul-Marville. (N. T.)

sobre o capítulo II da Primeira aos Coríntios, que *as mulheres não são feitas à imagem de Deus*; mas o famoso Gisbertus Voetius[16] provou demonstrativamente o contrário.[17] Ora, será que o simples texto do primeiro capítulo do Gênese pode deixar alguma dúvida sobre esse assunto? Deus, diz Moisés, criou o homem a sua imagem e semelhança; ele os criou macho e fêmea – não será visível que a semelhança recai sobre ambos?

Também é verdade que, outrora, Acidalius,[18] querendo compensar seu editor pelas perdas que tinha tido com suas obras precedentes, deu-lhe para imprimir certo manuscrito que se acreditou vir da Polônia, no qual o autor pretendia provar que *as mulheres não são da espécie humana*. Porém, além do fato de essa dissertação ter causado um furor espantoso em Leipzig, a ponto de o editor haver acreditado estar perdido e de Acidalius ter sido obrigado a convocar seu amigo Monavius[19] para interceder pelo editor e por ele próprio,[20] todos sabem que esse livro foi pulverizado pelas sábias razões de Gediccus,[21] doutor em teologia e pastor em Magdeburgo.

Não ignoro que Cujas[22] defendeu a mesma tese que Acidalius, mas é visível – segundo Vossius[23] – que ele só fez isso de brincadeira e para exercitar o seu espírito.[24] Acrescentem a esse

---

16 Teólogo calvinista holandês (1589-1676).

17 *Política eclesiástica*, parte II.

18 Valens Acidalius (1567-1595), poeta e escritor alemão. (N. T.)

19 Jakob Monau (1546-1603), jurista e escritor alemão. (N. T.)

20 *Epistola apologetica ad clariss, virum Jacobum Monavium.*

21 Simon Gedicke (1551-1631), teólogo luterano alemão. (N. T.)

22 Jacques Cujas (1522-1590), jurista francês. (N. T.)

23 Gerardus Johannes Vossius (1577-1649), teólogo e humanista holandês nascido na Alemanha. (N. T.)

24 *De origine idolatria*, livro III.

testemunho uma decisão peremptória: é que um Concílio de Mâcon, depois de uma discussão exata e de uma deliberação madura (*post multas vexata hujus quaestionis disceptationes*), decidiu e estabeleceu solenemente que *as mulheres são da mesma espécie que os homens* (*Quod mulieres sint homines*).[25]

Enfim, eu sei que Sorbière[26] assegura que essa questão, *se as mulheres são da espécie humana*, foi muito debatida no seu tempo, na Holanda, em escritos pró e contra, mas que o sr. Van Beverwijck[27] encerrou a discussão com uma obra muito galante e muito erudita, na qual verificou por mil exemplos que as mulheres não são inferiores aos homens em nenhuma qualidade do corpo e do espírito.[28]

Em que pensava, pois, Aristóteles, e qual é a ideia dessa multidão de médicos e de filósofos que, *jurantes in verba magistri*,[29] sustentam – seguindo essa águia da antiga escola – que *a natureza não forma mulheres a não ser quando*, por causa da imperfeição da matéria, *não pode chegar ao sexo perfeito*? Será que eles estão persuadidos de que a produção do sexo feminino se faça apenas por acaso, por acidente, por força? As mulheres serão menos necessárias à propagação dos habitantes do mundo que os homens? Não são elas o ser *sine quo* a espécie desapareceria? Será que a sua construção mecânica é menos singular, menos esmerada, menos refinada e menos admirável que a nossa? Por que querem, pois, que a natureza só se volte para elas em desespero de causa, e que

25 *Polygamia triumphatrix*, p.123. [Obra do pastor protestante alemão Johannes Leyser (1631-1684). (N. T.)]

26 Samuel de Sorbière (1615-1670), médico e letrado francês. (N. T.)

27 Johan van Beverwijck (1594-1647), médico e escritor holandês. (N. T.)

28 Carta a Guy Patin, escrita de Leida por volta de 1650.

29 "Jurando pelas palavras do mestre."

essa mãe tão sábia entregue ao acaso a formação de uma obra tão necessária? Quanto delírio! Quanto absurdo!

Ora, quem povoaria o universo se essa mesma natureza, tomando suas medidas mais justas, chegasse sempre ao sexo que agrada a esses senhores chamar de *perfeito*? O gênero humano, sem dúvida, logo chegaria ao seu fim. Ele seria, quando muito – para me servir da expressão de um historiador delicado –, *unius aevi*.[30] Não restaria mais meio para perpetuá-lo.

Foi essa triste redução que fez outrora Rômulo tremer, e que o forçou a raptar as sabinas para assegurar a duração do Estado do qual ele acabara de lançar as bases, já que somente o *sexo perfeito* não bastava para isso. Uma pessoa do meu conhecimento[31] me parece ter descrito bastante bem esta ação para me convencer a compartilhá-la com vocês. Prefiro mesmo apresentar o trecho inteiro, embora existam nele várias circunstâncias que não têm absolutamente nada a ver com o meu assunto, a me arriscar a enfraquecê-lo mutilando-o.

O Senado, aborrecido com o fundador de Roma,
Que por suas crueldades se tornava odioso,
Para deificá-lo, o fez deixar de ser homem,
E o apressou, dizem, a ocupar um lugar nos céus.

Quem era, com efeito, esse herói magnânimo,
Esse Rômulo tão reverenciado?
Um assassino, um bandido comprovado.
Um monstro sempre pronto para o crime,

30 "De uma única geração." (N. T.)
31 Tito Lívio.

Sedento do sangue de seu irmão,
O traidor fez dele a sua primeira vítima.

Para apoiar seus atentados
e povoar sua nova cidade,
Ele começou por fazer dela um asilo
Sempre aberto aos celerados.

Foi com tais soldados
Acostumados à roubalheira,
Que ele se apoderou dos Estados mais próximos,
Submetendo todos à pilhagem.

Graças à sua rapinagem,
Eles se punham em segurança
Contra os golpes da indigência;
Eles faziam sua nova cidade ser admirada.

Mas sem esposas, como fazer?
Eles tinham muito pouco gosto
Pela sua continência involuntária.
Além do mais, essa aquisição era visivelmente
Um dos pontos mais necessários,
E sem o qual uma fundação
Seguramente duraria pouco,
Como se compreende facilmente.

Para encontrá-la, todos se apressaram.
As vizinhas, dizem, se queixavam muito das suas necessidades,
Mas genros de tal espécie
Em nada tranquilizavam os vizinhos.

O bravo Rômulo, patife em grau supremo,[32]
Para satisfazer os seus desígnios,
Elabora o seguinte estratagema:

Ele manda anunciar alguns jogos
Que pretende celebrar em honra a Netuno.
Rogando a seus vizinhos curiosos
Que esquecessem de todo o rancor
Para assistir ao espetáculo devoto
Que ele quer exibir aos seus olhares.

Esta notícia encantou as sabinas
Que, mais belas que suas vizinhas,
Agradavam mais aos romanos.
Todas elas, bem enfeitadas,
Acorreram à festa desejada.
E seus pais ingenuamente lhes deram as mãos.

O astucioso romano, cheio de alegria,
Oferece-lhes os lugares de honra
Congratulando-se, no fundo do coração,
Por ter sabido atrair uma tão bela presa.

Enfim, quando todas entraram,
As portas se acharam fechadas.
Aqui, estremeço de horror...
As sabinas são raptadas
Por esses pretendentes sem pudor.

---

32 Cf. Tito Lívio, *Vida de Rômulo*.

E essas vítimas fundidas em lágrimas
São logo todas imoladas
Ao seu impaciente ardor.[33]

A história nos diz, no entanto,
Que essas belas assim tratadas,
Deste atentado impudente
Foram logo consoladas;
E que, depois das lágrimas e dos gritos,
Achando esses romanos bons maridos,
Suas faltas, de bom coração, lhes foram perdoadas.

Voltemos ao nosso assunto, e digamos que, como a produção da mulher é incontestavelmente tão maravilhosa em si mesma e tão necessária à conservação do gênero humano quanto a formação do homem (mesmo que isso desagrade ao herói do peripatetismo e a todo o seu rebanho de carneiros), não é de maneira alguma por acaso e por necessidade que a natureza forma as mulheres, mas com intenção deliberada e com esses desígnios infinitamente sábios que a guiam em suas operações.

Com efeito, por que a natureza, hoje em dia, colocaria na formação dos dois sexos uma diferença que não foi posta quando nossos primeiros antepassados receberam a luz? Se voltarmos os olhos para a produção da primeira mulher, nos será fácil observar que aqueles dentre os sábios que tiveram as opiniões mais extravagantes sobre a sua origem não pensaram de maneira alguma em considerá-la como inferior à origem do primeiro homem.

---

33 Esse expediente deu aos romanos 683 mulheres em um só dia.

Fócio,[34] segundo o padre jesuíta Garasse,[35] assegura que os egípcios diziam que a Sapiência pôs um ovo no paraíso terrestre, e que, desse ovo, os nossos primeiros antepassados saíram como um par de frangos. O que existe de mais igual que esses dois frangos?

Diversos rabinos imaginaram que o corpo de Adão foi criado duplo, macho de um lado e fêmea do outro; e que Deus, em seguida, dividiu esse corpo em dois, tendo o macho sido chamado de Adão e a fêmea, de Eva.[36] Esse foi o ponto de vista do famoso Manassés ben Israel no século XVII. O douto Maimônides e Eugubino[37] também acreditaram nisso. Que perfeita semelhança entre essas duas partes de um mesmo todo!

Outros rabinos sustentaram que Adão inicialmente foi criado com uma cauda, como um bezerro; e que, em seguida, tendo o Criador observado que essa cauda diminuía a beleza da sua obra, cortou-a e serviu-se dela para formar a mulher que ele deu ao primeiro homem.[38] Não seria possível dizer que, nesse sistema, por mais ridículo que ele seja, se encontramos alguma diferença na formação dos dois primeiros habitantes racionais do universo, ela seja em favor de Eva, já que ela é formada não simplesmente de lama, como seu marido, mas de uma matéria já trabalhada pelas mãos do Criador – por conseguinte, mais aperfeiçoada, mais rematada e mais depurada?

---

34 Patriarca de Constantinopla no século IX. (N. T.)

35 *Doutrina curiosa*, p.232.

36 Heidegger, *Vida dos patriarcas*. [Johann Heinrich Heidegger (1633-1698), *De historia sacra patriarcharum*. (N. T.)]

37 Agostino Steuco (1497?-1548), humanista italiano. (N. T.)

38 *Biblioteca rabínica* de Bartolocci. [Giulio Bartolocci (1613-1687), monge italiano. A obra mencionada é a *Bibliotheca Magna Rabbinica* (em quatro volumes). (N. T.)]

Se, abandonando as quimeras rabínicas – indignas, com efeito, de que lhes prestemos a menor atenção –, abrirmos as Sagradas Escrituras, esses tesouros infinitamente respeitáveis nos quais a verdade incriada resguardou os seus oráculos, será que encontraremos nelas quem possa adular a nossa vaidade, elevando a criação do homem acima da de sua companheira? Mesmo autor, mesma matéria, mesma forma substancial; ambos criados à imagem de Deus; ambos cumulados com as suas graças e com os seus favores; ambos destinados ao mesmo fim; ambos submetidos às mesmas leis e, infelizmente, pouco tempo depois, ambos destituídos da condição mais brilhante; ambos caídos na miséria mais deplorável. Depois de ter examinado atentamente esse paralelo, não posso ouvir alguns homens tidos como sensatos insultarem as mulheres quanto à sua origem sem gritar logo com todas as minhas forças: *Aedepol! Syri adversus Phoenices!*[39]

Uma objeção mais enganosa que se faz contra as damas em geral é dizer que o seu sexo muito comumente passa a vida em uma ociosidade e uma indolência monstruosas. Que, inúteis à república, elas não entram em nenhum dos empregos que podem dar uma alta reputação e que exigem solidez.

Enquanto homens intrépidos, sob os estandartes de Marte, transformam em ponto de honra formar esquadrões, tapar trincheiras, escalar uma muralha, apesar de mil relâmpagos abrasadores; enquanto, unicamente levados pelo incentivo da glória, que os sustenta em meio aos perigos mais atrozes, eles se deitam muitas vezes sobre o chão duro e carecem das coisas mais necessárias à vida; enquanto enfrentam os ardores da canícula

39 "Por Pólux! Sírios contra fenícios!" Trata-se de um provérbio latino que se refere à fama de astuciosos e trapaceiros desses dois povos. (N. T.)

e os gelos dos invernos; enquanto se cobrem de sangue e de poeira e afrontam o terror, os trabalhos, os sofrimentos e a própria morte. Enquanto outros homens, na Igreja, nas ciências, na justiça, nos ministérios, nas finanças e na agricultura, se tornam úteis ao príncipe e a seus súditos. Durante esse tempo, dizem, as damas, mergulhadas, enterradas, por assim dizer, em leitos bem macios, não se ocupam senão do cuidado de conservar o frescor da sua cútis. Um bom caldo espera calidamente o seu despertar do leito no qual sua preguiça as retêm por nove ou dez horas. Elas passam gravemente à sua toalete e, pacientes, nessa única ocasião, se entregam a movimentos extraordinários pelas coisas desse mundo que menos os merecem.

São dois ou três fios de cabelo cuja indocilidade as ocupa muito seriamente; é um tom de *rouge* ou uma mosca[40] que não foram postos com bastante arte; é a manga de um vestido que está amarrotada; é a peruca ou a bolsa que não estão na última moda – como ousar se mostrar em público nessas condições? O dia se passa em jogos, em divertimentos, em frivolidades, em conversas sobre penteados e saias com outras mulheres, em ouvir de aduladores insípidos louvores quase sempre exagerados, e cuja falsidade se deveria sentir interiormente. Em poucas palavras, as mulheres – dizem –, afastadas de todos os cargos, de toda ocupação útil e racional, estão reduzidas a uma eterna indolência, como se estivessem em uma infância perpétua, com o espírito sempre ocupado com brinquedos e bagatelas e o corpo mergulhado em uma frouxa apatia. É visível que a única finalidade da natureza, ao lhes dar à luz, foi, quando muito, a propagação da espécie.

---

40 Pinta artificial que as mulheres colocavam no rosto ou no colo. (N. T.)

Respondo primeiramente que se, na tese geral, o sexo feminino, comumente falando, definha na apatia e na ociosidade, existem também muitos homens dessa espécie, muitos preguiçosos perfumados que não são menos idólatras de sua pequena figura que as mulheres das quais acabo de falar, nem menos demorados em se enfeitar, nem menos desejosos de serem vistos e de agradar, nem menos frouxos, menos delicados e menos voluptuosos, nem mais ocupados com a república e nem mais úteis à pátria.

Quantos jovens frívolos,
Exaltados por suas loucas despesas,
Ocupados com ninharias,
Do sexo depreciado imitam a indolência?

Quantos Endimiões[41] e Adônis[42] galantes,
Não têm outro talento, não têm outra ciência
Além de dar em toda parte lições de incontinência?
Será que o Estado tem necessidade de sua enfadonha tagarelice?

Quantos sujeitos inúteis,
Nas cidades, na província!
Um faz escândalo nos cabarés,
O outro assedia uma mocinha, ou joga lansquenê.[43]
Será assim que se serve o público e o seu príncipe?

---

41 Na mitologia grega, um pastor de extrema beleza. (N. T.)

42 Na mitologia grega, jovem mortal dotado de uma grande beleza. (N. T.)

43 Jogo de cartas bastante popular na França dos séculos XVIII e XIX. (N. T.)

Em segundo lugar, embora as mulheres não façam a guerra, não se sentem na cadeira dos magistrados para fazer justiça, não sejam revestidas com as dignidades da Igreja e, enfim, não se dediquem à agricultura, não se deve concluir por isso que elas sejam inúteis ao Estado. O magistrado não lavra a terra, o homem de guerra não trata dos santos mistérios, o prelado não toma de assalto e o lavrador não explica as leis. Cada ofício tem as suas funções particulares, que tendem todas ao bem público. O cuidado com os assuntos domésticos, a disciplina das famílias, a boa ordem das casas, a educação dos filhos – tudo isso não terá, pois, nenhuma importância?

Em terceiro lugar, quem nos diz que as mulheres não se sairiam bem nos cargos públicos, se elas tivessem sido nutridas e educadas nesses princípios? O que lhes falta para serem bem-sucedidas nisso? Será o espírito, a competência, a prudência, a coragem? Analisemos isso mais detalhadamente.

Comecemos pelas virtudes guerreiras. Pirro,[44] aproveitando-se da ausência de Areus[45] – ocupado, com a melhor parte de suas tropas, em socorrer os gortinianos na ilha de Creta – encontrando uma oportunidade tão favorável para ele, decide sitiar a Lacedemônia.[46] Inebriado por suas conquistas precedentes, ele acredita já ver cair a seus pés as muralhas mal defendidas desta soberba cidade. Os habitantes, consternados, elaboram um plano para salvar suas mulheres da carnificina, transferindo-as para uma ilha vizinha. Arquidâmia, ofendida com esse projeto, entra no senado de espada na mão. Ela se queixa em altos

---

44 Rei de Épiro entre 295 a.C. e 272 a.C. (N. T.)

45 Rei de Esparta entre 309 a.C. e 265 a.C. (N. T.)

46 Esparta. (N. T.)

brados, em nome de todas as lacedemônias, do fato de que se acredite que elas sejam capazes de querer sobreviver à destruição de sua pátria. Elas são aceitas nas fileiras dos combatentes. Elas trabalham nas trincheiras durante toda a noite. Na sequência, elas realizam prodígios de valor, de modo que Pirro é forçado a levantar vergonhosamente o cerco. Na incerteza do sucesso, Quelidonis, sua rainha, fechou-se durante o assalto em seu palácio, com uma corda no pescoço, para não cair viva nas mãos do inimigo, se ele viesse a tomar a cidade.[47]

Carlos, duque da Borgonha, estando em guerra contra Luís XI, sitiou Beauvais. Em um ataque massivo, que se deu em uma quinta-feira, 9 de julho, os sitiados estavam a ponto de ser invadidos. Uma moça chamada Jeanne Hachette se põe no comando das mulheres da cidade. Por seus discursos e por seus exemplos elas reanimam seus maridos vacilantes. Elas repelem os inimigos a pedradas. Elas os fazem fugir, jogando sobre eles fogo grego[48] e chumbo derretido na resina fervente, e conservam sua cidade. É em memória dessa jornada tão gloriosa para as mulheres de Beauvais que ainda se vê, na prefeitura da cidade, a efígie dessa brava Hachette segurando uma espada na mão. É também por essa razão que todos os anos, em Beauvais, no dia 10 de julho, dia em que o cerco foi levantado, se faz uma procissão solene na qual as mulheres vão na frente e os homens, atrás.

Quem demonstrou mais resolução no ofício da guerra que as amazonas, das quais a história transmitiu a glória até nós?[49]

---

47 Calvisius, *Ad ann. mund.*, 3677. [Sethus Calvisius (1556-1615), compositor e erudito alemão. (N. T.)]

48 Mistura incendiária à base de salitre. (N. T.)

49 Justino, *História universal*, livro II.

Onde se encontrarão capitãs mais valentes que as Marpésia, as Lampedo, as Pentesileia, as Antíope, as Orítia, as Hipólita e tantas outras heroínas que ousaram rivalizar com o turbulento vencedor dos persas?[50] A ilustre Zenóbia[51] não pareceu ao imperador Aureliano um inimigo digno de ocupar as águias romanas? Será que podem dizer que uma Elizabeth da Inglaterra[52] foi inferior em prudência e em bravura aos maiores potentados do seu tempo? E, em nossos dias, será que a czarina Marta Matweina[53] não fez ver em sua pessoa uma mulher infinitamente digna do cetro e do diadema? Todo mundo reconhece que a proximidade da morte presente é a barreira mais formidável contra a qual vai comumente se quebrar a bravura dos corações mais determinados. A história, no entanto, nos fornece mil exemplos de mulheres que souberam enfrentar os gêneros de morte mais pavorosos com os olhos secos e com uma completa intrepidez.

Com que coragem, com efeito, a infortunada Sofonisba[54] ingeriu o veneno que Massinissa, seu cruel esposo, lhe enviou? Com que nobre altivez a bela Cleópatra empunhou a serpente que ela fez morder seu seio, e pelo veneno da qual expirou sobre a tumba de seu marido? Com que sangue-frio a mulher de Asdrúbal se atirou nas chamas, cuja simples visão tinha assustado o herói cartaginês?

---

50 Alexandre, o Grande. (N. T.)

51 Rainha de Palmira no século III. (N. T.)

52 A rainha Elizabeth I. (N. T.)

53 O autor se refere a Catarina I, imperatriz da Rússia entre 1725 e 1727, cujo verdadeiro nome era Marta Skowronska. (N. T.)

54 Princesa cartaginesa que foi rainha da Numídia no século III a.C. (N. T.)

Será que a virtuosa Monima[55] não recebeu a morte com uma melhor disposição que o cruel Nero, esse monstro a quem, no entanto, o sangue e a carnificina deviam ser tão familiares? Baquílides ordena a Monima, da parte de seu esposo Mitrídates, que escolha um tipo de morte. Imediatamente, sem hesitar, ela enrola no pescoço a sua faixa real para se estrangular. Ela se rasga. "Maldito pano – diz a rainha corajosa –, por que não me prestaste ao menos esse triste serviço?" Em seguida, sem se abalar, apresenta sua cabeça ao carrasco.[56]

Nero, pelo contrário, contemporiza, tergiversa, busca protelar. Ele testa, em seguida, vários punhais dos quais está munido, sem ousar fazer uso deles. Ele chora, ele se lamenta, ele pede que algum de seus amigos faça a cortesia de se matar para lhe mostrar o exemplo. É preciso, por fim, que um de seus libertos lhe ajude a perecer.

A casta Lucrécia[57] se mata, talvez um pouco tarde e com demasiado aparato; mas ela o faz tão corajosamente, ao menos, quanto o grande Catão. Ela não tem necessidade, para isso, de se determinar a ler e reler o *Tratado da imortalidade da alma*.[58]

Depois da perda da batalha de Filipos e da morte de Pompeu, Brutus, desesperado, não pode se furtar às suas desgraças. Ele prefere deixar de existir do que sobreviver à ruína da República. Toma, portanto, a extrema decisão de se matar. Porém, como ele o faz? É blasfemando contra a virtude e se arrependendo de tê-la seguido. Pórcia, sua esposa, ao contrário, entra tranquilamente

---

55 Rainha do Ponto no século I a.C. Esposa de Mitrídates. (N. T.)

56 Plutarco, *Vida de Lúculo*.

57 Na Roma do século VI a.C., Lucrécia se mata com um punhal por ter sido violada pelo filho do rei Tarquínio, o Soberbo. (N. T.)

58 Obra do filósofo italiano Pietro Pomponazzi, publicada em 1516. (N. T.)

em seu gabinete. Ali, ela encontra carvões em brasa, os engole e se deixa perecer assim, sem tanta afetação.[59]

Peto, prestes a cair nas mãos de seus inimigos e de ser coberto de opróbrios, não toma a resolução de tirar a vida. Ária, sua mulher, perfura o peito diante dele e, tirando pacificamente de sua ferida o punhal fumegante, diz: "Tomai-o, meu querido Peto, ele não me causou nenhum mal".[60]

E quando se trata das ciências? As poucas obras que as mulheres enviaram ao prelo nos forçam a reconhecer, se não nos deixamos cegar pela prevenção, que seu espírito é pelo menos tão penetrante, sua imaginação tão viva e suas expressões tão apropriadas, tão engenhosas e tão enérgicas quanto as dos homens. Uma *mademoiselle* de Scudéry,[61] uma madame de Villedieu,[62] uma madame de La Suze,[63] uma madame Des Houlières,[64] uma madame Du Noyer[65] etc. serão as minhas fiadoras.

Será que madame Périer[66] não escreveu excelentemente sobre a vida de Pascal, seu irmão? Será que a rainha Elizabeth, da qual falamos há pouco, não traduziu com sucesso algumas tragédias de Sófocles e discursos de Isócrates? Madame Desloges, no século XVII, não terá sido uma mulher muito sábia? Quantos

---

59 Plutarco, *Vida de Brutus*.

60 Tácito e Dion.

61 Madeleine de Scudéry (1607-1701), uma das mais célebres autoras francesas do século XVII. (N. T.)

62 Marie-Catherine de Villedieu (1631-1683), escritora francesa. (N. T.)

63 Henriette de Coligny, condessa de La Suze (1618-1673), escritora francesa. (N. T.)

64 Antoinette des Houlières (1638-1694), poeta francesa. (N. T.)

65 Anne-Marguerite du Noyer (1663-1719), autora francesa. (N. T.)

66 Françoise Gilberte Périer (1620-1687), escritora francesa. Irmã do filósofo Blaise Pascal. (N. T.)

elogios Malherbe[67] e Balzac,[68] tão bons conhecedores e tão difíceis de satisfazer nesse quesito, não lhe fizeram em suas cartas? A esposa de Budé[69] não lhe serviu como uma boa assistente na composição de suas obras? Será que Descartes não tinha uma confiança particular nas luzes de Constance Huygens? Será que ele não lhe perguntava voluntariamente, e mesmo com deferência, aquilo que ela pensava sobre as novas ideias de filosofia que ele queria trazer à luz? Será que não vemos, na história, que uma Françoise de la Baume-Montreuil,[70] em 1570, conhecia tão perfeitamente as Sagradas Escrituras que teve a glória de converter um rabino depois de tê-lo vencido em uma disputa organizada?

Anna Maria van Schurman[71] falava latim, grego, hebraico, siríaco, caldaico, italiano, espanhol e francês tão facilmente e tão bem quanto o holandês, que era a sua língua materna. Uma irmã de Robert Estienne[72] aprendeu o latim apenas ouvindo falá-lo. E o que diremos da famosa Safo? Todos sabem que, em homenagem à sua eloquência, ergueram para ela uma bela estátua no pritaneu de Siracusa; e que os mitilênios, pela mesma razão, fizeram gravar seu retrato nas suas moedas.[73] E o que diremos nós da sábia Paola Malatesta,[74] da qual todos os autores contemporâneos louvaram tanto a erudição? E o que diremos, enfim, da mãe do famoso Janus Gruterus,[75] *de la signora Margherita*

---

67 François de Malherbe (1555-1628), poeta francês. (N. T.)
68 Jean-Louis Guez de Balzac (1595-1654), escritor francês. (N. T.)
69 Guillaume Budé (1467-1540), humanista francês. (N. T.)
70 Esposa do marechal de Tavannes. (N. T.)
71 Nascida em Utrecht, no ano de 1607. (N. T.)
72 Editor renascentista. (N. T.)
73 Cícero, *Discursos contra Verres*.
74 Aristocrata italiana (1393-1449). (N. T.)
75 Jan Gruter (1560-1627), historiador holandês. (N. T.)

Costa[76] e de tantas outras, das quais os sábios publicaram longos catálogos? É, portanto, com justiça que um belo espírito de nossos dias concluiu que, na maioria dos tempos, para serem doutas, a única coisa que faltou às mulheres foi terem lançado os olhos sobre os livros – aquilo que, seguramente, deve ser considerado como a menor parte da sabedoria.

Será uma questão de prudência, de agilidade, de política e de discrição no manejo dos negócios mais espinhosos? Essas qualidades não estão de maneira alguma acima do alcance do sexo feminino. Será que não se viu a França escolher uma Renée du Bec[77] para sua embaixadora extraordinária na Polônia? Não é de se presumir que tão grande ministro, como era o cardeal Mazarino, tivesse encarregado essa dama de uma tarefa tão delicada, e que exige talentos tão extensos e tão variados, se não a tivesse julgado capaz de honrar o seu senhor e de suportar bem o peso desse grande caráter. Assim, nossos historiadores – entre outros, o sr. Le Laboureur[78] – nos asseguram de que ela se saiu bem, com toda a dignidade possível.

Pois bem, se o sexo feminino é incapaz de tratar dos assuntos sérios, como seus críticos afirmam sem fundamento, em que pensavam nossos ancestrais (esses antigos gauleses, cuja sabedoria foi tão louvada) ao confiarem a administração da justiça às suas mulheres? Em que pensavam os druidas, esses filósofos tão respeitáveis – que Polyhistor,[79] Diógenes Laércio, são Clemente e são Cirilo de Alexandria equiparam aos magos dos persas, aos

---

76 Poeta e dramaturga italiana (1600-1657). (N. T.)

77 Marechala de Gebriand.

78 Louis Le Laboureur (1615?-1679). (N. T.)

79 Historiador latino também conhecido como Alexandre, o Polímata (105 a.C.-35 a.C.) (N. T.)

caldeus da Babilônia e da Assíria e aos gimnosofistas e brâmanes das Índias – e tão reverenciados, ao entregarem o governo da religião às druidesas? Ora, essa é uma verdade da qual vários monumentos antigos não permitem duvidar. Eu me contento em mencionar essa inscrição de Metz, da qual fala Gruter:

SILVANO
SACR.
ET NYMPHIS LOCI.
ARETE DRUIS.
ANTISTITA
SOMNO MONITA.

Será que, para destruir todas as razões que acabamos de alegar, e ridicularizar o belo sexo, será suficiente, pois, que um poeta zombador e cáustico venha nos dizer, em um tom burlesco:

Falar de fitas, de rendas,
Sobre a moda dar sentenças decisivas;
Buscar virar a cabeça,
De jovens apaixonados ociosos.
Amar pouco e, no entanto, querer parecer bela
Para fazer novos cativos.
Só ter verdadeira atração por ninharias,
Pelo mínimo incômodo emitir sons plagentes.
Se comprazer em contar novidades,
Sejam elas falsas ou reais.
Ter para um amante olhares ternos e intensos,
Guardar para seu esposo os ares carrancudos

Para ele somente bancar a cruel.
Eis comumente os traços mais cândidos
Do pequeno animal que mulher se chama.

Não, não, as mulheres não são tão superficiais, elas não são tão inúteis à república quanto nos dizem esses maus farsistas. Longe de estarem isoladas do governo, assim como se gostaria de representá-las, existem poucas revoluções nas quais esse sexo não tenha muita participação, sobretudo em matéria de religião. Se a mulher de Licínio, a de Constâncio e as de Valêncio contribuíram infinitamente para estabelecer o arianismo no Oriente, Clotilde, mulher de Clóvis, Indegonda, mulher de santo Hermenegildo e Teodelinda, mulher de Agilulfo, santificaram o Ocidente proscrevendo o paganismo da França, extirpando o arianismo da Espanha e da Itália e levando ao culto do verdadeiro Deus os visigodos e os lombardos.[80]

São Gregório, o Grande, empreende a conversão da Inglaterra. Para isso, ele envia para lá uma numerosa missão de santos religiosos sob a direção de Agostinho, seu abade. De início, seus trabalhos apostólicos não tiveram um grande sucesso. Eles encontraram alguns obstáculos que pareciam insuperáveis. Mas Aldeberga,[81] ou Berta, mulher de Etelredo – que, então, reinava na Inglaterra – tomou a nova missão sob a sua proteção real. Essa generosa princesa empregava utilmente, para a propagação da verdadeira fé, o poder dos seus atrativos e os encantos da sua eloquência, fazendo com que todos ficassem sob o jugo do

80 Maimbourg, *Histoire du pontificat de S. Grégoire*. [Louis Maimbourg (1610-1686), historiador jesuíta francês. (N. T.)]

81 Ela era filha do rei da França, Cariberto.

seu piedoso desígnio. O rei, seu marido, foi o primeiro a abraçar o cristianismo; e logo seus súditos, seguindo o seu exemplo, ergueram à vontade, em toda essa grande ilha, o estandarte da cruz de Jesus Cristo.[82]

Se voltarmos os olhos para as guerras internas que há alguns anos agitam, infelizmente, a Igreja, será que descobriremos que as mulheres – enterradas, como se afirma, na preguiça e na indolência – tenham se mostrado insensíveis a essas tempestades teológicas? Não, sem dúvida. Sei que um zombador disse que, com relação a isso, elas promoveram um quarto de ação e três quartos de falação. Porém, essa balbúrdia, enfim, se não desferiu seu golpe, pelo menos não terá dado a conhecer que esse sexo nem sempre está imerso em ninharias, e que ele não vê com olhos indiferentes, e nem mesmo pode permanecer ocioso no meio de uma disputa séria e interessante?

Os impérios parecem estar próximos da sua ruína, pelas devastações da guerra? Um casamento restabelece neles a tranquilidade. Uma princesa é o laço da paz. Com ela chegam os prazeres, o repouso e a abundância. Muitas vezes esta princesa é uma vítima imolada aos interesses do Estado, reconheço. Mas ela, nem por isso, deixa de ser a fonte preciosa da felicidade pública.

Abram as Sagradas Escrituras, e nelas vocês[83] verão as Ester, as Judite e as Débora preconizadas como as libertadoras de sua pátria. Percorram as histórias profanas e nelas você verão uma Vetúria e uma Volumnia desarmarem o poderoso Coriolano e o impedirem de enterrar Roma sob os escombros de suas

82 Maimbourg, *op. cit.*

83 Optamos por usar o "vós" apenas quando o autor se dirige a personagens que estão socialmente acima dele. (N. T.)

muralhas nascentes. Nelas vocês verão uma argiva, com uma mão enérgica, deitar por terra o inquieto Pirro – que, deambulando de conquista em conquista, tinha sitiado Argos.

Vocês verão uma Joana d'Arc devolver a confiança à França, que as armas vitoriosas dos ingleses haviam consternado, e restabelecer Carlos VII em seu trono. Vocês verão uma princesa de Epinoy,[84] na ausência de seu marido, suportar durante dois meses inteiros um cerco homicida, dar ordens como uma grande capitã e combater como um soldado determinado. Deixo de lado uma infinidade de exemplos, dos quais a história de cada nação está repleta, que demonstram que em todos os séculos se encontram mulheres que, em todos os gêneros, podem se igualar aos maiores homens; e que, por conseguinte, é cometer uma gritante injustiça contra esse sexo querer relegá-lo para sempre aos seus trajes, e dar a ele como todas as armas uma roca e um fuso.

Mas insistem e dizem que a fraqueza natural das mulheres nos prova que a natureza não as destinou às ocupações importantes.

E eu estou persuadido de que a educação e o hábito contribuem infinitamente para esta frágil delicadeza da qual se acusa esse belo sexo. Como prova da minha maneira de ver, eu poderia citar o testemunho de um autor espanhol[85] que nos assegura que na região de Quito, no Peru,[86] as mulheres lavram a terra e cuidam das colheitas, enquanto os homens se ocupam de fiar e

---

84 Philippe-Christine de Lalaing (1545-1582), esposa de Pierre de Melun. O episódio mencionado é o cerco de Tournai, em 1581. (N. T.)

85 Pedro de Cieza de León. [Conquistador espanhol que escreveu uma crônica do Peru (1520?-1554). (N. T.)]

86 Na época mencionada, o século XVI, a cidade de Quito fazia parte do vice-reinado do Peru. (N. T.)

de cuidar da casa. Porém, sem nos deter nos viajantes, que muitas vezes são suspeitos de buscar impressionar, será que não vemos nesse reino algumas mulheres do campo enfrentarem os ardores da estação mais escaldante em trabalhos muito penosos?

Muitos historiadores afirmaram que outrora, entre os tibarenianos, entre os tártaros e na ilha da Córsega, quando uma mulher tinha acabado de pôr o seu filho no mundo, ela se levantava e seu marido se deitava em seu lugar, e ficava de resguardo. Não seria forçoso que essas mulheres tivessem uma constituição muito forte?

Aqui, não posso deixar de mencionar uma pequena anedota histórica que me pareceu singular nesse gênero. Quando Jeanne,[87] filha de Henri d'Albret, rei de Navarra, e de Marguerite de Valois, estava prestes a dar à luz em Pau, seu pai prometeu entregar seu testamento em suas mãos depois que ela tivesse seu filho, com a condição de que, durante o parto, ela lhe cantasse uma canção, a fim de não lhe dar um neto chorão e mal-humorado. Ela lhe prometeu isso e, apesar das grandes dores, cumpriu sua palavra; porque, quando seu pai entrou em seus aposentos no momento da grande crise, ela cantou para ele em sua língua bearnesa: *Note Done deou cap deou pon, adiouda mi en queste houre.*[88] Qual é o homem que, nas dores agudas de uma gota cruel, teria a resolução e a força para cantar uma canção báquica ou uma pequena copla?

Enfim, eis a grande objeção que é feita muito comumente contra o sexo feminino em geral. As mulheres – dizem – conhecem a atração natural que os homens têm por elas. Essas encantadoras abusam disso e usam todos os recursos para fazer seus

87 Ela era mulher de Antoine de Bourbon, duque de Vendôme.
88 "Nossa Senhora do fim da ponte, ajuda-me nesta hora." (N. T.)

adoradores caírem em desgraça. Elas não se esquecem de nada daquilo que pode seduzi-los. Elas juntam maliciosamente às graças naturais todos os embustes da arte para se fazerem idolatrar. Os encantos da voz, a leveza da dança, a magnificência dos adornos, o uso enganador e estudado dos postiços, a maneira de andar, os sinais, os gestos, os trejeitos – nada é poupado para fazer os homens, sobretudo os jovens, caírem nas suas redes. Daí mil desgraças. Daí o embotamento desta juventude que, definhando nos braços da volúpia, permanece inútil à sua pátria. Daí a ruína de tantas famílias. Daí os processos, os ódios inveterados, as vinganças cruéis e as guerras sangrentas. Daí até mesmo a derrocada dos maiores Estados. Daí os homicídios, os assassinatos, os crimes mais atrozes. É esse sexo, e não Bóreas,[89] que os poetas deveriam cognominar de "artesão das tempestades e dos naufrágios do gênero humano".

Existem verdades e falsidades nesta objeção. Tratemos de separar a verdade do sofisma.

Reconheço que, na tese geral, os homens têm uma atração natural pelo belo sexo – atração fundamentada na vontade do Criador que, tirando Eva do nada, para servir de ajudante ao primeiro homem, quis, sem dúvida, que ele a amasse como sua querida companheira. Atração que o Salvador do Mundo aprova e que ele até mesmo recomenda na lei da graça, já que ordena ao marido que deixe seu pai e sua mãe para se ligar à sua esposa. Porém, é uma atração que, por uma consequência infeliz do primeiro pecado, sendo quase sempre excessiva e desregrada, é a fonte envenenada de uma infinidade de imundícies e de infâmias.

89 Na mitologia grega, personificação do vento norte. (N. T.)

Também reconheço que é bastante comum às mulheres querer agradar aos homens, e aplicar, para este fim, todas as graças que receberam da natureza em sua máxima evidência. Reconheço mesmo que esse sexo, que são Jerônimo chama de *Philocosmon*,[90] "desejoso de adornos", leva algumas vezes demasiado longe esse gosto natural pelos enfeites e pelas modas; que é nele, muitas vezes, um defeito condenável, que lhe serve, algumas vezes, de primeiro degrau para chegar ao crime. *Imperfectissimus mulierum affectus* – diz esse mesmo padre. – *Semper in vestibus, semper in auro, lapidibus pretiosis et ornamentis extrinsecis, gloriam ponunt.*[91]

Reconheço, enfim, que a atração mútua que os dois sexos têm um pelo outro causou em todos os tempos, e ainda causa muitas vezes em nossos dias, males sem número, calamidades horrorosas e desordens extraordinárias. Mas por que querer atribuir todas essas desgraças somente ao sexo feminino? Não será visível, ao contrário, que a corrupção dos homens desempenha o maior papel nas suas trágicas desgraças? Julguemos isso sem prevenção.

Para dar rédea solta ao desejo ardente que se tem de falar contra as mulheres, remonta-se até à origem do mundo. Não estará constatado que Eva, mal saída do nada, provou de que fatalidade seu sexo era para o universo? Seduzida pelas astúcias da serpente, ela atacou criminosamente o seu marido. Ela lhe exagerou a beleza do fruto proibido, e o pressionou a comê-lo. Adão, por uma cruel condescendência com essa tentadora, esquece a

---

90 Epístola a Gaudêncio.

91 São Jerônimo, *De virginitate servanda.* ["Os afetos mais imperfeitos das mulheres: Elas sempre glorificam as roupas, o ouro, as pedras preciosas e os ornamentos externos." (N. T.)]

proibição de seu Deus e se torna prevaricador. Ele arrasta em sua queda as gerações futuras; enfia, com um único golpe, o punhal no peito de seus descendentes; em um instante, ele murcha a espécie humana em seu broto; mergulha sua triste progenitura em desgraças eternas e inumeráveis.

Que me seja permitido dizer, como única resposta, que, longe de que os homens possam se orgulhar com este discurso, eles devem, pelo contrário, adorar aqui, tremendo, os abismos profundos e impenetráveis da sabedoria de Deus. Longe de perder tempo em examinar qual de nossos primeiros ancestrais foi o mais culpado, devemos derramar lágrimas pela sua desobediência em comum e pelas funestas consequências disso que chegaram até nós. Ambos foram muito criminosos, já que ambos foram tão severamente condenados pela justiça do Criador. O que nos resta para discutir depois de sua sentença fulminante?

Pretende-se também condenar o sexo feminino pelo primeiro assassinato cometido sobre a terra, e eis como alguns procedem para conseguir isso.

Eutíquio, patriarca de Alexandria, disse em seus *Anais*[92] que, ao mesmo tempo que pariu Caim, Eva pariu uma bela moça chamada Azrun, e que, em seguida, pôs no mundo, junto com Abel, uma outra filha, muito menos bela que a primeira, chamada Owain. Adão, não querendo que seus filhos se casassem com suas irmãs gêmeas, destinou Owain a seu primogênito e Azrun a seu caçula. Essa divisão não foi do gosto de Caim. Apaixonado pelos belos olhos de Azrun, ele quis tê-la como mulher. O que aconteceu? – diz o cronista. Adão ordenou que os dois irmãos, antes de se casarem, fossem apresentar a Deus, cada um,

92 Da tradução de Bocockius.

sua oferenda no alto de uma montanha, querendo que o sucesso de seus sacrifícios decidisse a sua desavença. Então, Satã inspirou secretamente Caim a se desfazer de Abel para poder possuir seguramente a bela Azrun. Esse projeto criminoso fez com que Deus rejeitasse a sua oferenda. Caim, tomado pelo furor, vendo seu irmão ser preferido, atacou-o no sopé da montanha e o matou com uma pedrada. Ele desposou Azrun e levou-a em seu exílio.[93]

Portanto, é visível – concluem – que uma mulher foi a primeira causa para que a terra ficasse rubra com o sangue humano – e o poeta teve, por conseguinte, razão em dizer que desde os primeiros tempos esse sexo foi o motivo das guerras mais cruéis.[94]

Respondo que, ainda que essa tradição fosse tão constatada quanto é fabulosa, dela não se poderia concluir nada que pusesse em desvantagem o sexo feminino. Por que, enfim, a beleza seria um crime em Azrun? Ela será um crime entre as mulheres em geral? Ela é, pelo contrário, um dom da Providência. É uma prova da sua sabedoria e da sua generosidade em relação a nós. O Criador concedeu a esse sexo tudo aquilo que é necessário para agradar os homens, com a intenção de perpetuar sua espécie, e não de destruí-la por homicídios e assassinatos.

Para poder imputar à beleza das mulheres as desgraças que muitas vezes só ocorrem por causa dela, seria necessário que elas tivessem contribuído para isso, que tivessem levado a isso por sua própria iniciativa. Ora, não há nada mais comum do que ver homens se perderem e causarem as mais terríveis comoções por belas mulheres que não pensavam de maneira alguma

93 Hottinger, *Historia Orientalis.*

94 Horácio, *Sátiras*, livro I, 3.

em seduzi-los. As histórias sagradas e profanas estão repletas de provas evidentes da verdade que eu afirmo.

Será que dirão, por exemplo, que Lucrécia seduziu Sextus, que ela causou a ruína dos Tarquínios e a morte de tantos romanos que pereceram, tanto no partido real quanto no republicano?

Será que dirão mesmo que Helena, propriamente falando, foi a causa de tanto sangue derramado nos campos de Troia? Não será evidente, pelo contrário, que o voluptuoso Páris foi o autor de toda essa carnificina? Ele fica sabendo que Menelau é esposo da mais bela mulher de toda a Grécia. Não é preciso mais do que isso para convencer este estouvado a deixar sua querida Enone atravessar os mares e, se deixando levar por uma enorme perfídia, sob pretexto de benevolência e de polidez para com o bom Menelau, raptar sua esposa bem no meio de seu palácio.

Será à virtuosa Virgínia ou à brutalidade de Appius que se deve atribuir a carnificina que causou em Roma a incontinência feroz desse decênviro?[95]

Será que dirão que Branca de Castela, mãe de são Luís, foi causa de todas as desgraças e de todas as extravagâncias que fizeram parte da vida de Thibaud,[96] conde da Champanha, por conta do seu louco amor por essa devota rainha?

Será que dirão, enfim, que a casta Susana foi a causa da perdição desses dois infames velhos que buscaram corrompê-la?

---

95 Cobiçando a bela Virgínia, Appius Claudius tentou usar o seu poder de decênviro – membro de um conselho de dez magistrados que administrava a justiça na Roma republicana – para possuí-la. Para evitar a desonra, seu pai a matou, dando início a uma revolta popular. (N. T.)

96 Thibaud IV (1201-1253), nobre, poeta e cruzado nascido na Champanha. Foi rei de Navarra, com o nome de Thibaud I, entre 1234 e 1253. (N. T.)

Será que não é uma lei geralmente estabelecida que, em todos os gêneros de crimes, o agressor é o maior culpado, e que ele é mesmo o único culpado quando aquele do qual ele solicita a cumplicidade recusa as suas sugestões e o seu assédio?[97]

Será que os homens terão, pois, o mau gosto de insultar a fraqueza de um sexo que eles procuram continuamente seduzir pelas vias mais capciosas e pelos artifícios mais enganadores? Foi assim que Mundus ousou assumir a aparência do deus Anúbis para atordoar a virtude da bela Paulina. Foi assim que um capitão ateniense, sob a forma do rio Escamandro, teve a audácia de se aproveitar da credulidade de Callirhoe.

Será que existe alguma barreira bastante respeitável para poder pôr as mulheres ao abrigo das investidas de seus zombadores incontinentes? Será que não se viu cem vezes os romanos (que, aliás, faziam ostentação da sua virtude, da sua probidade e do seu respeito pelos seus deuses) irem impudentemente atacar a castidade das vestais[98] até no santuário da deusa?

Será que não poderíamos, pois, dizer a esses sedutores determinados a criticar as mulheres depois de tê-las enganado: Vós sois os autores das desordens delas!

Quid me constricta spectatis fronte Catones?[99]

Será que esse sexo não poderia lhes endereçar essa censura ainda com mais justiça do que Rolando a endereçava à bela

---

97 Falsamente acusada de adultério por dois juízes, que a cobiçavam, Suzana foi defendida e inocentada pelo profeta Daniel. Como castigo, os falsos acusadores foram mortos a pedradas. O episódio é o tema do 13° livro de Daniel, no Velho Testamento. (N. T.)

98 Sacerdotisas de Vesta, deusa romana que protegia os lares. (N. T.)

99 "Por que me encarar com uma fronte severa, ó Catões?" (Petrônio, *Satiricon*, 132). (N. T.)

Angélica:[100] "Já que vós causais nossa fraqueza, por que não sois mais indulgente a nosso respeito? Como tendes a audácia de transformar em crime as extravagâncias que nos forçais a cometer?".

Alguém, talvez, me dirá que essas censuras poderiam ser suportáveis na boca de algumas mulheres que, sensíveis às leis da honestidade e do pudor, fazem a sua derrota ser comprada por longos serviços e por uma grande dedicação; que só se rendem, por fim, a uma importunação teimosa e a uma perseverança obstinada. Porém, existem muitas que não examinam a coisa de tão perto, e que, para encurtar o romance, longe de se manterem firmes na defensiva, adotariam de bom grado o partido de atacar os homens.

Respondo que, se existem monstros dessa espécie, são mulheres absolutamente corrompidas; libertinas declaradas. Ora, quem as corrompeu inicialmente, senão os homens? *Nemo repente fit turpissimus.*[101] Mas, conhecendo homens desse tipo, por que será que, furiosos, eles massacram uns aos outros por objetos que merecem tão pouco o seu apreço – dignos, pelo contrário, de desprezo e de execração?

Não será de espantar que, pela simples reputação de uma bela cortesã, o sábio Demóstenes renuncie a toda a sua retórica, que ele fuja secretamente da sua querida pátria e vá para Corinto como um bandido e um descerebrado, para aumentar o número de escravos desta infeliz?[102] Ele voltou de lá de mãos abanando,

---

100 Personagens do poema épico *Orlando furioso*, de Ludovico Ariosto. (N. T.)

101 "Ninguém chega de uma vez ao auge do vício." (Juvenal, *Sátiras* II, 83.) (N. T.)

102 Aulo Gélio, *Noites áticas*, I, 8.

é verdade, depois de ter dito uma frase que os séculos seguintes admiraram como muito sentenciosa e muito bela – mas, quanto a mim, não encontro nela nada de tão maravilhoso. Porque é claro como o dia que foi só o preço que Laís cobrava pelos seus favores,[103] e não a virtude, que fez voltar a si o orador ateniense.[104] É quase indubitável que, se a filha de Alcibíades[105] o tivesse atendido de graça, assim como dizem que ela fez com Diógenes, o Cínico, ou se ele tivesse tido as qualificações do filósofo Aristipo,[106] teria sido tão incontinente quanto eles.

Não será o mais extremo dos ridículos que dois grandes monarcas se tornem os aduladores e adoradores de uma miserável prostituta de quartel, de uma flautista infame pela celebridade de seus desregramentos? Foi, no entanto, o que fez, sem se envergonhar, Ptolomeu I, rei do Egito, em favor de Lâmia[107] – e, depois dele, Demétrio Poliorcetes.[108] O último, sobretudo, ficou tão apaixonado por ela que os atenienses, para fazerem sua corte a esse príncipe, levaram a loucura e a impiedade ao ponto de erguerem um templo a essa miserável, sob o nome de *Vênus Lâmia*. Os tebanos, seguindo o seu exemplo, incorreram na mesma abominação.[109]

Não será vergonhoso, enfim, que um senado exaltado em toda parte por sua sabedoria, suas luzes e sua seriedade (estou

---

103 Cerca de 4.000 libras da nossa moeda.

104 Diante do preço exorbitante, Demóstenes teria dito: "Não pago tão caro por um arrependimento". (N. T.)

105 Com Timandra, sua concubina.

106 Ao contrário de seu mestre Sócrates, Aristipo aceitava ser pago pelos seus ensinamentos. (N. T.)

107 Filha do ateniense Cleanor.

108 Rei da Macedônia entre 294 e 288 a.C. (N. T.)

109 Plutarco, *Vida de Demétrio*.

falando do Areópago), após ter resistido aos truques de eloquência de Hipérides, advogado de Frineia, se deixe à primeira vista subjugar pela simples aparência dessa prostituta tão digna de desprezo, apesar de todos os seus encantos?[110] Serão esses os homens de boa-fé? Serão esses os denunciadores, os críticos severos do belo sexo? Serão esses os seres dotados de razão, os seres estabelecidos para comandar todos os animais vivos? De tudo isso, concluo:

Em primeiro lugar, que uma mulher sábia e sensata merece a estima, a consideração e mesmo o respeito de todas as pessoas honestas. Ela é, diz Eurípides, um doce consolo para o seu marido, nas suas adversidades e nas suas doenças. É um modelo prezado que conduz agradavelmente à virtude aqueles que têm a felicidade de estar próximos a ele. É um bom conselho nas ocasiões delicadas. Se César tivesse dado ouvidos às advertências salutares de Calpúrnia, não teria sido apunhalado. Se Pilatos tivesse seguido a maneira de ver de sua mulher, não teria cometido o mais horrível dos sacrilégios.

Concluo, em segundo lugar, que uma mulher sem honra é uma peste pública – peste tanto mais perigosa quanto maiores forem as graças que esta mulher tiver recebido da natureza. O relacionamento com ela é sempre venenoso e todos os seus passos conduzem ao abismo. Os olhos do basilisco,[111] a mordida da serpente ou o veneno mais mortal devem ser menos temidos que ela. As pessoas dessa espécie são hidras fatais, contra as quais a vigilância e a atenção dos magistrados nunca serão demasiado rigorosas.

---

110 Plutarco, *Vida dos dez oradores*.

111 Criatura lendária que tinha o poder de matar com um simples olhar. (N. T.)

Enfim, concluo que, como os dois sexos foram feitos do mesmo barro, e se encontram, lamentavelmente, sujeitos às mesmas fraquezas, eles devem, longe de buscar insultar ou seduzir um ao outro, respeitar na fronte um do outro a impressão do dedo do Criador. Eles devem trabalhar atentamente, e sem descanso, para se manter dentro dos limites que ele quis lhes prescrever, e sobre os quais ele não deixa de espalhar a sua bênção. Eles devem se manter continuamente em guarda diante da sua corrupção em comum.

Que eles se lembrem de que as desordens que nascem comumente da familiaridade imprudente entre os dois sexos não são de maneira alguma da natureza daquelas que se pode vencer combatendo-as, prevenindo-as ou fazendo incursões em suas terras. Nesta espécie de guerra, os bravos ordinariamente sucumbem, e os medrosos alcançam a vitória. Está constatado que, nessas ocasiões, as menores ninharias não devem ser negligenciadas. Tudo deve ser temido; e é aqui, sobretudo, que devemos aplicar o dito do sábio: *Qui spernit modica, paulatim decidet.*[112]

Um dia, são Jordão repreendia severamente um religioso simplesmente por este ter tocado a mão de uma mulher. "Mas é uma mulher devota", diz esse religioso. "Não importa – replica são Jordão –. Porque a terra é boa em si e a água é boa em si. No entanto, se esse dois elementos vierem a se misturar o mínimo que seja, tudo o que pode resultar disso é lama." Que partido tomar, portanto, diante das ocasiões perigosas e dos relacionamentos equívocos? O único que o grande Doutor da Graça nos ensina é a fuga. É o único meio de se esquivar do naufrágio. *Contra*

112 "Aquele que despreza as pequenas coisas cairá pouco a pouco." (Eclesiastes, 19, 1.) (N. T.)

libidinis impetum apprehende fugam, si vis obtinere victoriam. Nec sit tibi verecundum fugere, si castitatis palmam desideras obtinere.[113] Em poucas palavras:

Tu fugiendo fuga, quem fuga sola fugat.[114]

FIM

113 Santo Agostinho, Sermão CCXCIII. ["Se quiserdes obter a vitória contra os ataques violentos da luxúria, fugi. Não tende vergonha de fugir se desejai obter a palma da castidade." (N. T.)]

114 "Derrotando pela fuga o que somente a fuga derrota." (Henricus Pauper, *Elegia*, livro IV, verso 160.) (N. T.)

André-François Boureau-Deslandes (1690-1757)

A apoteose do belo sexo[1]

Prefácio

A dissertação que apresento ao público foi encontrada entre os papéis de um sábio de primeira ordem. É lamentável que uma grande quantidade de obras que ele destinava à publicação tenham perecido pelo fogo há cinco ou seis anos.

Havia várias que eram originais em seu gênero. Algumas pessoas que conheceram particularmente o autor me asseguraram ter visto os títulos de mais de sessenta dissertações que ele tinha a intenção de publicar. Ele havia estudado na Alemanha e adquirido essa extrema facilidade para escrever sobre qualquer tipo de assunto.

Caíram em nossas mãos alguns fragmentos de suas obras. Neles encontramos, entre outras, uma dissertação sobre o motivo e sobre as consequências da viagem da rainha de Sabá. Ele pretende provar que essa rainha, fascinada pela reputação de

---

1 *L'Apotheose du beau-sexe* (Londres: Van der Hoek, 1741). (N. T.)

Salomão – que era considerado, com muita razão, um príncipe dos mais magníficos e dos mais ilustrados do seu tempo – quis, por um princípio de vaidade bastante comum às mulheres, conquistar o coração desse rei; que, se sentindo ricamente provida das belezas do corpo e dos encantos do espírito, ela se gabava de levar facilmente vantagem sobre todas as belas da corte.

Salomão, segundo o autor, correspondeu na medida do possível às intenções da rainha. Ele a distinguiu de todas as maneiras e lhe deu essa preferência tão impressiva para o belo sexo, assegurando-a de que o seu respeito por ela não era devido à sua posição, mas que todos os seus cuidados e toda a sua ternura se deviam a sua beleza e a seu espírito.

Como Salomão não era homem de se fazer de apaixonado tímido, ele falou de amor, e foi ouvido; falou de prazeres e de favores, e a rainha se dispôs a lhe conceder tudo. Porém, o excesso de refinamento e de voluptuosidade fez com que o rei perdesse todas as doçuras com que contava.

A rainha, tal como nosso autor pretende saber e poder provar, tinha uma fístula pela qual era incomodada há muito tempo. O enamorado logo se apercebeu disso e um excesso de asseio fez com que ele perdesse um prazer que havia apaixonadamente desejado.

Trata-se de uma anedota que ninguém até aqui conhecia. Ele cita à margem alguns manuscritos hebreus e etíopes. Como não entendo nenhuma dessas duas línguas, não pude julgar a solidez das provas. Quando o tempo permitir, reunirei tudo aquilo que escapou das chamas e oferecerei ao público na melhor condição que for possível. Muitas pessoas dirão, sem dúvida, que a ausência de semelhantes obras não é algo a ser lamentado, e que, quando um homem tem talentos e conhecimentos, é vergonhoso não fazer um melhor uso deles, e se entregar à sua imaginação.

Esta reflexão não é tão sólida quanto parece, porque, se entendermos que fazer um bom uso dos conhecimentos é compor apenas obras absolutamente úteis, as de moral serão quase as únicas que poderão trazer esse título.

A física está reduzida a permanecer quase sempre na hipótese e a se contentar com probabilidades. Todas as outras ciências, hoje em dia, estão subordinadas à imaginação. É o século dos sistemas. Não existe consenso sobre nada; quanto mais livros são feitos, menos acordo existe no mundo.

A rigor não há, portanto, livros úteis, a não ser aqueles que ensinam a bem viver e aqueles que tratam das ciências – cujo objetivo e cuja finalidade são proporcionar aos homens vantagens reais, como fazem as ciências que tratam da anatomia, da medicina, da botânica etc. Porque a história, a crítica, a teologia escolástica, os poetas, os oradores e tudo aquilo que não vai diretamente à utilidade absoluta deve então ser considerado supérfluo, para não dizer mais nada.

Mas o pedantismo teve o cuidado de não deixar que essa ideia tivesse tempo de se enraizar no espírito dos homens. Eles consideram como necessária toda obra que tem relação com as suas obsessões. Existem pedantes em todas as profissões. Cada um acredita que a ciência à qual está ligado é a única que é útil ao gênero humano.

Um teólogo acredita prestar ao seu próximo um serviço relevante ao lhe ensinar que, depois de muitas investigações, ele descobriu que Tobias, filho de Tobit, não era um charlatão nem um empírico, e que a intenção do anjo, ao lhe ensinar o uso que devia fazer do fígado e do fel de um certo peixe, não tinha sido de maneira alguma fazer dele um feiticeiro e lhe ensinar a fazer filtros e talismãs.

Um crítico acredita ter empregado bem o seu tempo e as suas vigílias examinando como fizeram esses soldados fechados no cavalo de Troia para satisfazer às necessidades da natureza sem sujar seus calções e sem infectar seus camaradas.

Todas essas belas produções encontram, no entanto, defensores. Existem tantos gostos quanto rostos; aquilo que instrui um parece muito inútil a outro, e aquilo que divertirá um homem mundano escandalizará e incomodará um devoto.

O único bom juiz, no meu modo de ver, é aquele que leu de tudo e que nada prejulga. Em um livro, é necessário unicamente levar em conta a maneira como um autor tratou o seu tema. Quando um pintor reproduziu perfeitamente um nu representando Vênus, eu não pergunto por que ele não preferiu pintar a Virgem. A escolha do pintor não é assunto meu, e evitarei definir que aquele que foi excelente pintando um nu não saberia representar tão bem uma figura modesta e velada.

A dissertação que hoje apresento não brilhará, penso eu, nos jornais. Não é a intenção do editor e também não foi, creio eu, a do autor. Os sábios de profissão não a lerão. O assunto não é de sua competência, a menos que o zelo pelos antigos, que se toma a liberdade de criticar, faça com que eles a leiam por cólera – embora, a rigor, fossem obrigados a defendê-la.

Quanto à sua forma, já que é uma bagatela tratada dogmaticamente, se o público receber favoravelmente esta pequena obra, publicarei tudo aquilo que puder reunir desse autor. O belo sexo tem interesse em apoiá-la, já que nela se defendem os seus direitos e, eventualmente, se indica aos homens a maneira como eles devem lidar com essa bela parcela do gênero humano.

O título da obra talvez não pareça justo, e ela deveria se intitular *Apoteose das partes do sexo feminino*,[2] mas o mundo é tão tolo, hoje em dia, que o título de um livro é suficiente para fazê-lo ser lido ou rejeitado.

Uma mãe recatada acreditaria inicialmente que se trata de uma obra destinada a ensinar a suas filhas o uso político que se pode fazer dessas partes; e uma devota se persuadiria de que algum místico encontrou o segredo de glorificar essas partes, e de nelas inibir qualquer sensação. Foi forçoso, portanto, necessariamente dar a ela o título que ela traz.

Embora não seja permitido fazer julgamentos sobre os sentimentos de um autor e sobre a sua maneira de pensar, mas unicamente sobre as suas obras, sem examinar o que existe de singular na escolha do tema, podemos, no entanto, sem causar dano à memória do autor, acreditar que ele não odiava o belo sexo. Mas parece, pela obra, que se trata de um gosto que o dignifica. Ele o havia purificado de tudo aquilo que ele pode ter em si de grosseiro. Ele amava com delicadeza e o desfrutava, sem dúvida, com discernimento e com espírito.

Quando um homem tira vantagem das ternas disposições que ele tem pelo sexo feminino, o convívio com as mulheres é para ele uma fonte fecunda na qual ele vai buscar todas as virtudes civis e tudo aquilo que é objeto de encanto na sociedade.

A polidez é um apanágio do sexo feminino, ela é o censor dos costumes, ela abranda o temperamento e o espírito, e lhe confere essa delicadeza e essa leveza que espalha tantas graças nas conversações e nas obras; e eu creio que sem essa atração, tão

---

2 Neste texto, a expressão "partes do sexo feminino" designa os órgãos sexuais da mulher. (N. T.)

natural aos homens, Ovídio, Lucrécio e Virgílio não teriam dito grande coisa.

Aqui não é o lugar de provar a minha opinião, mas é seguro que Corina[3] fez Ovídio dizer muito mais coisas belas do que César e Pompeu fizeram Lucano[4] dizer.

A apoteose do belo sexo

Os gregos e os romanos foram, sem dúvida, de todos os povos do mundo, os mais supersticiosos. Tudo se tornava objeto de seu culto religioso.

Essas nações, pouquíssimo preocupadas em recorrer às causas, só julgavam pelos acontecimentos. As circunstâncias faziam nascer a sua devoção, e os resultados felizes ou infelizes desses acontecimentos lhes conferia uma divindade ou lhes tirava alguma outra.

A madeira, a pedra, os metais, os astros – em poucas palavras, todos os objetos que estão contidos no universo tinham o direito de aspirar à apoteose e podiam esperar que lhes fossem erguidos altares.

As paixões tiveram a mesma vantagem: o Amor, a Fortuna, a Valentia, a Força, a Amizade e o Ódio foram deificados sem distinção. Se Vesta[5] tinha seu templo, Vênus tinha seus altares; e se os grandes homens tinham estátuas, as cortesãs[6] famosas também tiveram as suas.

---

3 Os versos de Ovídio dedicados à sua musa inspiradora Corina estão na obra *Os amores*. (N. T.)

4 A única obra sobrevivente do poeta romano Lucano (39-65), a *Farsália*, trata da guerra civil entre os partidários de César e Pompeu. (N. T.)

5 Deusa romana dos lares e das famílias. (N. T.)

6 As profissões mudam como as modas. Uma cortesã, hoje em dia, é uma pessoa bastante desprezada, mas antigamente não era a mesma coisa.

A ignorância e a necessidade que tinham os homens de algumas coisas, ou o mal que essas mesmas coisas podiam lhes fazer, era a regra que determinava a escolha da divindade.

Cada cidadão criava seus deuses domésticos e os despedia quando era mal servido por eles. Não é de espantar que, tendo cada um o direito de ditar para si um sistema de religião, tenhamos tão pouco conhecimento da história do culto dessas nações.

A superstição fazia nesses povos aquilo que o preconceito faz todos os dias entre nós, quando o povo tem tanta dificuldade para justificar a sua fé quanto os pagãos o seu sistema idólatra. Um pai, ao morrer, recomendava a seu filho os deuses que havia escolhido, e se o filho estivesse contente com a divindade, continuava a lhe pagar pensão.

Isso não deve nos parecer extraordinário. A natureza oferece aos nossos olhos um espetáculo dos mais brilhantes. Porém, ao mesmo tempo que exibe com tanta magnificência e profusão os seus presentes, ela esconde de nosso conhecimento os principais usos que devemos fazer dos bens que ela nos oferece. Uma parcela das coisas que ela nos apresenta só conhecemos imperfeitamente. Ignoramos também a maneira como elas foram formadas, suas qualidades, suas conexões, suas causas e seus efeitos. Juntando a tudo isso uma filosofia desprovida de

---

Elas eram vistas com bons olhos – estou falando daquelas que, com a beleza e o espírito, haviam acumulado muitos bens. Reconheço que, algumas vezes, elas contribuem mais para o bem público do que os devotos mais reclusos. As de Atenas e de Roma muitas vezes empregavam as suas riquezas em excelentes usos. É verdade que atualmente as amantes dos reis e dos poderosos não deixam de se distinguir e constroem reputações tão boas quanto as de Laís e de Frineia. Porém, como elas constituem uma espécie de seita isolada, o público não lhes deve muitas obrigações e dificilmente consentirá em lhes erigir monumentos. (N. A.)

experiências e revestida de probabilidades, não fiquemos surpresos de ver esses povos, na incerteza, dobrarem os joelhos diante dos elementos e dos objetos que eles produziram.

Que outra coisa poderiam ter feito esses povos? E não seria possível afirmar que os sistemas de religião que essas nações constituíram seriam os únicos razoáveis na situação em que elas se encontravam?

Os mais hábeis entre os pagãos fizeram muito pior, porque, reconhecendo uma divindade, fonte de todas as nossas vantagens, faziam dela ao mesmo tempo a origem da desordem e de todos os males que acontecem no mundo. O dogma dos dois princípios, renovado por Terebinto e Manes,[7] era o seu dogma favorito, e todo mundo conhece as tristes consequências que dele decorrem.

Portanto, era natural que esses povos, destituídos de ideias *a priori*, se guiassem por regras e razões *a posteriori* – ou seja, que, não tendo nenhuma ideia do ser supremo, e carecendo de todos os conhecimentos físicos, eles atribuíssem alguma virtude, alguma propriedade e alguma direção à natureza e aos objetos que ela produziu.

A fraqueza do espírito humano é vista, mais do que em qualquer outra parte, na origem das artes e das ciências: elas são muito incertas no começo e só chegam muito tardiamente no ponto da perfeição.

A necessidade, mãe da indústria, é ao mesmo tempo a criadora das ciências e do erro. Ninguém ignora que os hieróglifos

---

7 Manes (ou Mani) foi um heresiarca persa do século III, fundador da seita maniqueísta. Sua doutrina, adquirida pela leitura das obras de Terebinto, defendia a coexistência de dois princípios antagônicos e independentes: o bem e o mal. (N. T.)

dos egípcios tenham sido a fonte da idolatria. A poupa, o gavião, os deuses Ísis e Osíris, todos símbolos destinados a explicar ao povo certas coisas ou a adverti-lo, tornaram-se divindades com o passar do tempo.[8] O povo, sempre grosseiro em suas ideias, acostumou-se tão poderosamente a respeitar esses objetos que, por fim, vinculou uma ideia de realidade e de poder a coisas destinadas unicamente a instruí-lo. De fato, o deus Anúbis não é outra coisa que a estrela denominada Canícula,[9] à qual foi dado o nome de Cão ou de Ladrador porque, quando aparecia, ela dava a conhecer, pelas observações que haviam sido feitas quando de sua aparição, o período em que o Nilo transbordava, obrigando os homens e os bichos a se retirar para as alturas até que o rio tivesse voltado para o seu leito.

Foi assim que, vinculando pouco a pouco ideias de poder ao Sol e à Lua, passou-se dessas ideias gerais a ideias mais particulares – aquilo que nos surpreenderá muito pouco, quando nos lembramos de ter visto em nossos dias, em um século brilhante de luz e de clareza, alguns homens atribuírem a certas coisas qualidades e virtudes ocultas, que a experiência e a razão desmentem. Leiam os químicos e verão belos exemplos disso.

Não faz muito tempo que a varinha divinatória provocava um grande alarde, e, sem a catástrofe que ela sofreu na mansão de Condé, seu reinado teria sido, sem dúvida, longo e belo.[10]

---

8 Foi o que provou com tanta solidez quanto espírito o autor da *História do Céu*. [Obra do abade francês Noël-Antoine Pluche (1688-1761), publicada em 1739. (N. T.)]

9 A principal estrela da constelação do Cão Maior, mais conhecida como Sirius. (N. T.)

10 Jacques Aymar afirmava fazer com sua varinha coisas surpreendentes. Aquilo que se dizia sobre ela todos os dias despertou a curiosidade do

Será que os incontáveis milagres ridículos, objeto do culto supersticioso, não serão testemunhos evidentes da loucura dos homens? Quando, em um tempo esclarecido pelas mais sublimes luzes da filosofia, em um século liberto dos preconceitos, acredita-se cegamente em todas as histórias tolas que são contadas, será preciso se surpreender com o fato de que alguns pobres pagãos adorem uma espiga de trigo? Isso é bem mais racional, e existe muito mais realidade em um do que no outro.

Creio que seria inútil falar mais sobre isso. Todas as pessoas sensatas justificam os pagãos e não exigem desses povos aquilo que eles não tinham condições de fornecer; e é possível crer, com muita razão, que eles teriam sido nossos iguais em virtude se o tivessem sido em conhecimento, visto que, quanto às qualidades do coração e do espírito, eles não foram nem um pouco inferiores a nós. Esse pequeno preâmbulo me pareceu necessário; porém, caso ele seja visto como supérfluo, também o considerarei como tal e peço perdão ao leitor.

Como tratei de desculpar os gregos e os romanos quanto à sua idolatria, creio poder também, e com tanta razão, fazer a crítica do seu culto religioso e lastimá-los por terem tido tão pouca ordem e seletividade.

Diversas coisas foram objeto das suas homenagens e da sua veneração quando deveriam ter sido apenas da sua admiração, e muitas outras coisas dignas de respeito e de louvor foram absolutamente deixadas de lado.

---

príncipe de Condé, que chamou esse camponês à sua mansão, onde a varinha, com muito pouca consideração pelo seu dono, fez tudo errado. No *Dicionário* de Bayle, no artigo "Abaris", vocês encontrarão a história e as aventuras do famoso Jacques Aymar, que ele relata casualmente e de maneira bastante resumida.

Tratarei de apresentar algumas razões para essa bizarrice, ou ao menos de provar que de todas as coisas que foram objeto do seu culto religioso, nada merecia tanto sê-lo quanto as partes naturais da mulher – que o vulgo chama, com muito pouca razão e polidez, de *partes vergonhosas*.

Os gregos herdaram dos egípcios uma grande parte do culto religioso. Eles adotaram algumas das suas divindades e os romanos receberam dos gregos aquilo que estes haviam recebido dos egípcios.

Parece que o Sol e a Lua podem ter sido as divindades favoritas, não somente das nações de que falo, mas de quase todas aquelas que não tiveram nenhum sistema fixo de religião. O culto que se prestava a esses astros era baseado, sem dúvida, na utilidade visível que os homens extraíam das suas influências, e em outras qualidades que o respeito, a credulidade ou o reconhecimento lhes atribuía.

Era muito natural considerar o Sol como a fonte e o motor da luz, do calor, da vegetação e da mudança das estações. Dessas ideias simples passou-se facilmente às ideias compostas e mais extensas. Ao vê-lo brilhar e embelezar a natureza, persuadiram-se sem dificuldade de que a sua presença era um favor singular, e de que o seu afastamento podia, pela mesma razão, ser considerado como uma suspensão desse mesmo favor.

Compreende-se, sem dúvida, como esses povos foram de um erro grosseiro para um ainda mais estúpido. Das ideias mais nobres, passa-se facilmente às de segunda linha e, afastando-se pouco a pouco das mais belas e das mais verdadeiras, chega-se naturalmente às mais vis e às mais falsas.

Como cada indivíduo estava livre para escolher os seus deuses e para lhes atribuir um culto, era natural que a divindade pela qual ele se definia estivesse absolutamente de acordo com as ideias que ele tinha.

Nem todos os homens admiram as mesmas coisas, e sua aprovação nem sempre é unânime, mesmo sobre os objetos mais belos e mais perfeitos; e, quando um francês escolher Vênus para sua divindade, o alemão dará o pomo a Baco e o holandês a Plutão.

Nem todos amamos e respeitamos as mesmas coisas, e não odiamos e desprezamos igualmente os mesmos objetos.

A religião era, entre os gregos e entre os romanos, uma questão de gosto. Assim, é certo que o ignorante e o filósofo, o homem sensual e o estúpido não faziam suas oferendas nos mesmos altares, e o culto, pela mesma razão, era tão nobre e tão delicado em uns quanto era vil e grosseiro nos outros.

A imaginação vai longe, quando lhe deixam as rédeas soltas. Da sua riqueza ou da sua indigência depende a beleza ou a deformidade das produções do espírito. Porém, sem o juízo e a razão, destinados a guiá-la, a imaginação mais viva e mais brilhante degenera em loucura.

Os antigos, que se distinguiram nas obras do espírito, e que, sem contestação, foram os modelos pelos quais se formaram os mais belos espíritos do nosso tempo, foram muito pouco engenhosos quanto ao sistema de religião. Tudo aquilo que o espírito humano pode criar de absurdos é visto na escolha das divindades pagãs, e a inconstância e a leviandade de opinião são bem pouco honrosas para essas nações.

Além dos deuses pertencendo propriamente a cada indivíduo, cada arte, cada profissão e cada ofício tinha os seus. Os homens haviam designado para esses deuses uma posição e algumas funções particulares. Os poetas, os pais da mentira, não haviam contribuído pouco para alimentar esse erro – ou, para falar com mais exatidão, foram eles que o haviam feito nascer, mostrando aos povos o caminho da superstição.

Como não tenho nenhuma intenção de copiar e de bancar o plagiário, não entrarei em nenhum detalhe sobre a qualidade e nem sobre o número das divindades que tinham os pagãos. Macróbio[11] calcula, provisoriamente, que eram trinta mil, mas acredito que o seu cálculo não seja muito seguro. O que existe de muito certo é que a quantidade delas era tão prodigiosa que um grande número era enviado para as colônias, quando o magistrado, comumente pouco devoto, ficava incomodado com elas.

Havia deuses para todas as classes. Os dos grandes senhores não se misturavam com os da nobreza e da burguesia, e os dessas últimas bem menos ainda com os da ralé.

Parece claramente que uma divindade, por mais poderosa que fosse considerada, jamais deixava de ter rivais. Ela nunca desfrutava sozinha das homenagens e dos pequenos cuidados. Os homens daqueles tempos tratavam suas divindades como os nossos janotas tratam as moças da Ópera. Havia altares para tudo aquilo pelo que eles sentiam afeição ou temiam em excesso. Valério Máximo e Plínio nos informam que até a febre tinha o seu templo.

Fico pouco surpreso de ver esses povos caírem na idolatria, mas dificilmente compreendo a pouca ordem e a conduta que preside a sua escolha. Porque, como a idolatria não excluía de maneira alguma um sistema fixo, era fácil selecionar na natureza alguns objetos geralmente estimados, e sobre os quais recaem

11 Escritor e gramático latino que viveu nos séculos IV e V. (N. T.)

o nosso amor e o nosso reconhecimento. Não era preciso senão consultar a razão e fazer uso do senso comum.

O que existe de mais belo na natureza do que a mulher?! E o que existe de mais natural do que venerar o órgão da produção dos seres racionais? Os homens são injustos ao extremo, e eu estou seguro de que se o belo sexo, que só raramente lida com os negócios e com a inspeção dos ritos e das coisas concernentes à religião, tivesse sido legislador, ele teria transformado em sua divindade única o objeto destinado a fazer sua felicidade sensual.

Mil boas razões deviam levar os homens a escolher para uma de suas divindades as partes da mulher, já que eram, como dissemos, as coisas que eles mais amavam e das quais recebiam os maiores benefícios – aos quais eles erguiam templos e altares.

Será que a natureza e a razão não deviam fazê-los sentir que essas partes contêm, com todos os encantos da volúpia, a magnífica vantagem de serem as depositárias e os órgãos da propagação e da multiplicação do gênero humano?

O que fazia o Sol, e o que era ele em comparação? Ele dava a luz e transmitia seu calor. O que fazia a terra? Ela abria seu seio ao diligente lavrador, e devolvia com profusão e magnificência aquilo que havia sido depositado em suas entranhas – razão suficiente, sem dúvida, na maneira de pensar dos pagãos, para lhe prestar um culto.

Mas o que fazem essas partes, sem comparação? Elas conservam a união e a harmonia na sociedade. Elas amansam os homens mais ferozes.

O soldado, ao retornar do combate, ainda coberto de sangue e de pó, com a alma ainda cheia de carnificina e de horror, ao olhar para elas se esquece dos campos de Marte. O brutal marinheiro, ao vê-las, esquece do seu naufrágio e contém as suas blasfêmias. O sábio político, o intrépido guerreiro, o sério magistrado e o pedante, assim como o homem da corte, todos encontram nelas com o que compensar os seus sofrimentos e os seus desgostos. Fontes do maior dos prazeres, elas também são, ao mesmo tempo, a fonte da beleza e da perfeição das criaturas.

Elas dão ao universo os reis e os heróis, os inventores das artes e das ciências. Elas dão, em suma, ao universo tudo aquilo que mais contribui para a sua beleza e para a sua magnificência.

Seria inútil querer dizer, para arrebatar-lhes tão brilhantes prerrogativas, que elas são, pelo contrário, as fontes da desordem e da irregularidade.

Se os homens abusam de seus favores, e não sabem desfrutar das doçuras e dos bens que elas nos oferecem, devemos culpar a nós mesmos por isso. Elas nos dão tudo aquilo que podem nos dar, mas nossa gratidão não chega ao ponto de lhes retribuir exatamente da mesma maneira.

Reconhecerão, sem dúvida, que aquilo que afirmo aqui é muito verdadeiro e muito bem fundamentado; e que se os pagãos só levassem em conta, na escolha das suas divindades, a utilidade ou o prazer que o objeto que eles deificavam podia lhes proporcionar, é incontestável que a sua escolha deveria ter recaído naturalmente sobre esses objetos benfazejos, e que a apoteose lhes pertenceria por direito; que seria preciso atribuir-lhes um culto, erguer-lhes altares, oferecer-lhes sacrificadores e instituir-lhes jogos e festas.

Realmente não duvido de que, além da razão, que exigia que essas partes fossem colocadas na condição de divindades, ter-se-ia extraído disso uma outra vantagem, que teria sido a extinção do politeísmo.

É certo que a maior parte do povo teria acolhido com prazer essas divindades, e não teria poupado as libações; e creio que o cargo de edil[12] e o de áugure teriam sido solicitados com muito ardor.

Era fácil convencer esses povos a ter uma divindade principal. Pouco a pouco as divindades subalternas teriam perdido o seu crédito.

Não existe nada na natureza que contasse com mais boa vontade para ser transformado em seu ídolo. Porque, além de uma certa inclinação que nos leva a amá-las, existem mil razões boas e sólidas que, provando a sua utilidade e a nobreza de sua destinação, fornecem argumentos em favor da sua deificação.

Cícero diz, em seu *Tratado sobre a natureza dos deuses*, que os deuses de Epicuro não faziam o bem e nem o mal, que eles estavam no Céu com os braços cruzados se entediando, sem se misturar com tudo aquilo que ocorria na Terra.

As divindades que eu recomendo são de uma espécie bem diferente. Elas têm pouca vontade de permanecer na inação e são poucos os dias nos quais não fazem o bem.

A exemplo de Júpiter, elas não lançam o raio a não ser sobre os temerários, e só fazem o mal quando foram ofendidas. Benfazejas, por outro lado, elas são prestativas na necessidade; generosas, elas estão sempre dispostas a devolver muito mais do que lhes é dado. Seu seio está aberto às nossas necessidades e um prazer dos mais intensos acompanha sempre os seus benefícios.

O belo sexo, que é comumente acusado de incorrer nos excessos de amor-próprio, me parece totalmente justificado pela conduta que os homens adotam a seu respeito. Ele tinha o direito de

---

12 Na Roma antiga, magistrado encarregado de supervisionar alguns serviços públicos. (N. T.)

se deificar. Tanto quanto os homens, ele teria tido diversas boas razões para alegar.

Uma grande quantidade de mulheres levou as virtudes ao mais alto grau – no que elas são bem mais admiráveis que nós, já que sua educação não lhes oferece comumente nada de grandioso e nem de sublime.[13]

A modéstia que lhes é natural é a causa, sem dúvida, de que não as vejamos, a exemplo dos homens, criando para elas uma divindade nos moldes de Príapo. Creio poder asseverar que, se elas tivessem feito uma divindade equivalente, em todas as cerimônias[14] teriam dado precedência a esse deus, banido de Lâmpsaco[15] por ter possuído talentos que não estão expostos à correção e ao castigo no século em que vivemos.

Porém, vejamos se existiriam algumas razões a dar acerca da estranha conduta que os homens adotaram, com relação a isso, com o sexo frágil. Encontro várias, das quais uma das principais

13 Montaigne critica com veemência a maneira de educar o sexo frágil. Eis o que ele diz sobre isso: "Nós as preparamos desde a infância para as coisas do amor. Sua graça, seus adornos, sua ciência, sua palavra, toda a sua instrução considera apenas essa finalidade. Suas preceptoras não lhes imprimem outra coisa que não seja o rosto do Amor, mesmo que seja representando-o continuamente para lhes tirar o gosto por ele" (Montaigne, tomo III, cap. V).

14 Aquilo que prova que minha conjectura tem fundamento é que se lê que, nas bacanais, as mulheres – sem dúvida, por polidez – carregavam a figura das partes do homem ora em seu pescoço, outras vezes em seu penteado; e, quando eram viúvas, elas a escondiam sob o seu penteado. Os homens jamais foram bastante polidos para fazer a mesma coisa com as mulheres em seus jogos e em seus festins.

15 Cidade grega da Ásia Menor na qual, segundo a lenda, teria se originado o culto a Príapo. (N. T.)

é o ciúme, paixão das mais apropriadas para nos tirar toda a ideia de justiça e de reconhecimento.

O homem, que, não sei por que razão, atribuiu-se em todos os tempos a preeminência e a autoridade sobre a mulher, procurou mil meios para justificar o seu direito. O do mais forte não era o pior, sem dúvida, e assim ele soube fazer uso dele. Seu orgulho entrou em cena e o impediu de entrar em qualquer discussão sobre o direito que tinha o sexo frágil de aspirar à deificação de suas partes.

"Mas como!" – dizia o homem – "A mulher estará submetida a mim e eu serei bastante estúpido para transformar em minha divindade uma coisa que se compraz em nos rebaixar logo que nos elevou? Farei preces e votos a divindades que, ou não concedem nada, ou exigem, quando atendem aos nossos pedidos, um reconhecimento levado além das nossas forças? Oferecerei sacrifícios e farei libações em homenagem a uma divindade que algumas vezes não se dignará a se mexer (se posso me servir dessa maneira de falar) e manifestar de algum modo perceptível que as minhas oferendas lhe foram agradáveis?

"Virei me oferecer na porta do seu templo, com o coração cheio de ardor e de desejos, e ali me exibirão um regulamento que ordena festas e abstinências, como fazem ao mais mísero dos astros.

"Algumas vezes Juno, sob os nomes de Fluônia ou de Lucina,[16] me impedirá de entrar no santuário. Não! Mil boas razões sempre me impedirão de lhes votar um culto. Além do mais, sem as deificar, elas usurparam um poder que já é grande demais, e que se tornaria, com a sucessão dos tempos, sem limites."

---

16 Esses epítetos se referem a Juno como protetora das gestantes e das parturientes. (N. T.)

Mas não seria bem melhor não se justificar do que se defender com tão pobres razões?

A madeira e a pedra independem ainda mais absolutamente da vontade do homem, e seria mais racional honrar com um culto religioso alguns objetos inanimados e formados pelas suas mãos, e dos quais ele não podia esperar e nem temer nada?

Ninguém questionará que os pagãos teriam agido de uma maneira verdadeiramente racional se, em vez de admitir inumeráveis divindades, tivessem suposto um só e único autor, criador e conservador do universo.

O senso comum conduz a essa ideia, e a partir do momento em que um homem pode concluir, pelo seu raciocínio, que dois somados a dois são quatro, ele pode provar a si mesmo que o mundo não é obra senão de um único operário, sem o que toda a ideia de ordem e de harmonia cessa.

Porém, a partir do momento em que se admite o politeísmo, e que se dividem o poder e as funções, e que todas as produções da natureza se tornam objetos de culto, eu digo que todo argumento que exclua as partes do sexo frágil é dos mais barrocos e dos mais insustentáveis.

Por que esses deuses de primeira grandeza, dos quais fazem tanto alarde, não teriam dobrado os joelhos cem vezes diante dos altares do belo sexo?

Será que Júpiter não teria assumido todos os tipos de aparências para se introduzir no santuário da volúpia, e essa mudança de paraíso não teria sido sempre muito do seu gosto?

A natureza, que fala ao mais simples dos homens assim como ao primeiro dos gênios, se explica a todos igualmente desde muito cedo sobre o artigo do sexo, e é agir diretamente contra as suas luzes se opor a lhe prestar homenagem e a considerar essas partes como alguma coisa muito venerável e, ao mesmo tempo, muito amável.

Zenão parece absolutamente ter sido da opinião de que essas partes deviam ser respeitadas com muito cuidado, segundo conta Diógenes Laércio.[17]

Esse filósofo temia tanto se familiarizar demasiado com elas, se aproximando delas muitas vezes, que só conheceu sua mulher uma única vez em sua vida, por esta razão. E, se aqui fosse possível conjecturar, eu seria levado a crer que Homero pensou da mesma maneira – o que é fácil de provar admitindo-se o ponto de vista de La Mothe Le Vayer.[18] Ele está muito persuadido de que a descrição que esse poeta faz do antro das ninfas não passa de uma alegoria das partes da mulher. Ela está no terceiro livro da *Odisseia*, e, como os onze versos gregos que contêm essa descrição foram traduzidos para o latim, para a comodidade do leitor, eu os apresentarei nessa última língua:

Sat ramis diffusa in portus vertice Oliva,
Quam propter jucundum Antrum obscurumque recedit,
Sacra domus Nimphis, quae Naiades indigitantur,
Intus Crateres, patulaeque ex marmore vivo
Amphorae, Apes dulci qua ponunt mella susurro,
Saxea sunt intus quoque Stamina longa, ubi Nimphae
Purpureas texunt telas, mirabile visu.
Intus purpurei Latices, sed Janua duplex:
Haec Boream spectans homines admittit; at illa

17 Diógenes Laércio, *Vida de Zenão*, livro VII, § 13.
18 François de La Mothe Le Vayer (1588-1672), filósofo francês. (N. T.)

Respiciens Antrum divinior, invia prorsus
Est Homini, praebetque viam Immortalibus unis.[19]

La Mothe Le Vayer sustenta que, além do sentido literal e histórico da *Ilíada* e da *Odisseia*, esses poemas contêm um sentido místico ou moral; e ele quer que seja no último desses sentidos que seja necessário entender aquilo que o poeta disse sobre esse antro.

O sr. Petit[20] insurgiu-se furiosamente contra essa explicação, em seu *Tratado da Sibila*[21] – embora, no meu modo de ver, ele fortaleça a opinião de Le Vayer,[22] reduzindo, como faz, todas as diferentes sibilas a uma única, já que é certo que se variou quanto ao seu número.

As dez sibilas de Varrão e as quatorze de Suidas se reduzem a quatro em Eliano, a três em Solino e em Ausônio, e a duas em Martianus Capella.

Além do mais, os versos de Homero exprimem perfeitamente a estrutura da natureza característica das mulheres.

---

19 "Ao fundo do porto, desdobra-se uma oliveira, e bem perto se encontra a sagrada gruta escura e encantadora das ninfas, que são chamadas de Naiades. Nelas se vê os seus vasos, suas ânforas de pedra, nas quais as abelhas vêm fazer suas colmeias. Sobre seus grandes teares de pedra, os tecidos tingidos com púrpura do mar que são fabricados pelas suas mãos – encanto dos olhos! – e suas fontes de águas agitadas. A gruta tem duas entradas: por uma, aberta ao norte, descem os humanos; a outra se abre para o sul, mas é a entrada dos deuses; nenhum homem jamais usa esse caminho dos Imortais." (*Odisseia*, XIII, 102-12)

20 Pierre Petit (1617-1687), médico e escritor francês. (N. T.)

21 *De Sibilla*, impresso em Leipzig em 1686, in-8°.

22 Ele não menciona La Mothe Le Vayer, mas vê-se bem que é dele que quer falar, e da quarta jornada do seu *Hexâmero rústico*. A explicação que ele oferece dos versos latinos que citei é muito bela e muito engenhosa.

La Mothe Le Vayer explica esses versos com muito espírito na quarta jornada de seu *Hexâmero rústico*, para o qual remeto o leitor.

Todo mundo sabe quanto respeito os homens tinham pelo Antro da Sibila, e é sem dúvida a razão que convenceu Homero a escolher essa alegoria como nobre e bela, e totalmente apropriada para descrever as partes do sexo frágil; e se, como eu já disse, houver lugar para a suposição, é possível concluir ousadamente que o poeta tinha a intenção de insinuar a admiração e o respeito que se devia ter por elas.

Porém, é muito inútil formular hipóteses. Porque, com efeito, quer Homero e Zenão tenham encarado essas partes com muito respeito ou com muito desprezo, isso é bastante indiferente e não leva a concluir muita coisa. Mas o exemplo e a maneira de pensar de todo o universo deve constituir e constitui o fundamento do meu sistema.

De todas as paixões, não existe nenhuma mais violenta que a do amor, e era necessário que essa paixão fosse forte e intensa, devendo ser uma das mais úteis ao gênero humano.

A natureza espera apenas a idade da puberdade para nos fazer sentir os seus aguilhões. Entre os selvagens, assim como entre as nações mais civilizadas, o Amor exerce o seu domínio.

Todos os homens geralmente são levados a prestar ao sexo frágil e à parte que o distingue do nosso homenagens, tanto mais comoventes pelo fato de que, comumente, nem o temor e nem a política têm nenhuma participação nelas.

Existem poucos homens que não amam o sexo frágil, e vê-se geralmente que o pequeno número daqueles que não o amam é composto de pessoas sem alma, sem sentimentos e incapazes de pensar com refinamento. Será que não vemos que as seitas antifemininas, que se formaram em diferentes épocas, duraram muito pouco?

O reino dos abelianos[23] foi muito breve, Orígenes[24] teve poucos discípulos e Combabus[25] encontrou poucos imitadores da sua fidelidade ao seu senhor.

Naturalmente se respeita aquilo que se ama. Os homens deveriam, portanto, ter feito em prol dessas partes bem mais do que fizeram. Mas o ciúme, como eu disse há um momento, é, creio eu, a fonte de toda a desordem.

Essas partes desfrutam de muitas vantagens das quais nossa natureza é privada. A nossa não passa da muito humilde serva da delas; e, se elas fossem deificadas por ambos os lados, e se fosse preciso disputar com elas posição e primazia, eu aconselharia muito a nossa a tratar as coisas amigavelmente, e aguardar o último extremo para chegar às vias de fato. Nossos esforços

---

23 Os abelianos foram uma seita que se estabeleceu nos arredores de Hipona, e que já havia sido extinta no tempo de santo Agostinho. Esses heréticos admitiam uma mulher como companheira, unicamente para serem aliviados dos trabalhos domésticos, fazendo votos de se deitar com ela sem tocá-la e nem conhecê-la, e adotavam os filhos alheios. Cf. Bayle, *Dicionário*, artigo "Abelianos".

24 Orígenes, por um excesso de devoção muito apropriado para destruir o gênero humano, se mutilou e se fez eunuco pelo Reino dos Céus. Existem pouco teólogos, creio eu, que tenham desejado interpretar assim, literalmente, as passagens das Escrituras.

25 Combabus, jovem senhor da corte da Síria, devendo fazer uma longa viagem com a rainha Estratonice, para não ser tentado e nem suspeito de invadir os domínios do rei, cortou e colocou em uma caixa lacrada o certificado de sua continência, e a deu para o rei guardar. Isso é admirável, mas creio que poucas pessoas viajariam com as grandes damas se a polidez exigisse semelhante cerimônia.

são violentos, nosso choque é rude, mas logo nos vergamos, e só retornamos à carga após madura deliberação.

Essa superioridade sempre foi um motivo de querela e de inveja. E Homero não é bastante generoso para dizer a si mesmo que, tendo a natureza desejado regular as forças e as vantagens, ele deve reconhecer os seus próprios méritos e fazer um bom uso do conhecimento que tem de sua fraqueza.

Porém, se esta simples razão não bastasse para convencê-lo, as qualidades e a destinação dessas partes não lhe permitiam hesitar. Elas são a fonte imediata das maravilhas que admiramos no universo, de suas produções depende a perfeição ou a imperfeição das coisas que vemos nele.

Esse príncipe destinado a ser o flagelo do gênero humano, e esse outro, criado para dar ao mundo belos dias, saíram ambos do seu seio.

É nesses órgãos da geração que se formam, com o sangue, essas sementes de vícios e de virtudes que notabilizam os homens, ou que os aviltam. Elas forjam os instrumentos destinados a embelezar o universo ou a desfigurá-lo.

Será que conhecemos na natureza objetos capazes de produzir semelhantes efeitos? Não, sem dúvida! E aquilo que mais do que qualquer outra coisa deveria ter convencido os pagãos a prestar um culto a essas partes é que tudo nelas tem relação com o mistério e com o incompreensível; porque a anatomia mais hábil e a física mais sutil não estão em condições de nos oferecer razões verdadeiras e convincentes do seu funcionamento.

Nem os átomos, nem a matéria sutil, assim como nem a atração e a gravitação jamais chegarão a explicar de que maneira todo esse mecanismo se executa. E os antigos eram, quanto a esse assunto, ainda muito mais ignorantes do que nós. Tudo aquilo que estava ligado ao misterioso atraía a sua atenção e a sua devoção. E, por uma bizarrice sem par, tudo aquilo que existia de mais profundo e de mais oculto jamais pôde simplesmente obter uma imagem honrada por um culto. Porque é muito pouco seguro que essa figura feita de cera e de mel que se carregava na festa das Tesmofórias[26] tenha sido a das partes genitais do sexo frágil; e, mesmo que isso fosse provado, não levaria a nenhuma conclusão, já que seriam as próprias mulheres que teriam feito para si esse simulacro, e sabe-se que elas não ligavam a ele nenhuma ideia de devoção – era unicamente a comemoração de uma aventura que muito havia divertido Ceres.[27]

É lamentável que o sábio Turnebus[28] jamais tenha pensado no assunto de que trato. Ele teria tido provas bastante particulares a apresentar da divindade dessas partes, porque afirma que as divindades pagãs traziam consigo sempre um certo odor pelo qual eram reconhecidas; e, para prová-lo, ele cita Ovídio e Virgílio. O primeiro diz, falando de Flora:

Omnia finierat: tenues successit in auras,
Mansit odor: posses scire fuisse Deam.[29]

E Virgílio, falando de Vênus:

---

26 Na antiga Grécia, grande festa em honra de Deméter e Koré. (N. T.)

27 Cf. Bayle, *Dicionário*, artigo "Tesmoforias".

28 Adrien Tournebous (1512-1565), humanista francês mais conhecido como Turnebus. (N. T.)

29 Ovídio, *Fastos*, livro V, versos 375-6. ["Havia posto um ponto final e se afastou na brisa sutil. Ficou seu perfume: podia-se saber que era uma deusa." (N. T.)]

Dixit et avertens rosea cervice refulsit,
ambrosiaeque comae divinum vertice odorem
spiravere.[30]

E Eliano, em sua *História dos animais*, diz que Juno, tendo se lavado em uma fonte na manhã seguinte às suas núpcias, transmitiu um odor dos mais agradáveis, não somente à água na qual ela havia se banhado, mas a todos os lugares ao redor.

Mas talvez os pagãos dissessem aquilo que muitas vezes ouvi dizerem as pessoas sem gosto: que essas partes eram a verdadeira Caixa de Pandora, e que esta caixa, com efeito, era uma alegoria da natureza característica das mulheres.

Pode ser que esse fato seja verdadeiro. Porém, ainda que assim fosse, isso não altera em nada o meu ponto de vista. Porque, visto que as partes do sexo frágil podem produzir tanto mal e fazer tanto bem, e que os pagãos só levavam em consideração, na escolha das coisas que eles honravam com um culto religioso, unicamente o bem ou o mal que eles supunham que essas mesmas coisas podiam lhes fazer e o caráter misterioso e a impenetrabilidade de sua natureza, está claro que o belo sexo tem direito de reclamar e de se queixar de injustiça.

Essas partes têm, além do mais, uma vantagem bem real sobre todos os objetos que os homens deificaram – vantagem bem doce para os homens, e que deveria ter incitado o seu reconhecimento.

---

30 Virgílio, *Eneida*, canto I, versos 402-3. ["Ela falou, e quando se voltou, sua nuca resplandeceu com o brilho de uma rosa; e da sua divina cabeleira exalou uma celeste fragrância de ambrosia." (N. T.)]

O Sol e a terra, honrados mais de uma vez com um culto religioso, além da sua utilidade, nos oferecem um belo espetáculo.

O Sol, em todas essas diferentes aparições em nosso horizonte, se mostra sempre de uma maneira agradável, alegra com seu aspecto toda a natureza. Ele é brilhante ao nascer, majestoso ao meio-dia, e seu poente é encantador.

A terra apresenta aos nossos olhos ora frutos e ora flores. Ela muda de fisionomia em todas as estações. Esses objetos, sem dúvida, além da sua utilidade, ainda causam aos nossos olhos muito prazer. Porém, será que existe algum homem nesse mundo, desfrutando do uso de todos os seus sentidos, que não perceba a diferença prodigiosa que existe entre o prazer de ver a terra e o Sol e aquele que nos dão algumas partes tão úteis e, ao mesmo tempo, tão amáveis?

Nos prazeres que elas proporcionam, tudo é comoção e entusiasmo, e as emoções que elas causam equivalem às agitações e aos tremores do tripé do Oráculo de Delfos.[31]

É, com efeito, o único dos prazeres perfeitos, porque ocupa ao mesmo tempo as partes do corpo e as faculdades da alma; e o culto que se presta a essas partes tem, para a consciência, uma grande vantagem, que é a de ter poucas coisas a temer da hipocrisia.

Além do mais, essas divindades nunca modificam seus gostos: elas amam constantemente os homens. E, quando elas fazem o bem, podemos nos assegurar de que não fazem uso de nenhuma reticência, que dão voluntariamente e só recusam muito contra a vontade.

---

31 Em Delfos, a sacerdotisa pronunciava seus oráculos no alto de um banco de três pés. (N. T.)

Os deuses que os pagãos mais honravam eram pouco constantes em suas afeições, e o homem nunca estava seguro de que os seus sacrifícios fossem recebidos com bondade. Aqui, muito pelo contrário, não cai uma gota de incenso sobre o altar que não seja recebida com bondade e complacência.

Portanto, que extrema diferença os homens teriam encontrado se sua cegueira e sua ingratidão não os tivessem desviado do caminho reto da razão. Quantos sofrimentos poupados e quantos temores banidos! Duas divindades podiam constituir todo o objeto do culto: Júpiter teria sido a divindade do Céu e a natureza da mulher a da Terra.

Daí cessaria todo o ciúme, toda a querela de controvérsia, e a teologia pagã se aperfeiçoaria. E a isso seria preciso somar a vantagem que os homens extrairiam da comodidade do culto.

Os pagãos eram obrigados a adotar certas posturas quando faziam suas preces, uso que ainda subsiste entre alguns povos das Índias.

As divindades que eu proponho, mais sábias e mais inteligentes, nunca exigem semelhantes baixezas; elas nunca discutem sobre as posições do corpo e sobre as diferentes posturas. Elas só levam em consideração o zelo e o fervor, e só exigem a retidão nas intenções e a perseverança, aquilo que prova que essas partes mereciam, pela sua utilidade e pela nobreza da sua destinação, todas as homenagens e toda a veneração – e, pela maneira agradável como seguem a sua vocação, todo o nosso amor e todo o nosso reconhecimento.

Fiquemos, pois, surpresos de ver nessas nações o cúmulo da depravação do gosto. E já que, felizmente, não estamos no caso de dever fazer delas divindades, tenhamos por essas partes, no entanto, o amor e a estima que lhes são devidos, cultivemos sua afeição e, quando ficarmos velhos e nossos pés não quiserem mais nos levar até seu templo, ainda falemos delas com elogio e lembremo-nos das obrigações que temos para com elas. Nosso reconhecimento não pode deixar de ser honroso para nós e ainda evocará algumas vezes, em nossas almas desgastadas, a lembrança encantadora dos ternos sacrifícios que lhes oferecemos.

Dulce est decipere in loco.[32]

FIM

32 "É doce tresvariar de vez em quando." (Horácio, *Ode* IV, 12.) (N. T.)

Joseph-Antoine-Toussaint Dinouart
(1716-1786)

O triunfo do sexo feminino

Obra na qual se demonstra que as mulheres são em tudo iguais aos homens; examinam-se as vantagens de se relacionar com elas e qual deve ser o amor recíproco entre os dois sexos[1]

À madame Gabrielle Émilie le Tonnelier de Breteuil, marquesa du Châtelet[2]

> Vasta e poderosa gênia
> Minerva da França, imortal Émilie
>
> (Voltaire)[3]

---

1 "Le triomphe du sexe; ouvrage dans lequel on démontre que les femmes sont en tout égales aux hommes: on y examine les avantages de leur commerce, et quel doit être l'amour réciproque des deux sexes" (Amsterdã: Ignace Racon, 1749). (N. T.)

2 Reconhecida como um dos maiores talentos científicos do século XVIII, a marquesa du Châtelet (1706-1749) também é célebre por seu longo relacionamento com Voltaire. (N. T.)

3 *Élémens de la philosophie de Neuton* (Amsterdã: Étienne Ledet, 1738, p.3). (N. T.)

Tudo aquilo que surge para glorificar o sexo feminino vos é devido. Vós fizestes dele, madame, o ornamento, e sois a prova mais convincente da bondade desse pequeno escrito, com o qual vos venho homenagear. Ele nasceu no seio dos prazeres campestres, onde a razão, afastada de tudo aquilo que pode seduzi-la, instrui o homem que a consulta. São as reflexões que ela me ditou que eu trouxe à luz. Vós não rejeitareis, madame, esta obra que a razão me inspirou a vos dedicar. Vós a conheceis, vós a haveis tido sempre como mestra; e a verdade, sua companheira, brilha em todos os vossos escritos.

Ela é, assim como vós, nobre, simples e sem disfarce;
Acima do elogio, acima da minha arte.[4]

A Providência, concedendo-vos esta variedade de talentos que admiramos em vós, quis fazer ver que ela algumas vezes escolhe, no sexo que parece o mais fraco aos olhos dos homens, indivíduos capazes de confundir seu orgulho e de instruí-los. Filosofia, belas-letras, geometria – vosso gênio tudo abarca. Vossas *Instituições físicas*, vossas *Dissertações sobre as forças vivas* são lidas pelos sábios. Possa vosso exemplo, madame, animar as pessoas do vosso sexo, ensinar-lhes a se elevar acima dessa tímida indolência na qual a malignidade dos homens as mantém; e fazê-los compreender que elas são tão capazes quanto eles de entrar no santuário das ciências, e de penetrar nos seus mistérios. Feliz do mortal a quem é dado se instruir junto a vós, tirar proveito de vossas luzes e viver no seio da paz e da verdade, tão pouco conhecidas dos humanos. Sou, com um profundo respeito,

4 Ibid., p.8. (N. T.)

MADAME,
Vosso muito humilde e muito obediente servidor,
D...

Prefácio

Falar em favor das mulheres é tratar uma matéria delicada. O apologista do sexo feminino será tido sempre como apaixonado ou como galante. Se digo que não sou nenhuma das duas coisas, alguém acreditará em mim? Não, sem dúvida, e esse século é muito malicioso para não me atribuir esse caráter. Que pensem o que quiserem! Eu sou livre, reflito, produzo minhas ideias. Se a razão está do meu lado, a religião não me rejeitará. Uns aplaudirão minhas reflexões, vários as lerão como críticos severos, e somente os falsos devotos ficarão escandalizados com elas. Os libertinos dirão que meu estilo não é bastante voluptuoso – que eles saibam que não foi para eles que escrevi. Vão procurar descobrir meu nome, o adivinharão, mas o nome e a condição não são nada em uma obra. Eu gosto do sexo feminino como homem, e presto homenagem à verdade. Se decido em favor das mulheres, somente a razão me inspira. Quando estou envolvido, como Horácio, em meu manto filosófico, examino os homens, sua conduta e suas práticas. Que contraste poderia ser mais ridículo que aquele que eles me apresentam?! Eles se glorificam de amar as mulheres e de ser amados por elas. Bens, repouso, saúde, fortuna – eles sacrificam tudo ao objeto do seu amor. Eles se submetem a esse amor e obedecem a ele. Porém, quando se apossam do ídolo de seu coração, os pérfidos o veem com um olhar indiferente, sujeitam-no aos seus caprichos e o reduzem a uma vergonhosa dependência. As mulheres, pelo que eles dizem, não são feitas senão para obedecer e para servir ao seu amor; eles não lhes reconhecem nenhum outro mérito. Senhor absoluto, o homem pretende governar tudo, dispor de tudo. É somente à mulher que não é mais permitido ter vontade, liberdade e espírito. O homem se constitui o chefe, e a esposa lhe deve ser submissa. Apregoa-se esta moral sem compreendê-la, e até os casuístas[5] – gente odiosa e importuna – estabelecem essa submissão como uma verdade da qual não é permitido duvidar. Homens ingratos e orgulhosos, que ignoram as leis do Criador, que olham como inferior esse sexo que Deus fez igual ao nosso em tudo, vejam, leiam sem prevenção, reconheçam nas mulheres a igualdade que o Céu e a natureza lhes deram. Aprendam no que consiste a sua superioridade, e quais são os seus direitos. Amem-se bastante para considerar como igual essa parte de vocês mesmos que deve ser prezada, já que ela é tão preciosa e tão necessária à humanidade.

Capítulo I

Deus criou o homem e a mulher igualmente à sua imagem. Ele lhes deu, quanto à alma, as mesmas faculdades e a mesma potência

Ser criado à imagem de Deus é ser dotado de uma alma racional, livre, inteligente e imortal. É, na ordem da criação, *ter recebido dele uma espécie de jurisdição, de domínio e de autoridade para ser o chefe e o soberano de todas as criaturas.*[6] Tais são as qualidades que o soberano

5 Religiosos que eram encarregados de resolver os casos de consciência. (N. T.)

6 São Crisóstomo, *Sobre o Gênese*, homilia 8, 9. (N. A.)

senhor do universo concedeu igualmente aos dois sexos, compreendidos sob o nome genérico de *homem*. Ele não pôs nenhuma distinção entre a alma de um e a do outro. Adão, no nome que deu à sua mulher, reconhece esta semelhança de igualdade; ela a chamou de *Isha*, ou seja, *a humana*, aquela que vem do homem – palavra hebraica que vem da raiz *Ish*, que significa *homem*.

Eu examino a conduta de Deus na criação. Adão, que se vê só, suspira por uma companheira. Esse suspiro é uma prece que convence o Senhor a atendê-la. Ele proporciona a Adão essa criatura que ele deseja. Ela deve ser sua amiga, sua companheira e sua esposa. Esse suspiro de Adão, esta ordem que Deus observa na criação, nos mostram que cabe ao homem procurar a mulher, e não a ela antecipá-lo. *Não é bom que o homem esteja só*[7] *(as criaturas devem nascer da união dos dois sexos). Façamos para o homem uma ajudante semelhante a ele. Uma ajudante* – retoma São Crisóstomo – *digna dele, da mesma substância que ele, e que não lhe seja inferior.*[8] O Senhor lhe confere a mesma natureza, a mesma liberdade; ele a forma igualmente à sua imagem. O homem a amará como a si mesmo, porque ela é, como ele, a obra da Divindade. Deus quer que ele considere esta mulher como o sinal mais sensível do seu amor; ele não a distingue de Adão senão pelo sexo, distinção puramente animal e que não pode dar a ele o direito de se aproveitar de um ser tão espiritual quanto ele próprio. Colocada, como Adão, no Paraíso terrestre, Deus lhe transmite a mesma autoridade sobre todas as criaturas, e esta perfeita igualdade os une por um amor recíproco. Adão ama esta companheira porque vê nela seu semelhante – amor natural que ele nos transmitiu. Daí esta atração de

7 Gênese, 2.

8 São Crisóstomo, *Sobre o Gênese*, homilia 15.

se reunir, de produzir seu semelhante – atração legítima da qual ninguém, em qualquer condição que esteja, pode sufocar em si o sentimento, embora o próprio desejo nem sempre lhe seja permitido. A mulher parece ser formada de uma maneira mais especial que o homem. Este último é formado por uma terra avermelhada que é designada por seu nome, Adão. Mas a mulher é produzida do homem. Deus, que é sempre admirável, sempre grande em seus desígnios, toma uma costela já formada e faz dessa porção um animal completo.[9] A matéria de seu corpo não será ainda mais nobre, já que o homem é ele próprio mais nobre que esta terra da qual se origina? Será que essa preciosa diferença não nos é assinalada na geração? Se ambos têm os mesmos princípios, será que a mulher não coopera para ela de uma maneira mais perfeita? Será que ela não forma em seu ventre esta criatura que ela alimenta com a sua substância, e a quem ela confere a perfeição da humanidade? *Como é grande a misericórdia de Deus, que pôde fazer* – diz São Crisóstomo – *uma tão bela criatura de uma tão pequena parte do homem, para desfrutar juntos das doçuras de uma agradável sociedade!*[10]

Capítulo II

O pecado não destruiu esta igualdade. A dependência da mulher não é uma consequência da sua criação

Deus enviou a Adão um profundo sono. Ele produz Eva de uma de suas costelas e a apresenta a ele. Adão a vê e a ama. *Eis* – exclama ele, no primeiro arroubo de seu amor – *os ossos dos meus*

9 Ibid.
10 Ibid.

ossos, a carne da minha carne, ela será chamada por um nome que assinala o homem, Virago.[11] *O homem abandonará seu pai e sua mãe; ele se ligará à sua mulher; eles serão dois em uma mesma carne.*[12] Que união encantadora nessas palavras! Que perfeita igualdade! Deus não extrai a mulher da cabeça de Adão, ela não deve comandar. Ele não a forma do pé, ela não deve ser sua serva. Ele a produz da sua costela, porque ela deve ser a sua companheira. Adão, a partir do momento em que a vê, se reconhece nela: é *os ossos dos seus ossos*, é um outro ele. Que palavras assinalam uma igualdade mais indissolúvel entre duas pessoas que devem constituir um mesmo espírito, assim como um mesmo corpo? Adão, condenado, quer desculpar o seu pecado? Ele reconhece esta igualdade na maneira como se desculpa. Ele não diz ao Senhor: "Esta mulher, que me haveis dado como serva, me incitou a esta queda", mas "A mulher que me haveis dado como companheira".[13] *O pecado não terá modificado esta ordem?*, me objetará, aqui, algum teólogo, devoto duvidoso. *Pensar de maneira diferente não será contradizer a religião e falar uma linguagem profana?* Doutor, seja você quem for, diga-me: se o pecado destruiu esta igualdade, será preciso que a mulher tenha deixado – após a sua desobediência – de ser, com relação a Adão, *os ossos dos seus ossos e a carne da sua carne*? A indissolubilidade de sua união e de sua igualdade, fundamentada nessas palavras, não deveria, portanto, subsistir mais? Porém, se essas palavras provam a igualdade entre os dois sexos fundamentada na sua criação, sua natureza recíproca é o objetivo comum que Deus se propôs ao criá-los, e ela subsiste, portanto, ainda hoje.

---

11 Mulher que tem características masculinas. (N. T.)

12 Gênese, 2, 22.

13 Gênese, 3, 12.

O pecado não a destruiu. O que ele fez foi fazer enfraquecer a ordem exterior dessa igualdade. Ele diminuiu os direitos civis da mulher, mas nada modificou nas qualidades essenciais a seu ser, nem em sua independência primitiva. Ele não a tornou inferior ao homem quanto às faculdades da alma. Ele somente tornou-a submissa, dando ao homem uma superioridade legal e civil – ou seja, o homem tem o direito de governar e de comandar na ordem da sociedade, e a mulher é inferior a ele nesta parte. Se o homem impõe seu nome à mulher com quem ele se casa, isso não foi assim desde o começo, e essa é apenas uma modificação exterior que diz respeito à ordem civil. Adão tinha dito, falando de sua mulher e de sua descendência, que ela seria chamada por um nome que assinalaria o homem.[14] Ele só lhe impôs o nome de Eva depois do seu pecado – modificação que, longe de se tornar lei, nunca foi seguida pelos maiores homens do povo judeu, cujas mulheres, segundo as Escrituras, sempre foram chamadas pelos seus próprios nomes.

Capítulo III

O homem foi mais criminoso que a mulher em sua desobediência. Sua punição também é maior em sua duração. É sem razão que se acusa a mulher de ser a causa da queda do gênero humano

Deus cria o homem e a mulher no Paraíso terrestre. Ele lhes dá a liberdade de se alimentar de todos os frutos, com a exceção de um único que ele lhes designa. Ele quer que, obedecendo

14 Gênese, 2, 21. (N. T.)

a esta proibição, eles reconheçam o soberano domínio que ele tem sobre eles. Ele deu a Adão essa ordem antes da criação de Eva, que deve igualmente obedecê-la. As Escrituras nos mostram isso quando dizem que *Deus pôs o homem no Paraíso terrestre, e que ele proibiu-o de comer o fruto da vida* e, por uma espécie de reflexão que elas supõem, fazem-no pronunciar as seguintes palavras: *Não é bom que o homem esteja só. Façamos para ele uma ajudante que lhe seja semelhante.* Nossos teólogos estão divididos quanto à explicação desse ponto. Uns supõem que Deus deu em particular a mesma ordem à mulher, logo que ela foi formada. Outros dizem seriamente que, se esta ordem foi imposta somente a Adão antes da criação de sua esposa, é porque ele era o chefe, e que Eva, respondendo a Deus, tinha podido dizer que esta ordem lhe havia sido prescrita, porque seu chefe havia sido intimado a transmiti-la a ela. Puras conjecturas que não provam nada contra aquilo que eu digo. Concluir disso que a mulher é a causa da queda do homem é uma ridícula dedução para aviltar o sexo feminino. Quem é o mais desculpável ou o mais fraco? Adão, que recebe uma ordem do próprio Deus, e que o desobedece por uma única palavra; ou Eva, que, segundo as aparências, não conhece essa proibição a não ser pelo relato de seu marido. Se ele é o chefe, deve ter mais força e virtude. Por que ele não demonstra, portanto, sua superioridade por meio da sua sabedoria? Por que ele não dá lições de obediência à sua mulher? Por que ele não a abandona em sua revolta? Será que ela o força a consentir nisso? Será que ela procura seduzi-lo com seus favores? Ela nada mais faz que lhe propor, e ele logo come. Covarde complacência, e que desonra a pretensa superioridade do homem.

O demônio, que quer surpreender nossos primeiros ancestrais, anima os órgãos da serpente para fazê-la falar, sem que esse animal soubesse o que dizia. Eva acabava de ser produzida; ela via os animais que lhe eram totalmente submissos. Será que ela poderia desconfiar de que havia entre eles alguns dotados do dom da palavra? Ou se não era um anjo que, por uma permissão especial, lhe falava pela boca desse animal, para testar sua virtude? Certamente ela não tinha, então, nem a ideia de um anjo nem a de um demônio. Talvez nem mesmo a existência ou a queda desses espíritos fossem do seu conhecimento, para que ela pudesse desconfiar da sua malícia. Essa insinuação da parte de uma serpente devia, na verdade, torná-la cautelosa quanto aquilo que ela devia fazer. Adão conhecia a natureza dos animais, ele lhes havia imposto nomes. Eva talvez não tivesse sido testemunha desta nominação. A serpente se dirige a ela e lhe diz: "Por que Deus vos proibiu de comer o fruto de todas as árvores?"[15] Essa pergunta é equívoca. Ela pode significar que Deus havia proibido de comer um determinado fruto, ou, generalizadamente, todos os frutos. A serpente quer persuadi-la de que, como todos os frutos são igualmente bons, o uso de todos eles deve ser igualmente permitido. O que responde Eva? Nada de mais justo. "Nós comemos o fruto das árvores. Porém, quanto ao fruto da árvore que está no centro, Deus nos proíbe de fazer uso dele, com medo de que morramos."[16] "Vós não morrereis – responde a serpente –, vós sereis como deuses, conhecedores do bem e do mal." Eva vê esse fruto que lhe parece belo; encantada com essa promessa, ela o come. Ela acredita tão pouco estar sendo enganada que não diz a Adão: "Uma serpente me falou, ela me disse que esse fruto era excelente".

---

15 Gênese, 3.

16 Idem.

Ela o apresenta a ele e o imprudente o come, sem se informar se Deus lhe falou para levantar sua proibição. Será que dirão, para justificá-lo, que foi Eva quem lhe apresentou o fruto? Pois bem, quem pode saber, se a serpente tivesse falado primeiro com ele, se ele não teria feito com Eva o mesmo que ela fez com ele? Se o demônio falou primeiramente com ela, não é porque ela fosse mais fraca e mais fácil de seduzir; é que ele quer, por meio dela, tentar o seu marido. Querem uma prova ainda mais perceptível de que Adão é o mais condenável? É a conduta que Deus adota para com ele depois da sua desobediência. É a Adão que Deus se dirige em primeiro lugar: *Adão, onde estais vós?*[17] *Ele não diz a Eva: Porque haveis comido do fruto que eu vos havia proibido; porque haveis seduzido vosso marido; porque o haveis feito cair; porque haveis escutado a voz da serpente, eu vos afligirei com diversos males.* Ele não apresenta, para condená-la, essas diferentes razões. Sua simples desobediência constitui seu crime e sua condenação. Adão é o mais criminoso, e é a ele que Deus diz: *Porque haveis escutado a voz de vossa esposa, porque haveis comido do fruto proibido...*[18] O que nos mostram essas palavras? Que a proibição foi intimada a Adão pela boca do próprio Deus, que o repreende por tê-la violado, e que sua complacência com sua esposa constitui o seu pecado. Complacência tanto mais covarde pelo fato de que ela não havia empregado astúcias e nem artifícios, mas tinha dito simplesmente a ele que o fruto lhe parecia bom. Será que a tentação à qual o expôs uma proposição tão ingênua, e à qual ele sucumbe, não assinala bem a sua fraqueza? Eva foi

17 Idem.
18 Idem.

enganada, diz Cajetan,[19] por uma criatura de uma inteligência e de uma sagacidade muito elevadas – circunstância que, não valendo com relação a Adão, diminui muito o crime de Eva, enquanto agrava o dele. Deus assinala isso em todas as palavras. Ele não diz: *Eis Adão e Eva como um de nós*.[20] Essa espécie de ironia é somente para Adão. Ele o faz sair do Paraíso terrestre, e Eva sai também, mas é somente Adão que é expulso dele, segundo a expressão das Escrituras – expressão que designa como o mais criminoso aquele ao qual ela é aplicada. Adão quer se desculpar? Ele dá a conhecer que compreende as consequências de sua falta por suas desculpas, mas seu orgulho o faz atribuir à sua esposa a falta que ele cometeu por fraqueza. Ele concebe, então, contra ela, uma aversão secreta que parece nos ter transmitido, má inclinação que nos faz acusar as mulheres de serem a causa de todas as nossas fraquezas, que nos leva a zombar maliciosamente do seu castigo e a humilhar um sexo que nos é tão precioso.

A punição de Eva parece mais rigorosa que a de Adão, e um Deus justo puniria mais severamente o menos culpado? As dores do parto são, na verdade, bem sensíveis, mas eu acho que Deus as atenua com alguns consolos que as tornam mais suportáveis que o castigo do homem. A graça do Sacramento, o consolo de dar criaturas à religião e ao Estado e o prazer de renascer em filhos que a natureza nos torna tão queridos suavizam sua amargura e compensam bem essas dores, que são passageiras e

19 Tommaso de Vio (1468?-1534?), teólogo tomista dominicano mais conhecido como Gaetano, por ter nascido na cidade italiana de Gaeta. (N. T.)

20 Gênese, 3, 22. (N. T.)

até mesmo pouco violentas na maior parte das mulheres. O parto não as expõe, senão por acidente, ao perigo da morte, já que existem tão poucas que sejam vítimas dele. A Providência, nesse caso, dispensa até mesmo do dever do casamento aquelas que só podem parir pondo em perigo a sua vida. O homem, ao contrário, é condenado a um trabalho constante durante todo o tempo da sua vida. Ele deve comer seu pão com o suor do seu rosto, trabalhar pela sua família. O governo, o cuidado dos negócios e a defesa dos reinos e das cidades são o seu quinhão e a sua penosa ocupação. Uma vida tão laboriosa não será um martírio contínuo, muito mais sensível, por sua duração, que a dor passageira do parto?

Capítulo IV

A mulher não é inferior ao homem senão pela dependência civil à qual a Providência a sujeitou

A única desigualdade que distingue a mulher do homem é a dependência civil à qual Deus a submeteu, e que não encontro bem expressa senão em são Paulo. E que não me apresentem, para prová-la, as palavras do Gênese: *Vós estareis sob o poder de vosso marido, e ele vos dominará*. A versão hebraica e a Vulgata[21] não estão de acordo quanto a esse texto. Elas o exprimem de uma maneira que forma um sentido bem diferente, e, como ambas as interpretações são igualmente aceitas pela Igreja, será sempre permitido admitir aquilo que se quiser. *O marido é o chefe da mulher* – diz o Apóstolo –, *assim como Jesus Cristo é o chefe da Igreja. Como a Igreja*

21 Tradução latina da Bíblia, organizada por são Jerônimo. (N. T.)

está submetida a Jesus Cristo, as mulheres devem estar submetidas a seus maridos etc.[22] A dominação que Jesus Cristo exerce sobre a Igreja não é uma dominação tirânica. É um governo cheio de sabedoria e de brandura. Se a mulher deve estar submetida a seu marido como a Igreja está a Jesus Cristo, essa submissão se refere apenas aos deveres e aos compromissos do casamento, e ela só a deve ao homem enquanto está unida a ele. Se ela é dependente, aquele que domina por ela, e que é seu senhor, é também seu amante, diz são Crisóstomo.[23] Ela não é a serva, mas a companheira do homem; é um outro ele mesmo, já que eles não são senão uma mesma pessoa em um mesmo corpo. É uma submissão respeitosa que consiste na deferência, nas boas graças e no respeito que um igual deve a seu igual, um amigo a seu amigo. Ela não tira da mulher o direito de comandar em sua casa, de dispor daquilo que considera os seus bens domésticos, em concordância com um marido sábio e prudente; ou de substituí-lo na sua falta, quando a teimosia, o capricho ou o desregramento o impedem de cuidar daquilo que diz respeito à boa ordem. A união do casamento é uma união de vontade, uma união de corpo, uma união de interesse. O homem não é mais o dono da sua vontade, assim como do seu corpo. Ele está submetido, em todos esses pontos, à sua esposa, assim como ela está submetida a ele. Que injúria à santidade do casamento, a de pensar que a superioridade do homem consiste em fazer aquilo que lhe apraz, e que ele só depende de sua mulher na disposição do seu corpo! Se a união do casamento consistisse apenas nessa dependência com relação ao corpo, uma aliança tão

22 São Paulo, *Epístola aos efésios*, 5, 23.

23 *Homilia sobre o Gênese.*

sagrada não seria mais que uma união puramente animal. Se as pessoas casadas não são senão um em uma mesma carne, é tanto pela união das vontades quanto pela dos corpos. Como o laço que as une consiste em uma dependência respectiva e mútua, ele exclui com isso tudo aquilo que se assemelha ao despotismo absoluto e à servidão, porque não pode subsistir senão por uma completa igualdade. O homem deve prestar contas à sua esposa da sua vontade, das suas ações e dos seus prazeres, porque seus bens e seu corpo pertencem a ela. Sua esposa deve igualmente lhe prestar contas sobre todos esses pontos. Não será dessa dependência relativa que nasce o direito que a mulher tem de repudiar um marido adúltero, assim como o dele de se separar de uma esposa infiel? Se o homem, como chefe, tem o direito de mandar em seu lar, de dispor daquilo que concerne à ordem de sua casa e da criação de seus filhos, ele só deve fazê-lo em harmonia com sua esposa, que é sua amiga e sua companheira.[24] Se Sara chamava Abraão de seu senhor, era por respeito que ela lhe dava esse nome. Abraão nada fazia sem o seu conselho. Ele mudou até mesmo o nome dela, que era Rescha, pelo de Saraï, que significa *minha senhora* ou *minha princesa*. Ele queria honrá-la com esse nome porque ela o chamava de *seu senhor*. O próprio Deus, na aliança que fez com ele, lhe ordenou que trocasse o nome dela de Saraï pelo de Sara, que significa *dama* ou *princesa*. Prova certa da igualdade que subsistia entre eles, e que ainda subsiste hoje entre o homem e a mulher.

24 São Pedro, epístola 13. (N. T.)

Capítulo V

Explicam-se algumas passagens das epístolas de são Paulo, e refutam-se as provas dos teólogos que abusam delas para provar a superioridade do homem

Desejo que saibais que Jesus Cristo é o chefe de todos os homens, que o homem é o chefe da mulher, e que Deus é o chefe de Jesus Cristo.[25] Fundamentam nesse texto a superioridade dos homens. Examinemos a solidez da prova. Que objetivo são Paulo se propõe aqui? Ele deve confirmar os coríntios nos regulamentos que prescreveu sobre a decência e a modéstia que as mulheres devem observar na igreja. *Desejo* – lhes diz ele – *que vós saibais que o homem é o chefe da mulher, e que todo homem que ora ou que profetiza com a cabeça coberta desonra sua cabeça.* Algumas mulheres, nesses primeiros tempos, imaginavam ter o direito de profetizar como os homens, e se serviam desse pretexto para aparecer sem véu. O apóstolo lhes faz ver que o homem é o chefe, ou seja, o senhor que a mulher deve escutar quando se trata de falar dos mistérios da religião, e de instruir os outros sobre eles na igreja, e que só a ele pertence esse direito pela instrução de Deus. Não é, portanto, a superioridade do homem naquilo que concerne ao casamento que ele quer estabelecer aqui, mas o ministério divino comunicado somente ao homem. Não é que Deus não tenha, algumas vezes, concedido o dom da profecia às mulheres: ele o concedeu a Miriam, irmã de Moisés; a Débora; à mulher de Isaías; a Ana, mãe de Samuel, e a Hulda.[26] Nós vemos, na nova lei, Ana, a Profetisa,

25 São Paulo, Epístola aos coríntios, 11, 3.

26 Êxodo, 15, 20; Juízes, 5; Isaías, 8, 3; Reis I, 2; Reis II, 22, 14; Lucas 2, 36; Atos, 21, 8.

e as filhas de Felipe, o Diácono. Favores notáveis que Deus lhes concedeu por certo tempo, para dar a conhecer que essa criatura lhe é tão cara quanto o homem, e tão capaz quanto ele de tratar das coisas divinas. Se o apóstolo proíbe as mulheres de se intrometerem no sacerdócio, é somente em relação àquelas que, não tendo recebido a inspiração divina, se apropriavam desse direito. Ele só lhes proíbe de falar na igreja para impedir a perturbação e a confusão.

Vocês se enganam se acreditam que são Paulo ordenou que as mulheres usassem um véu e uma longa cabeleira como sinais da sua submissão. *Se o homem é a glória de Deus, a mulher é a glória do homem.*[27] Não é porque ela lhe é submissa, mas porque ela é produto da carne do homem, a quem é glorioso ter fornecido a matéria para produzir uma criatura tão nobre. Homem, vós sois a glória de Deus; ele vos criou por si mesmo, mas se serviu de vós para criar a mulher, e é nisso que ela constitui a vossa glória. *Vós não haveis sido criado para a mulher, mas a mulher foi criada para vós,*[28] para ser vossa companheira, para colaborar convosco na propagação do gênero humano. *É nesse sentido* – continua o apóstolo – *que o homem não existe sem a mulher, e a mulher sem o homem.* Ou seja, embora apareça no exterior e na ordem civil uma desigualdade entre ambos, não acontece o mesmo em relação a Deus – que, vos tendo criado iguais, igualmente vos resgatou. *Como a mulher, no começo, foi extraída do homem, também o homem agora vem da mulher.*[29] Razão admirável, que ensina os homens a não se elevar acima dela. Se a mulher foi produzida uma única vez da sua carne, ela

27 São Paulo, Epístola aos coríntios, 11, 7.
28 Idem.
29 São Paulo, Epístola aos coríntios, 12.

tem sobre vocês a vantagem muito mais preciosa de colaborar de uma maneira mais completa para a propagação, porque ela lhes dá, de uma maneira mais particular, a origem e o nascimento.

O véu que são Paulo exige das mulheres assinala tão pouco a dependência delas que não é senão por respeito pelos anjos que ele lhes ordena que o usem no templo. Ele exige que elas apareçam com o rosto oculto na igreja para não serem o objeto involuntário da distração que os encantos da sua inocente beleza poderiam causar aos sacerdotes e aos homens. É, portanto, por respeito ao Deus que se adora nos templos, e por respeito à fraqueza dos homens, que poderiam se ocupar dos atrativos da criatura no momento em que devem pensar apenas no Criador, que são Paulo lhes impõe essa obrigação. Esse véu é um sinal de modéstia e de virtude que ele exige delas. É neste espírito que ele lhes diz que *é honroso para as mulheres deixar crescer os seus cabelos*, porque eles podem lhes servir como um véu para suavizar o brilho de sua beleza, por uma aparência de modéstia que lhes conferem. Ele fala segundo o uso do seu tempo ou, consequentemente, daquilo que ele quer persuadir as mulheres, quando acrescenta que *é vergonhoso para o homem deixar crescer seus cabelos*! A natureza não faz nada de inútil. Deus não deu aos homens e às mulheres esta multidão de cabelos que cobrem as suas cabeças para que uns os cortem ou os conservem mais que os outros. A religião jamais decidiu nada sobre esse assunto; ela proíbe somente o luxo e a vaidade. Nós não transformamos em tema de confissão, para as mulheres, o fato de não usar a cabeleira solta, como são Paulo prescreve, mas sim o fato de cuidar dela com demasiado desvelo e de fazer dela o tema de sua vaidade. Os usos particulares têm variado entre as nações. A cabeleira longa, entre os nossos gauleses, era um sinal de superioridade; o povo e os servos tinham os cabelos curtos ou a cabeça raspada. São Paulo tinha razão de falar assim em um tempo no qual só as mulheres usavam os cabelos longos. Devia, então, parecer vergonhoso aos homens querer ostentar um ornamento exterior que só estava em uso entre as mulheres.

Qual é o homem racional que pode se conter quando escuta a maioria dos nossos teólogos estabelecer a submissão das mulheres? Em que eles a fundamentam? Que provas lastimáveis as que eles apresentam. Eles a estabelecem: 1. Com base na lei natural que quer que aquele que tem mais juízo e melhor conduta governe aquele que tem menos; 2. Com base na lei positiva, que submete a mulher ao homem por causa do seu pecado; 3. Com base na lei do Evangelho, que renova esta obrigação; 4. Com base na ordem da criação, porque a mulher não foi criada primeiro, e porque o homem não foi formado da mulher, mas ela do homem; 5. Com base no direito civil. Das cinco razões, a segunda, estabelecida com base no texto do Gênese, texto suscetível de diferentes sentidos, não prova nada. A terceira é verdadeira com relação a esta dependência, como puramente legal e civil. A primeira, a quarta e a quinta são fúteis e ridículas. A primeira é falsa e desmentida pela segunda: porque, se é precisamente como punição do pecado que a mulher é submissa, esta submissão não é, portanto, uma consequência da sua natureza e da sua criação. *Maritum habere dominum meruit mulleris non natura, sed culpa.*[30] Quando santo Agostinho diz que a ordem natural exige que as mulheres sejam submissas, porque é necessário que a razão do mais fraco ceda à daquele que é o mais forte, nos

30 Santo Agostinho. *De Genesi ad litteram*, livro XI, cap. 37. ["Não é pela sua natureza, mas pela sua culpa, que uma mulher merece ter um marido como seu senhor." (N. T.)]

será permitido não pensar como ele nesse ponto, nem naquilo que ele diz em seguida: que, na lei de Moisés, foi permitido a um homem ter várias mulheres, e não a uma mulher ter vários maridos – aquilo que provém, segundo ele, do fato de que aqueles que nasceram para comandar amam naturalmente a singularidade. *Um senhor* – diz ele – *bem pode ter diversos servidores, mas um servidor não pode servir diversos senhores.*[31] Esta razão, de modo algum admissível, poderia provar a submissão das mulheres? Se foi proibido a uma mulher ter vários maridos, não será porque as relações de uma única mulher com vários são contrárias aos objetivos da geração? Porém, um homem pode ter várias mulheres porque as relações com um só, multiplicadas e partilhadas entre diversas mulheres, contribuem para a propagação exercendo a sua fecundidade. Entre os povos nos quais a poligamia estava em prática, o esposo se dividia igualmente entre suas esposas, e as via alternadamente. Os reis da Pérsia não se dispensavam dessa regra.[32] Para dizer que a lei natural que quer que aquele que tem mais juízo e razão seja superior àquele que tem menos prevaleça nesse ponto, seria preciso estar em condições de provar que as mulheres têm menos que os homens, aquilo que é absolutamente falso. Uma semelhante tese seria pouco honrosa para aquele que a defendesse. Ela seria a melhor prova do pouco bom senso dos homens que se tornassem partidários dela. Deus deu à alma da mulher as mesmas qualidades que à do homem. Por conseguinte, concedeu a ela o mesmo juízo e a mesma razão. Nenhuma lei divina jamais

31 *De bono conjugali*, cap. XVII; *Quaest. in Genes.*, cap 153.

32 Dom Calmet, Comentário sobre o Êxodo, XXI, 10, e sobre o Gênese, XXX, 16. [Augustin Calmet (1672-1757), religioso beneditino e historiador francês. (N. T.)]

as excluiu positivamente do sacerdócio ou do governo civil por um semelhante defeito. Se o Senhor as afastou do sacerdócio, não foi por falta de juízo e nem de virtude – foi por uma espécie de conveniência que ele atribuiu esse direito ao homem. Os exemplos de todos os séculos, que produziram tantas mulheres sábias e virtuosas no governo, são argumentos aos quais jamais se poderá retrucar, a menos que se diga que nisso Deus fez uma exceção à prática ordinária – então, seria admitir aquilo que eu sustento, porque toda a exceção confirma a regra.

Capítulo VI

Injustiça das leis humanas, que dão ao homem uma superioridade maior que aquela que Deus lhe conferiu

As leis humanas extraem sua força da lei divina, das quais elas são explicações ou consequências diretas. Porém, os homens fizeram sobre elas muitas instituições, naquilo que concerne à ordem externa e civil, e as compuseram ao seu bel-prazer. Ciosos de serem os senhores e de aparentar em tudo uma certa dominação, eles levaram mais longe do que deviam a dependência das mulheres. A que eles não as sujeitaram para afagar o seu amor-próprio? Elas não podem dispor de nada. Elas e seus bens se acham submetidos aos caprichos de um marido. Dar a um esposo todo o direito sobre o seu corpo é algo que a lei ordena. Ela estabelece, nesse ponto, uma igualdade de parte a parte. Porém, atribuir ao homem uma autoridade despótica sobre os bens e sobre a vontade da mulher é uma escravidão odiosa à natureza! Será que isso está de acordo com o espírito da religião, e será que não se seguem daí abusos bem funestos? Nada é mais justo que uma mulher não poder dispor do seu corpo – já que, em compensação, ela tem o mesmo direito sobre o homem. Mas querer estender esse domínio sobre os seus bens, a sua vontade e a sua própria liberdade não é outra coisa além de uma servidão! Por que sujeitá-la a um jugo que Deus não lhe impôs? Que fonte de desordens! Um homem esbanjador, jogador e galante encontra nesta dominação recursos para seus desregramentos. Absoluto, ele gasta, ele esbanja como lhe apraz, e obriga uma esposa desafortunada a consentir nisso. Quão fracos são, para ela, os recursos que o direito e que as leis lhe concedem nesses diferentes casos! Um avaro reduz uma mulher e alguns filhos ao vergonhoso gênero de vida que ele pratica. Ele os obriga a se expor em uma condição pouco adequada a sua situação. Ele os torna motivos de riso público. Será preciso, portanto, sob o pretexto da superioridade de um tal doido, que uma mulher viva na indigência, se é do gosto de seu harpagão[33] recusar-lhe o necessário. Que desgraça para ela! E que acréscimo de males se, por escrúpulo, ela se colocar sob a orientação de um casuísta idiota que, por ter lido que uma mulher não deve dispor de nada sem o consentimento de seu marido – e não sabendo distinguir os casos particulares e as exceções que esta lei pode sofrer – quiser convencê-la de que é um mérito viver assim. Se as leis tivessem dado ao homem e à mulher um poder recíproco sobre os seus bens e as suas vontades, assim como o Senhor insinuou pelo poder que lhes deu mutuamente sobre os seus corpos, veríamos menos desordem nas famílias. A prudente sabedoria de uma mulher

33 Referência a Harpagon, protagonista da peça *O avarento*, de Molière. (N. T.)

supriria a má conduta de um marido, e os filhos não carregariam tantas vezes os tristes sinais dos caprichos ou das loucuras de seus pais. Dizer que essa dependência está fundamentada na lei natural e no direito civil é falar em falso. Nem sempre foi assim em todos os povos, e muitas nações ignoram, ainda hoje, esta espécie de tirania. Que exemplo mais perceptível do que aquele que relato aqui, de um reino inteiro?

Quando Dario, filho de Histaspes, subiu ao trono dos persas, fez um festim magnífico para todos os dignitários de sua corte. O banquete durou oitenta dias e o número de convidados era proporcional à suntuosidade desta festa. No sétimo dia, o rei, mais alegre que de costume, por conta do vinho, enviou sete de seus principais eunucos para buscar a rainha Vasthi, com o diadema na cabeça, para que sua beleza fosse admirada por todas as pessoas. Ela recusou-se a ir, apoiada em uma lei do país que não permitia que as mulheres de alta condição comparecessem aos festins dos homens. Dario, encolerizado com a sua recusa, consulta aqueles que estão perto dele e lhes pergunta que pena merece Vasthi por ter desobedecido ao rei. Um deles responde que a rainha não somente ofendeu o rei, mas que o seu exemplo podia ter consequências incômodas, porque todas as mulheres dos persas e dos medos poderiam se autorizar, com isso, a desprezar as ordens de seus maridos. Ele conclui que é preciso que o rei repudie Vasthi, e que se anuncie em todo o império que os homens têm todo o poder, cada um dentro de sua casa, e que as mulheres, de qualquer condição que sejam, lhes devem todo tipo de respeito e de obediência. Esse édito foi publicado e Ester se tornou a nova esposa do rei.[34] Portanto, será que a submissão e

34 Dom Calmet, *História do Antigo Testamento*, tomo I, p.227.

a dependência das mulheres tinha sido, até então, desconhecida nesses vastos reinos? Será que, portanto, ela não está fundamentada na natureza e nem no direito civil? Pois bem, quantos povos e legisladores desconheceram, assim, esta primeira igualdade estabelecida pela natureza!

Capítulo VII

Exemplos que provam a igualdade da mulher. Sua capacidade para o governo e para as ciências. Sua inclinação para a virtude, maior que a do homem

Admitir que a mulher foi feita, como o homem, à imagem de Deus, é dizer que ela recebeu, como ele, a mesma faculdade de pensar e de raciocinar, e que ela pode ser, por conseguinte, igual a ele no que concerne ao espírito e ao coração. Seria preciso ignorar a história dos séculos e da literatura para pôr em dúvida aquilo que digo aqui. Entre os hebreus, as mulheres algumas vezes exerceram a função de juiz. Elas vigiavam e ficavam de sentinela na porta do tabernáculo. Essa antiga prática de ver as mulheres fazerem a guarda na entrada do palácio dos reis do Oriente subsiste ainda hoje na corte dos reis da Pérsia.[35]

Deus escolhe aquele que parece fraco aos olhos dos homens para humilhar o seu orgulho e para confundir aqueles que se creem os mais fortes, diz o apóstolo.[36] Quantas mulheres ilustres existem no Antigo Testamento! Débora, sentada sob uma palmeira, julga o povo de Israel e, armada com o gládio do Senhor, abate os inimigos de seu nome. Judite, a glória de Jerusalém, corta a cabeça

35 Êxodo, 38, 1; Reis, 11, 22; Dom Calmet, op. cit.

36 São Paulo, Primeira epístola aos coríntios, 1, 27. (N. T.)

do soberbo Holofernes. Ester faz revogar a édito do poderoso Assuero[37] e salva o povo judeu pondo em risco a sua própria vida. A mãe dos Macabeus vê com um olhar intrépido seus filhos no meio da tormenta, e sucumbe generosamente com eles sob a espada do bárbaro Antíoco.[38] Que coragem máscula! Quanta intrepidez nessa multidão inumerável de virgens e de mulheres que o ferro e o fogo não fizeram empalidecer, e que sobrepujaram a crueldade dos carrascos! É a uma mulher que o Salvador explica o profundo mistério da graça. É a Madalena que ele declara, preferivelmente a seus apóstolos, a verdade da sua ressurreição. São Paulo honrava as Priscilas, as Marias e tantas outras das quais fala com elogio em suas cartas. O Discípulo Bem Amado[39] escrevia à devota Electa. Esses primeiros doutores acreditavam que o sexo feminino era digno de ser iniciado nos segredos da lei, e capaz de penetrar nos mistérios mais sublimes.

Se voltamos à história dos séculos posteriores, quantos exemplos que fazem honra ao sexo feminino! A Donzela de Orleãs, essa generosa moça que salvou a França e que combateu à frente dos franceses. Cristina, rainha da Suécia, que governou seus estados com tanta sabedoria, que cultivou as ciências com tanto sucesso. Tantas ilustres princesas que estiveram à frente de seus conselhos. As Dacier, as Des Houlières que se assinalaram entre nós pelo seu vasto conhecimento das línguas e pela beleza de seus escritos. Será que toda Paris não admira ainda hoje os talentos da marquesa du Châtelet, tão conhecida pelos sentimentos do coração e pelos encantos do espírito? Quem

37 Nome bíblico do rei persa Xerxes I. (N. T.)
38 Antíoco IV, rei da Síria entre 175 a.C. e 164 a.C. (N. T.)
39 João Evangelista. (N. T.)

ignora o nome de madame Dupin,[40] cuja casa é como o santuário das ciências e a academia particular dos sábios, que a respeitam e a consultam? Rouen e Toulouse não premiaram madame du Bocage[41] e madame de Montégut?[42] Uma multidão de outras, que não menciono para não repetir aquilo que tantos autores disseram antes de mim, não serão provas incontestáveis de que as mulheres não ficam nada a dever aos homens com relação ao espírito e ao coração? O que eu não poderia dizer em favor delas quanto a esse último aspecto? Elas têm a sensibilidade do coração mais delicada que a nossa. Mais amigas da honra, mais gratas e mais sensíveis, seu caráter terno e afável as faz serem amadas. *Não nego* – diz o sábio dom Feijoo,[43] beneditino espanhol – *que existam mulheres entregues ao vício. Mas, infelizmente, se examinarmos a genealogia de suas desordens, será que não descobriremos que elas têm a sua primeira origem na instigação dos homens? Quem quiser tornar boas todas as mulheres deve começar por converter todos os homens. A natureza pôs nelas o pudor para lhes servir de barreira contra toda a artilharia do desejo carnal, e acontece muito raramente de se abrir uma brecha nessa muralha pela parte interior da fortaleza.* A religião encontra nelas um acesso fácil. Fiéis às suas leis por virtude, e menos hipócritas que nós, elas mereceram que a Igreja as chamasse de *sexo devoto*. Entrem nas nossas igrejas e comparem o número de mulheres

---

40 Louise-Marie-Madeleine Guillaume de Fontaine (1706-1799). (N. T.)

41 Anne-Marie du Bocage (1710-1802), poeta francesa nascida em Rouen. (N. T.)

42 Jeanne de Montégut-Sègla (1709-1752), poeta francesa nascida em Toulouse. (N. T.)

43 Benito Jerónimo Feijoo (1676-1764), religioso e erudito espanhol. Sua obra mais conhecida é o *Teatro crítico universal*, publicado entre 1726 e 1740. (N. T.)

que assistem aos ofícios e que frequentam os sacramentos com o dos homens. Que vergonhosa disparidade! Seria possível acreditar que, entre nós, somente as mulheres são cristãs.

Do homem mais inflexível em suas vontades, uma mulher, no entanto, fará tudo aquilo que quiser, desde que tenha muito espírito, bastante beleza e um pouco de amor. As mulheres nunca estão tão prontas para nos trair como quando as amamos de boa-fé. A malícia, o amor e a contradição são os alimentos das mulheres. A mulher é um animal amável, mas inconstante por sua natureza. Eis aí os dardos satíricos que comumente são lançados contra elas. Reflexões usuais que, por serem antigas, nem por isso são menos falsas em geral, embora acidentalmente possam se confirmar.

Quase sempre, os homens só falam tão mal das mulheres para se vingar do seu pudor, que lhes parece demasiado austero. Será que são as mulheres que comumente propõem aos homens aquilo que pode ser contra o seu dever? Trata-se de um caso tão raro que não permite concluir nada. Os homens as tentam, as seduzem, e muitas vezes esses patifes ingratos as abandonam, longe de legitimar por uma aliança mútua a falta de sua conduta. Escuto algumas vezes pessoas que condenam com um zelo odioso a fraqueza das pessoas do sexo feminino que se entregam imprudentemente aos prazeres do amor. Elas as veem com desprezo e insultam a sua fraqueza. Porém, se esses carolas severos ou esses devotos duvidosos se encontrassem em certas conjunturas delicadas, iriam todos talvez mais longe do que essas culpadas que eles condenam. Somos fortes quando não conhecemos o perigo e quando jamais nos expusemos a ele. Existem momentos infelizes nos relacionamentos da vida dos quais só nos recobramos depois de nossa queda. O sábio foge dessas situações, porque compreende a verdade desta máxima: *Nunca é possível responder por si.*

Capítulo VIII

O convívio com as mulheres é tão perigoso quanto se pensa? Ele pode ser permitido, indiferentemente, a todos os homens? Responde-se a algumas passagens das Escrituras que parecem dar uma ideia pouco favorável sobre ele

Toda criatura racional nasceu para a sociabilidade. Ela exige naturalmente o relacionamento com o seu semelhante. Querer excluir as mulheres dessa regra é nos privar da porção mais amável da humanidade, da qual elas são as delícias. Nada é mais apropriado para formar o espírito e o coração, para inspirar sentimentos e para ensinar as práticas da sociedade do que a conversação com um sexo mais engenhoso e mais delicado. Quantas pessoas devem ao convívio com as mulheres a sua educação, a sua fortuna, o seu mérito e os talentos que as distinguem no mundo! Quantos momentos agradáveis não se passam com elas? De quantos prazeres sólidos não se desfruta em círculos dos quais elas são a alma? Sem elas, tudo definharia na natureza, e o homem, privado de tal convívio, não passaria de um animal bruto e selvagem. A religião jamais proibiu essa convivência, mas prescreve algumas regras que a tornam sensata e virtuosa. Não a proíbe nem mesmo a seus ministros. Ela lhes ordena somente que sejam mais reservados e mais discretos com relação à mulher. Os apóstolos tinham mulheres que os acompanhavam em suas viagens, e que cuidavam de suas necessidades. Como esse uso era comum entre os judeus, ninguém se escandalizava com isso.[44]

---

44 São Jerônimo sobre são Mateus, 27; Lucas 8, 1-3; São Pedro; Primeira epístola aos coríntios, 9, 5.

Na Igreja, as próprias viúvas participavam do ministério.[45] Eram mulheres pias e devotas, dirá alguém. Eu sei, e seus discípulos, a seu exemplo, jamais deveriam conhecer outras. Os apóstolos eram santos, fortalecidos pela graça, acrescentará algum outro. Reconheço; mas, enfim, eram mulheres, e eles eram homens. Prova suficiente para crer que a convivência com mulheres sábias e virtuosas jamais foi interdita aos próprios sacerdotes. Se existem pessoas fracas, cabe a elas ter consciência disso e não se expor. Se fosse preciso condenar tudo aquilo de que se abusa, se proscreveria todos os dias tudo aquilo que existe de mais sagrado na religião. A convivência entre homens e mulheres em geral sempre foi permitida, embora acidentalmente, e com relação a alguns casos particulares, ela possa ser perniciosa. Cabe a cada um de nós consultar seu coração e seu temperamento e evitar aquilo que sabe lhe ser pernicioso. Condenemos o abuso, mas não proscrevamos o uso daquilo que é útil e vantajoso. São Jerônimo, que criticava com tanto ardor as desordens que reinavam no seu tempo no relacionamento com as mulheres – ele, que conhecia por experiência a força da paixão que nos domina – relacionava-se, no entanto, com algumas damas romanas que o visitavam, e que ele orientava através dos seus conselhos e das suas cartas.

Assim como a traça se engendra nas roupas, a iniquidade do homem provém da mulher. Um homem que vos faz o mal vale mais do que uma mulher que vos faz o bem, dizem as Escrituras.[46]

Será que o Espírito Santo pretendia, com as suas palavras, condenar a mulher como uma criatura ruim? É sem razão que, por falta de compreender o sentido, servem-se disso contra ela.

---

45 Dom Calmet, *História do Antigo Testamento*, tomo I, p.327 e 526.

46 Eclesiastes, 42, 14.

A maldade de um homem que nos aflige é, para nós, uma questão de paciência, ao passo que a simples visão de uma mulher sábia e benfazeja para conosco pode se tornar para nós um motivo de queda, pela estima que concebemos naturalmente por ela quando ela nos favorece. Eis aí o verdadeiro sentido desse texto, que é tão pouco honroso para o homem que ele nem deveria mencioná-lo. Ele mostra a corrupção dos homens, a atração que eles têm pelo mal. Eles não poderiam estar muitas vezes entre as mulheres sem perigo. A beleza delas os seduz. Pouco senhores de si, eles não podem ver sem perturbação e sem amor algumas mulheres que tantas vezes se encontram entre eles sem perturbação, sem paixão e, até mesmo, algumas vezes, sem gostar deles. O homem ama naturalmente a mulher. Porém, como esse amor, inocente em seu princípio, pode se tornar perigoso em suas consequências, o Espírito Santo adverte, por meio dessas palavras, que se deve desconfiar de seu próprio coração e reconhecer a sua fraqueza para evitar o perigo. Encontro mil passagens, nas Escrituras, nas quais Deus adverte os homens para evitar o convívio com as mulheres, e nas quais ele expõe o perigo disso. Porém, quase não encontro passagens nas quais ele ordene às mulheres que fujam da convivência com os homens, como lhes sendo igualmente perniciosa. Provas seguras de que o homem é o mais fraco e o animal mais perigoso para a mulher.

Tudo aquilo que os Padres[47] disseram de mais forte sobre esse assunto não prova nada contra elas. Eles não pretenderam vetar o convívio com elas, por meio das expressões injuriosas que não puderam evitar. Eles só quiseram nos prevenir. Os maiores

47 Nome dado aos primeiros doutores da Igreja. (N. T.)

homens dentre eles sempre se orgulharam de conhecê-las e de manter com elas um relacionamento sábio e espiritual, que devemos imitar. *Os clamores que são lidos nos escritores sacros contra as mulheres são endereçados àquelas que são desregradas*, diz dom Feijoo. *Mas, ainda que se referissem ao sexo feminino em geral, não se provaria nada com isso. Os médicos das almas clamam contra as mulheres assim como os médicos dos corpos clamam contra os frutos, que se tornam nocivos pelo abuso, embora sejam bons, úteis e belos por si mesmos.*

Em vão me contestariam com esta multidão de escritos escandalosos que tantos autores lascivos compuseram contra as mulheres. Que se confiem à autoridade de Aristóteles, que se compraz em desvelar com tanta arte os defeitos físicos e morais que elas têm. Graciosa autoridade contra o sexo feminino, a de um filósofo que tinha duas mulheres, e que levou a extravagância ao ponto de oferecer incenso, como a uma divindade, àquela que ele amava com mais ardor. Ele, que se divertia muito distraindo-se da filosofia com a sua criada. Eurípides, que fala tão mal das mulheres em suas obras teatrais, Boccaccio, Petrônio etc., que escreveram tão insolentemente contra elas, eram impudicos de profissão. Quantos homens escrevem e falam ainda hoje contra elas, para disfarçar a atração que os domina! Assim, é muito verdadeiro dizer que aqueles que mais falam contra os defeitos das mulheres em geral são, comumente, os que na intimidade são mais apaixonados por eles.

Capítulo IX

Será permitido amar as mulheres? Quais são as regras e a finalidade que devemos nos propor nesse amor?

Condena-se comumente como criminoso ou como perigoso o amor dos homens pelas mulheres, e o das mulheres pelos homens, porque eles são considerados uma consequência do pecado e um dos efeitos funestos da concupiscência – falso princípio no qual se apoiam os nossos casuístas, que, como muitos outros, nem sempre escreveram o que pensavam, ou nem sempre pensaram com justeza. Falemos com verdade: Deus gravou no coração de nossos primeiros ancestrais esta atração mútua entre os dois sexos, que eles nos transmitiram como uma consequência da criação e como o laço divino pelo qual Deus quis unir todas as criaturas racionais. Portanto, é permitido que os dois sexos se amem reciprocamente. Dizer que se deve apenas estimar as mulheres é abusar das palavras para disfarçar a verdade das coisas. A estima e a amizade só dizem respeito às pessoas de um mesmo sexo, mas o amor é propriamente a atração natural que os dois sexos têm um pelo outro. O que é, pois, este amor que nasce e que só morre junto conosco? Ele foi definido como *um não sei quê que vem de não sei onde e que vai embora não sei como.* Falemos mais claramente. O amor é a voz do coração, a expressão, o grito da natureza pelo seu semelhante; é um sentimento da alma que a graça regula em nós, mas que ela não destrói, porque este amor é um dom da natureza, um benefício da criação. Assim pensa todo homem racional. O que haverá, pois, que possa incitar o zelo dos doutores que o condenam? Quando este amor, conduzido pela religião, se limita às conveniências que a proximidade do sangue ou o bem da sociedade civil exigem de nós, então ele é justo, tal como Deus o inspirou em nós, e permitido a todos, indiferentemente – fundamentado nesse princípio escrito em nosso coração pela mão da natureza, de que *todo o animal ama seu semelhante*. Ele é até mesmo autorizado pela religião, que nos diz que *nenhum homem odeia a sua própria carne*. E que não me objetem que essas palavras se referem apenas às pessoas casadas. É sobre essas palavras que se fundamenta este amor mútuo que devemos uns aos outros. Não é precisamente pelo casamento, mas pela criação, que a mulher é a própria carne do homem. Adão a via como sua própria carne antes que ele a conhecesse. O relacionamento do casamento nada mais faz que consolidar, que tornar este amor mais precioso e mais respeitável. Como o amor tende naturalmente a uma união e a uma posse mútua, que não é igualmente permitida a todos, eis em que ele pode ser perigoso em suas consequências, embora seja inocente em seu princípio. Puro e legítimo em si mesmo e permitido igualmente a todos, seu objetivo, concedido a uns e recusado a outros, torna esses últimos até mesmo desobedientes à lei, que lhes proíbe até de desejá-lo, embora não possa criminalizar o seu sentimento. Não é, portanto, este amor em si mesmo, mas o desejo da posse do objeto amado, que a lei proíbe. É permitido aos dois sexos, em todas as condições, se amar, mas não lhes é permitido se unir entre si. As leis civis estabeleceram, sobre esse assunto, leis justas e invariáveis. Amemo-nos mutuamente, provemos, por nossas amabilidades e por nossas atenções respeitosas, o amor que nos vincula uns aos outros. Não há nada de mais legítimo e de mais agradável nos relacionamentos da vida do que este amor recíproco. Porém, permaneçamos, quanto a isso, nesses deveres exteriores que exige de nós a sociedade civil. Evitemos transpor o limite sagrado que a religião nos prescreve e que só o sacramento pode suspender. Porém, lamentavelmente, como é difícil reprimir a natureza sempre rebelde à lei que lhe prescreve limites! Como uma mulher que junta o espírito à beleza é eloquente! Como ela é amável! Como ela é perigosa! Como é difícil se defender dela! Será que não se veem todos os dias os homens mais austeros concedendo às mulheres aquilo que terão constantemente recusado a outros homens? Será por fraqueza ou por paixão que eles se deixam inebriar? Estou convicto de que não, e de que eles ficariam desgostosos em violar a integridade da sua virtude. Porém, a presença de uma mulher agradável e espirituosa desperta neles esse sentimento da natureza que decide, tantas vezes contra a nossa vontade, em seu favor.

A mulher é como uma flor brilhante e delicada, cujo fulgor impressiona e alegra. Quando se toca nela imprudentemente, ela perde seu brilho, ela murcha. É com essa intenção que recomendam tanto que zelemos pelo nosso coração no relacionamento com as mulheres, pelo temor de que ele escape de nós sem que tenhamos tempo para pensar. Nesse mundo, somos todos semelhantes a duas pessoas obrigadas a andar por um caminho estreito e escorregadio. Elas dão as mãos, se apoiam mutuamente. Porém, muitas vezes, a mais fraca, desequilibrada pelo movimento da outra, que tropeça, dá um passo em falso com ela e a acompanha em sua queda. Felizes de nós, se nos fosse permitido andar sempre sozinhos por um caminho tão lúbrico!

FIM

Madeleine de Puisieux
(1720-1798)

A mulher não é inferior ao homem[1]

Dissertação na qual se prova que a mulher não é inferior ao homem

Capítulo I

Introdução

Se um autor célebre não tivesse dito que não há nada na natureza que seja tão surpreendente quanto ver os homens capazes de surpresa, será que poderíamos – a não ser que fôssemos inteiramente desprovidos de bom senso – deixar de ficar extremamente espantados com o poder que os preconceitos e o costume têm sobre o espírito dos homens? Deveríamos, naturalmente, esperar ver esses seres feitos para dominar, como eles modestamente se qualificam, ciosos de sua superioridade, e muito preocupados em conservá-la. No entanto, se excetuarmos a autoridade tirânica que eles exercem sobre nós, mulheres, descobriremos que todos os seus esforços se resumem a pleitear a servidão mais vil. Se a sua ambição fosse louvável e justa, ela estaria de acordo consigo mesma, e esta coerência os

1 *La femme n'est pas inférieure à l'homme* (Londres, 1750). (N. T.)

tornaria igualmente dominantes em todas as ocasiões em que a autoridade é necessária para se sustentar. Se a força exterior do corpo fosse para eles um motivo suficiente para dominar a nós, que somos de uma constituição mais delicada, a superioridade da razão sobre a paixão deveria fazê-los se envergonhar de submeter esta razão à paixão, aos preconceitos e a um costume sem fundamento. Será que esse sexo arrogante quer nos fazer crer que ele tem sobre nós um direito natural de superioridade? Por que ele não nos prova o privilégio que recebeu da natureza, servindo-se da sua razão para dominar as suas paixões? Nós não ignoramos que temos a razão; é a única prerrogativa que a natureza nos deu para nos elevar acima da esfera dos animais sensíveis. Esta mesma razão que nos faz sentir a nossa superioridade sobre eles também nos ensinaria a dos homens sobre nós, se pudéssemos descobrir neles um mínimo grau de senso acima daquele que nós temos. Mas nós não poderíamos – sem faltar com essa própria razão – nos reconhecer inferiores a criaturas que não têm o bom senso do qual se ufanam a não ser para se submeter cegamente às paixões que têm em comum com as bestas. Se víssemos os homens, em todos os tempos e em todos os lugares, senhores de si mesmos, mantendo suas inclinações animais totalmente subordinadas às suas faculdades racionais, teríamos motivos para acreditar que a natureza os destinou a ser os nossos senhores – tanto mais pelo fato de que nós nem sempre podemos nos gabar de exercer um domínio tão completo sobre nós mesmas. Mas como poderíamos conceber uma semelhante ideia dos homens, quando os vemos com uma ambição de dominar que não pode ser satisfeita senão por uma autoridade absoluta, de buscar a escravidão mais vil, prostituindo sua razão às suas paixões grosseiras, deixando que seu bom senso seja cativado pelos preconceitos, e sacrificando a um costume pouco judicioso a equidade, a verdade e a honra?

Como existem coisas que essas criaturas soberanamente sábias consideram verdades incontestáveis, sem ter condições de apresentar a razão de suas opiniões! Eis a causa disso: é que eles se deixam levar pelas aparências. Para eles, tudo aquilo que tem a aparência de verdadeiro deve ser assim, porque o ponto de vista pelo qual eles percebem as coisas ocupa para eles o lugar da convicção. Quando a evidência não é encontrada em seus princípios, o erro vem em seu auxílio e conserta o defeito por meio de probabilidades em suas deduções. Em poucas palavras, como supõem sem nenhuma razão, eles raciocinam sem fundamento e, consequentemente, teriam defendido com a mesma veemência a negativa daquilo que afirmam, se o costume ou a impressão dos sentidos os tivessem determinado a isso da mesma maneira.

Não faz muito tempo que a crença nos antípodas[2] era considerada, na filosofia, como uma heresia. A ignorância, paramentada com as prerrogativas do costume, e apoiada pelas aparências da razão, justificava a opinião contrária. E os filósofos mais sérios estavam convencidos disso, ou pelo menos aparentavam estar, de maneira que teria sido a maior temeridade tentar combatê-los. No entanto, o fato foi provado, depois, tão incontestavelmente, que somente o excesso de loucura ou a ignorância mais profunda podem fazer duvidar dele.

A revolução constante dos dias e dos anos fez com que os antigos astrônomos acreditassem que todos os globos celestes giravam ao redor da Terra, e o costume, sempre imperioso, convenceu

---

2 Ou seja, a ideia de que existam pessoas vivendo no ponto diametralmente oposto do planeta no qual estamos. (N. T.)

a maior parte dos Grimaux[3] do nosso tempo a adotar a mesma opinião. No entanto, quando examinamos maduramente essas fases, elas podem igualmente nos fazer pensar que a própria Terra é um planeta e que se move, como os outros, ao redor do Sol. Qual é, pois, a superioridade de razão que essas crianças decrépitas têm sobre os jovens? Ambos raciocinam com base nas aparências. As primeiras dizem, de acordo com as diferentes posições da Terra e do Sol, que existe movimento em um desses dois corpos; e porque eles não sentem nenhuma agitação na Terra que habitam, logo concluem daí que é o Sol que gira em torno deles, e não eles em torno do Sol. Os últimos, não se apercebendo do movimento de uma carruagem – na qual estão –, imaginam estar imóveis, e que são as casas que passam diante deles. Será que ambos não julgam de acordo com os mesmos princípios? Sim, mas com a diferença de que os últimos são menos teimosos que os primeiros, e que não é tão difícil tirá-los do erro e fazê-los retornar à verdade.

Do mesmo modo que os selvagens que habitam as regiões desconhecidas das Índias – e que, diga-se de passagem, não são de uma espécie diferente da dos nossos homens da Europa –, por falta de conhecer o mecanismo de um relógio, são levados a crer que espíritos invisíveis estão presos nele e fazem agir suas engrenagens, nossos cegos seguidores de Descartes não se envergonham de ter uma confiança religiosa nele, e de acreditar que toda a criação animal não é outra coisa que diferentes espécies de autômatos ou relógios que se movem por si mesmos – embora se saiba muito bem que seu mestre era muito sensato para acreditar em seu próprio sistema, e que só o imaginou para se divertir e impressionar os tolos.

3 Não conseguimos identificar esse personagem. (N. T.)

Os homens que tiveram o grande cuidado de se apoderar dos assuntos de religião, assim como de todos os outros, seguem, nessa matéria, tão pouco os preceitos da razão quanto em todas as outras. Tanto melhor se eles tiveram a felicidade de nascer em um país onde a verdadeira religião seja reconhecida, porque aquela que eles sugaram junto com o leite materno é, para eles, a única boa. Eles não têm outras provas da excelência que lhe concedem além do fato de que essa era a crença de seus ancestrais. De acordo com esse preconceito, eles estão fortemente ligados a ela como sendo a única verdadeira – e, sem se dar ao trabalho de fazer exames ou comparações, condenam todas as outras como errôneas. Eis precisamente o caso no qual se encontra a grande maioria dos homens: os judeus, os maometanos e os pagãos se comportam da mesma forma. Nenhum país nos agrada tanto quanto o nosso; levamos esse preconceito tão longe que, por pouco que a honra e o interesse de nossa nação estejam interessados, é raro que façamos justiça às outras, ainda que a razão esteja evidentemente do lado delas. Trata-se de uma fraqueza à qual os homens mais sábios estão igualmente sujeitos. Há mais: tamanha é a imbecilidade desse sexo, assim como do nosso, que os próprios ofícios são matéria de preconceitos. Um tolo que seja da nossa profissão será quase sempre mais bem recebido em nossa companhia do que um homem sábio que não o seja. Até mesmo a diferença entre as moradias, que as imposições e a confusão introduziram entre os homens, tem enganado a multidão e lhe feito acreditar que a mesma desigualdade subsiste também entre os homens.

Se quisermos nos dar ao trabalho de remontar até à fonte desta diversidade dos erros populares, será que poderíamos apresentar outras causas para ela além do interesse e do costume? No entanto, tamanha é a influência que o costume, mesmo o mais irracionalmente introduzido, exerce sobre o espírito dos homens, que seria bem menos difícil fazê-los se desligar dos sentimentos que eles adotaram com base na evidência mais convincente da razão e da verdade do que fazê-los se arrepender dos preconceitos que lhes são inspirados pelo costume.

Eu jamais terminaria este livro se entrasse nos detalhes de todas as noções absurdas nas quais o costume mergulhou os homens. Embora não exista nenhum absurdo maior que a extrema diferença que eles estabeleceram entre o seu sexo e o nosso, é preciso reconhecer que não há nenhum erro popular mais antigo e mais universalmente acreditado. Tanto os sábios quanto os ignorantes estão imbuídos da opinião de que os homens são realmente superiores às mulheres, e de que a dependência na qual eles nos mantêm é a verdadeira condição à qual a natureza nos destinou. De modo que defender uma doutrina contrária a um preconceito tão antigo deve parecer um paradoxo tão grande quanto o que outrora assegurava que no outro hemisfério existiam homens que andavam de cabeça para baixo com relação a nós. Somente um exame preciso pode fazer conhecer que um está tão em conformidade com a verdade quanto o outro. Porém, a que juiz recorreremos? Que provas podem ser admitidas em um caso tão delicado, que interessa à grande maioria do gênero humano, e no qual se trata de decidir que lado deve levar vantagem sobre o outro? Nós não pedimos outra testemunha que não seja a verdade pura e simples e sem disfarces. Se os homens tiverem bastante generosidade para se confiar a ela, não temos motivos para temer tudo aquilo que eles poderão alegar em seu favor. Esperamos mesmo, por amor a eles, que, qualquer que seja sua disposição com relação a nós, eles não ousem recusar um testemunho tão imparcial e tão incontestável.

Mas quem fará este exame? Nós estamos muito interessadas na decisão para sermos aceitas como testemunhas nesta causa, e menos ainda como juízas. A mesma razão impede os homens de ser admitidos em ambas as funções. No entanto, nós temos tanta confiança na justiça de nossa causa que, se os homens fossem mais equitativos e se os seus julgamentos fossem menos corrompidos, aceitaríamos de bom grado a sentença deles. Porém, no estado em que estão as coisas, somos obrigadas a apelar para um juiz menos predisposto.

Até o presente, só se tratou superficialmente da diferença entre os dois sexos. No entanto, os homens, arrastados pelo costume, pelo preconceito e pelo interesse, tiveram bastante segurança para decidir em seu favor, porque a posse os punha em condições de exercer a violência no lugar da justiça, e os homens do nosso tempo tomaram a mesma liberdade sem nenhum exame e baseados no que disseram os outros. Em vez disso, para julgar sadiamente se o seu sexo recebeu da natureza alguma preeminência real sobre o nosso, eles deveriam ter se despojado inteiramente da parcialidade e do interesse, e não se apoiado em rumores em vez da razão – sobretudo quando aqueles que são autores deles são ao mesmo tempo partes interessadas.

Se um homem pudesse banir toda a parcialidade, e pudesse se colocar por um instante em um estado de perfeita neutralidade, ele estaria em condições de ver, e seria forçado a reconhecer, que, se as mulheres são bem menos estimadas que os homens, e se são concedidas muito mais excelência e superioridade aos últimos que às primeiras, as únicas causas disso são o preconceito e a falta de reflexão. Em poucas palavras: se os homens fossem filósofos, considerando essa palavra em seu sentido preciso, eles se aperceberiam sem dificuldade que a natureza pôs uma completa igualdade entre os dois sexos.

Mas, como existem muito poucos dentre eles que são capazes de uma maneira de pensar tão abstrata, eles não têm mais direito do que nós de se constituir juízes nesta matéria – e, por conseguinte, estamos na necessidade de recorrer a um juiz menos parcial, incapaz de se predispor por nenhuma das partes, e que, consequentemente, não seja recusável. Essas qualificações convêm visivelmente à razão bem depurada, já que ela é uma faculdade pura e intelectual, sem preferência por nenhum sexo, e igualmente interessada no bem-estar de toda a espécie racional em geral e em particular. É ao juiz que remetemos nossa causa. Estamos prontas a aquiescer à sua decisão, qualquer que ela possa ser. E se, conforme o testemunho da verdade, a razão decidir que somos interiores aos homens, nos submeteremos de bom grado a seu julgamento. Porém, o que aconteceria se, depois de um exame judicioso, sua sentença nos fosse favorável? Toda a autoridade que os homens têm exercido sobre nós até o presente não apareceria mais, então, senão como uma usurpação injusta da parte deles, que eles só podem expiar validamente nos restituindo ao estado de igualdade em que a natureza nos havia colocado outrora. Até que estejam nesse ponto de equidade, os erros imaginários com os quais eles sobrecarregaram todo o nosso sexo – e que, se têm alguma aplicação, só podem recair sobre um número muito pequeno de nós, que eu não pretendo justificar – não poderão ser considerados senão como pequenas chicanas graças às quais eles querem fazer os deles serem esquecidos. Assim, para abordar este assunto do ponto de vista mais claro, será bom libertar nossas ideias de tudo aquilo que elas têm de confuso e de embaralhado, separando o imaginário do real, o obscuro do evidente, o falso do verdadeiro, a suposição do fato, as verossimilhanças das essências, a prática do princípio, a opinião da persuasão, a dúvida da certeza e o interesse e o preconceito da justiça e do julgamento correto. Para esse efeito, examinemos por ordem quais são as ideias gerais que os homens conceberam sobre o nosso sexo, sobre qual fundamento eles construíram as suas opiniões e quais são para nós – e para eles mesmos – os efeitos do tratamento que recebemos deles como consequência de sua presente opinião. Examinarei de passagem, no decorrer deste pequeno tratado, se existe alguma diferença essencial entre os sexos que possa justificar a superioridade que os homens reclamam sobre as mulheres, quais são as suas causas, e como é preciso explicar a diferença aparente que dá forma à sua pretensão.

Se, depois de um exame judicioso, não surgir outra diferença entre os homens e nós além daquela que a sua tirania imaginou, ver-se-á o quanto eles são injustos de nos recusar um poder e uma prerrogativa que estamos no direito de compartilhar com eles; o quanto eles são pouco generosos em disputar conosco a igualdade de estima que nos é devida, e a pouca razão que eles têm de ser superiores com base na posse em que estão de uma autoridade que a violência e a usurpação ilegítima pôs em suas mãos. Que eles justifiquem, pois, se puderem, os procedimentos injustos, para não dizer a barbárie grosseira, que exercem todos os dias sobre uma parcela da criação da qual depende a sua felicidade, e que está inseparavelmente ligada a eles.

Capítulo II

Que consideração os homens têm pelas mulheres, e se é com justiça

Se cada homem em particular fosse obrigado a declarar o que pensa do nosso sexo, nós os acharíamos todos de acordo em dizer que somos feitas para o seu uso, que só prestamos para fazer filhos e para criá-los em seus primeiros anos, para dirigir uma casa, para servir, obedecer e agradar aos nossos senhores, ou seja, a eles. Tudo isso é admirável e não poderia deixar de ter muito peso na boca de um muçulmano, no meio de um serralho repleto de escravas. No entanto, eu não poderia considerar esse raciocínio como algo além de palavras enfáticas e de expressões ridículas e pomposas, que são mais fáceis de se dizer que de se provar.

Os homens parecem concluir que todas as outras criaturas foram feitas para eles, pelo fato de eles próprios só terem sido criados quando tudo se achava pronto para o seu uso. Não tentarei fazer ver o quanto esse raciocínio é pouco sólido; mas, supondo que ele tenha algum peso, estou certa de que provaria que os homens foram feitos para o nosso uso, mais do que nós para o deles. É certo que a tarefa de criar os filhos nos pertence, assim como só a eles cabe a tarefa de engendrá-los. Se essa última lhes dá algum direito à estima e à consideração pública, a primeira faz com que mereçamos uma porção igual, já que a colaboração imediata entre os dois sexos é tão essencialmente necessária à propagação da espécie humana que um seria absolutamente inútil sem o outro. Que direito eles têm, portanto, de nos desprezar e de pretender a superioridade sobre nós por causa de uma função que eles partilham igualmente conosco!

Sabe-se por demais, para dissimulá-lo, que os homens veem com um olhar de desprezo a tarefa de criar os filhos, e que essa é, a seus olhos, uma função baixa e vil. Porém, se eles consultassem a natureza sobre esta matéria, perceberiam, sem que lhes fosse dito, que não existe nenhuma tarefa no Estado que mereça ser mais homenageada, encorajada e recompensada. Bastaria pensar nas vantagens que dela extrai o gênero humano para ser obrigado a reconhecer isso. Nem sei mesmo se as mulheres não mereceriam, só por essa razão, a primeira posição na sociedade civil.

Por que motivo, com que finalidade os indivíduos da espécie humana teriam formado sociedades, a não ser para estar em melhores condições de conservar suas vidas, e para usufruir pacificamente de tudo aquilo que pode fazê-los se apegar a ela? As pessoas que contribuem mais para essa vantagem pública devem, portanto, obter uma maior porção da estima pública. Ora, quem são essas pessoas, senão as mulheres, que se encarregam generosamente e com desprendimento do cuidado de criar os homens na sua infância?

É de acordo com esse princípio que se consideram os príncipes como as primeiras pessoas do Estado. Nessa condição, são-lhes deferidas as principais honrarias, porque se supõe ao menos que eles se encarregam da grande maioria dos cuidados, dos zelos e das inquietações exigidos para a prosperidade do bem público. Assim, demonstramos proporcionalmente mais ou menos respeito às pessoas que estão abaixo deles, e que deles se aproximam mais ou menos porque as consideramos como mais ou menos úteis à sociedade, conforme elas compartilham mais ou menos com eles as fadigas do serviço público. É pela mesma razão que preferimos os militares aos juristas, porque supomos que eles são um bastião entre nós e os nossos inimigos. Todo mundo está de acordo em respeitá-los na proporção da sua utilidade: eis aí a medida do seu mérito. Ora, já que é uma regra em todas as circunstâncias da vida, será que as mulheres não teriam o direito de aspirar mais que outros à estima pública, já que contribuem mais, sem comparação, para o seu bem-estar? Os homens poderiam dispensar completamente os príncipes, os mercadores, os soldados e os jurisconsultos, como se fazia antigamente, e como ainda fazem os selvagens. Mas será que eles podem dispensar as amas na sua infância? E já que, por si mesmos, eles são demasiado inábeis para exercer essa importante tarefa, será que não necessitam, indispensavelmente, das mulheres? Em um Estado pacífico e bem regrado, a maioria dos homens é inútil em seus ofícios, com toda a sua autoridade. Porém, as mulheres jamais deixarão de ser necessárias enquanto existirem homens, e enquanto esses homens tiverem filhos. Para que servem os juízes, os magistrados e os oficiais que lhes estão subordinados para a distribuição da justiça, a não ser para assegurar a propriedade dos bens de pessoas que, se não fossem impedidas disso, talvez estivessem em condições de fazer justiça por conta própria, com mais exatidão e mais prontamente. Porém, as mulheres mais verdadeiramente úteis se ocupam em conservar a vida dessas pessoas para que elas possam usufruir dessa propriedade. Os soldados são estimados e recompensados porque combatem para defender os homens adultos, que são tão ou mais capazes do que eles de se defender. Será que, ainda com mais forte razão, nosso sexo não mereceria sua estima e seu reconhecimento, já que trabalha para a sua defesa em uma idade na qual eles ainda não sabem o que são, na qual não podem distinguir os amigos dos inimigos e na qual eles não têm outras defesas além das suas lágrimas? Se os príncipes e os ministros algumas vezes sacrificam a si mesmos pelo serviço público, a ambição é a sua motivação. É para adquirir poder, riquezas e brilho que eles o fazem. Mas nossas almas, mais generosas, só consideram o bem das crianças que nós criamos e educamos. Porque todos os dias experimentamos o fato de que toda a recompensa que podemos esperar dessas criaturas desnaturadas, pelos sofrimentos, as preocupações, as inquietações e os embaraços infinitos que elas nos causaram – e dos quais não se encontra nenhum exemplo em todas as outras funções da sociedade civil – se reduz a tratamentos indignos e ao desprezo mais acentuado pelo nosso sexo em geral. Tais são os generosos serviços que nós lhes prestamos, tal é a ingratidão com a qual eles nos pagam.

É forçoso, certamente, que os homens tenham a imaginação bem corrompida para que considerem vil e desprezível uma função tão importante para eles, e para recusar-lhe toda a estima que ela merece. Com que generosidade não são recompensados aqueles que têm sucesso em domesticar um tigre, um elefante ou outros animais semelhantes? Enquanto as mulheres, que passam os seus melhores anos domesticando o homem, esse animal ainda mais feroz, não são pagas senão com o desprezo. Se remontarmos até à fonte dessa injusta parcialidade, descobriremos que a única e verdadeira causa do pouco reconhecimento que se tem pelos importantes serviços que as mulheres prestam aos homens é o fato de que eles são comuns e normais.

Seja como for, o prazer que a generosidade de nosso sexo encontra em cumprir essa tarefa é o bastante para que a realizemos com a máxima ternura e sem nenhuma perspectiva interesseira. Eu não pretendo me queixar aqui do fato de não recebermos nenhuma recompensa por isso. Que me seja somente permitido dizer que, por sermos mais capazes que os homens de exercer esta função, não se deve concluir disso que não possamos exercer outras. Na verdade, os próprios homens parecem tacitamente reconhecer isso. Porém, com o seu desinteresse usual, eles sempre gostariam de restringir todos os nossos talentos aos limites singulares da obediência, da servidão e da ocupação de agradar aos nossos senhores. Que eles sejam nossos senhores, é algo que consideram como um ponto pacífico. Mas com que justificativa eles fazem isso? É o que nenhum deles está em condições de deixar ver. No entanto, esse sentimento é aceito tão universalmente entre eles que todos estão preocupados com ele, desde o príncipe até o camponês. Indo ainda mais longe, eu mesma fui testemunha, por acaso, da divertida cena de um homenzinho reles, que atirou um pão que estava segurando na cabeça de sua mulher, unicamente para fazê-la ver, dizia ele, que ele era o seu dono e senhor. Esse argumento, embora de um mau exemplo e indigno de um homem honesto, talvez seja o melhor e o mais forte que o seu sexo possa apresentar em seu favor.

Seja como for, quer a natureza os tenha destinado a ser nossos senhores ou não, se as suas ordens fossem ditadas pela razão sadia, nós acharíamos o jugo da obediência brando e leve – já que, ao obedecer, nada mais faríamos que submeter nossa vontade à razão, e que agiríamos como seres inteligentes, tais como nós mesmas nos reconhecemos. É aquilo que as mulheres em geral estariam mais dispostas a fazer que os homens, se todas as coisas fossem iguais. Aliás, ninguém tem a menor dúvida quanto a isso. Mas também seria nos colocar no nível das bestas obedecer indistintamente a todas as vontades deles, já que isso só nos tornaria tão desprezíveis quanto esses seres injustos e extravagantes que nos ordenaram fazê-lo.

Senhores, pois, ou não senhores, eles só têm dois partidos a tomar para exercer a sua pretensa autoridade: ou continuar a regular suas ordens conforme as suas paixões, sem escutar a razão – e, nesse caso, eles só serão obedecidos por algumas mulheres tão insensatas quanto eles, e as mulheres sensatas não invejarão esta prerrogativa –; ou fazer com que a razão fale pela sua boca – e, então, todas as mulheres de bom senso consentirão nisso, mesmo que os homens se persuadissem de que é por pura obediência que condescendemos com suas vontades.

Se os homens escolherem o último partido, nós lhes deixaremos a inocente liberdade de se crerem os senhores, ao passo que, encantadas de ver toda a autoridade do lado da razão, que é o seu verdadeiro lugar, reconheceremos que os dois sexos têm o privilégio de comandar um ao outro, alternadamente. Porque, se os homens têm bastante força para medir todas as ordens que deram às mulheres com base nos preceitos da razão, eles terão a mesma força para ceder a esses mesmos preceitos quando eles lhes forem notificados pelas mulheres. Não importa por qual boca a razão se faça ouvir. Se os homens são fortemente apegados a ela, quer ela se sirva deles ou de nós, ela nos determinará igualmente a ambos. Mas o caso é bem diferente. Os homens, que não podem negar que nós sejamos criaturas racionais, gostariam de nos fazer justificar a sua opinião absurda e os tratamentos injustos que recebemos deles por meio de uma complacência cega em relação a suas vontades. Espero, no entanto, que, enquanto restar bom senso às mulheres, elas se sirvam dele para fazer conhecer que merecem um melhor tratamento, e não se submetam servilmente a um orgulho tão mal situado.

Não é o bastante ter algum respeito por esses seres orgulhosos, é muito pouco ter para com eles mais complacência do que teríamos para com as crianças, conservando uma certa decência: é preciso servi-los absolutamente. Pessoas extraordinárias? Será que eles são dignos desta preeminência tão exaltada?! Exigir uma servidão à qual eles próprios não têm a coragem de se submeter, da parte de um sexo que a sua vaidade qualifica com o título de *vasos frágeis*, e querer que nós lhes sirvamos de brinquedos – nós, a quem eles são forçados a cortejar e a atrair para as suas redes por meio das submissões mais humilhantes? Será que eles têm motivos para justificar o direito que reclamam aos nossos serviços que não possamos também fazer valer contra eles? Será que eles têm um pretexto tão plausível para nos dominar quanto o que têm para dominar esses selvagens que, pela sua inocente segurança, foram privados do poder de se opor às suas violências e às suas injustiças? No entanto, a grande maioria do nosso sexo, bastante fraca para se deixar vencer – por piedade – pelas suas carícias e seu desespero fingido, não terá se tornado presa da sua dissimulação, e vítima da sua própria inocência e do seu bom coração? Quantas são as mulheres que, depois de terem confiado a sua liberdade a um marido, descobrem logo em seguida que o cordeiro se metamorfoseou em tigre, e estão no caso de invejar a miséria de um escravo submetido a um tirano sem piedade?

Se a força do corpo – na qual reconhecemos a sua preeminência – é um pretexto suficiente para nos espezinhar, o leão tem um direito bem melhor fundamentado de preeminência sobre eles. Porém, essa espécie de fera é mais generosa do que aquela da qual eu falo, embora um pouco mais feroz e menos disciplinável: um leão se envergonha de empregar sua força quando encontra muita desproporção entre ele e seu adversário.

Na verdade, eu reconheço que deveríamos tratar de satisfazê-los, se houvesse alguma aparência de podermos conseguir isso. Seria uma barbárie deixar uma criança berrar quando se pode apaziguá-la com um chocalho. Porém, por infelicidade, seria preciso estudar toda a sua vida para descobrir um meio de contentar essas crianças grandes e mais teimosas que as outras. Ouvi dizer, e é um provérbio bastante comum, que *o Diabo está de bom humor quando está satisfeito*. Se esse provérbio está fundamentado na experiência, como os outros, ele prova que o Diabo pode algumas vezes estar satisfeito – eu gostaria que se pudesse aplicá-lo também aos homens. Porém, tal é a constituição bizarra de sua natureza que, quanto mais se tem trabalho para tratar de agradá-los, em geral é quando menos se consegue isso; ou se, por acaso, isso é obtido, nunca se é compensada pelos seus esforços – e, seguramente, o Céu criou as mulheres para alguma coisa melhor do que para trabalhar em vão por toda a vida.

Vão me objetar, sem dúvida, que não é trabalhar em vão por toda a vida, quando, fazendo isso, se cumpre o seu destino; que, tendo sido criadas somente para o serviço do homem, nossa única questão é ser submissas a ele e agradá-lo; que, quando negligenciamos qualquer outra coisa, não seríamos responsáveis por isso, já que Deus não nos deu outros talentos. Porém, como já observei, e como farei ver em seguida, isso é dar como admitido aquilo que está em questão, e supor aquilo que deveria ser provado, mas que jamais pode sê-lo.

Existem, no entanto, pessoas mais complacentes e bastante judiciosas para reconhecer que diversas mulheres têm espírito e boa conduta. Mas eles sustentam que aquelas dentre nós que são as mais recomendáveis, nesses dois aspectos, deixam sempre escapar alguma coisa que se percebe da fraqueza de nosso sexo. Raciocínio defeituoso e gasto, que caiu por si mesmo já faz muito tempo, e que sua extrema fraqueza parecia dever condenar a um eterno esquecimento. Porém, um engenhoso autor, por falta de ter alguma coisa melhor para escrever, julgou oportuno fazê-lo reviver há algum tempo, em um de seus artigos semanais,[4] a fim de que esse século não pudesse ignorar que nos precedentes existiram entre os homens alguns insensatos. Para dar um exemplo da sabedoria de seu sexo, ele nos diz que os mais prudentes dentre eles sempre pensaram que jamais seria possível conceder às mulheres as doçuras da liberdade, mas mantê-las por toda a sua vida em um estado de subordinação e na dependência absoluta dos homens. A razão que ele apresenta para defender uma tese tão extravagante é que nós não somos capazes de nos governar por nós mesmas. Seria preciso, para sustentar uma afirmação tão ousada, outras provas além da simples palavra daquele que a propõe. Sua condição de parte interessada deve tornar muito suspeitas todas as suas afirmações desta natureza. No entanto, como somos tão suspeitas, nesse aspecto, quanto os homens, seria de má vontade negar o fato, a não ser que seja para pô-los na obrigação de provar. Sem dúvida, pessoas de uma sabedoria tão consumada – se quisermos acreditar na sua palavra – jamais teriam a segurança de afirmar uma coisa com tanta audácia se não estivessem em condições de apoiá-la nas provas mais sólidas e mais convincentes. Vejamos, portanto, sobre que fundamento eles constroem as ideias extravagantes que têm sobre o nosso sexo, e até que ponto eles têm a seu favor a verdade e a razão – a fim de que possamos adotar a sua opinião ou rejeitá-la com conhecimento de causa.

---

4 *Common sense*, setembro de 1739.

Capítulo III

Se as mulheres são inferiores aos homens ou não, no aspecto do entendimento

Em primeiro lugar, no entender deles, a grande maioria do nosso sexo tem intervalos de verdade, mas são muito breves. São clarões súbitos de razão que se desvanecem em um minuto: nós nos parecemos com a Lua que, escura por si mesma, brilha somente com uma luz emprestada. Não temos senão um brilho falso, mais apropriado para surpreender a admiração do que para merecê-la. Somos inimigas da reflexão; a maior parte de nós só raciocina por acaso, só pensa por gracejo e só fala por rotina. Eis aí algumas acusações graves intentadas contra a maior parte das mulheres. Porém, mesmo que admitíssemos que aquilo que eles criticam em nós fosse literalmente verdadeiro, também não é incontestável que se possa igualmente contrapor o seu argumento contra a principal parcela dos homens? No entanto, se quisermos concluir à maneira deles que é preciso, consequentemente, mantê-los perpetuamente sob a nossa guarda, será que eles não exultariam de alegria, e não considerariam esse raciocínio como uma prova da fraqueza de nosso espírito? Um pouco de experiência é suficiente para demonstrar que somos bem mais capazes de exercer tutela sobre eles do que eles sobre nós. Põe-se todas as moças para dirigir o lar, e elas já são donas de uma casa em uma idade na qual os homens mal estão em condições de entender os preceitos de um mestre. O único meio seguro de tirar um jovem da libertinagem, e torná-lo útil à sociedade, é dar-lhe como guardiã uma mulher que possa reformá-lo por seu exemplo, moderar suas paixões por sua prudência e desviá-lo de seus excessos por maneiras sedutoras.

Os homens estão, portanto, bem distanciados de provar o seu princípio pela prática; já que, pelo contrário, quando estão em questão os seus interesses, quando a sua prudência consumida os encontra fracos demais para domar os mais desregrados dentre eles, o seu único recurso é pô-los sob a nossa tutela. Assim, seus discursos estão em contradição com a sua maneira de agir. Mas é o temor de nos tornar demasiado vaidosas que os faz se empenhar em sustentar que não temos nem solidez e nem constância, bem longe de ter esta profundidade de juízo que eles atribuem modestamente a si próprios. De onde eles concluem, com tanta sabedoria, que foi forçoso, com toda a necessidade, que a Providência divina e o seu senso superior cooperassem para nos afastar das ciências, do governo e dos cargos públicos.

É por um exame exato e sem preconceito que se pode ver se esse argumento tem alguma solidez. Para reconhecer, pois, se as mulheres são menos capazes ou não das ciências que os homens, é preciso considerar qual é o princípio que leva ao seu conhecimento. Se ele não se encontra nas mulheres, ou se nelas está em um grau menos perfeito, não se precisará de outras provas para demonstrar que os homens têm razão. Porém, se esse princípio parecer igualmente perfeito em ambos os sexos, teremos motivos, nesse caso, para suspeitar de que os homens têm inveja, e será possível dizer, sem temeridade, que a única razão pela qual eles nos fecham todos os caminhos que levam aos conhecimentos é que eles temem que nós os levemos mais longe que eles.

Todo mundo sabe que a diferença entre os sexos diz respeito somente ao corpo, e só existe nas partes que servem à propagação da natureza humana. Mas a alma, que só colabora nisso pela sua união com o corpo, age em todos da mesma maneira, de modo que ela não pode ter nenhum sexo. Não há mais diferença entre as almas de um tolo e de um homem de espírito, ou entre a de um ignorante e a de um sábio, do que a que existe entre uma criança de quatro anos e um homem de quarenta. Ora, como esta diferença não é maior entre as almas dos homens e as das mulheres, não se pode dizer que o corpo estabeleça nenhuma diversidade real nas almas. Toda a sua variação provém, portanto, da educação, do exercício e das impressões dos objetos exteriores que nos circundam nas diversas circunstâncias da vida.

O Criador observa as mesmas leis para unir as almas das mulheres e dos homens a seus respectivos corpos. Os mesmos sentimentos, as mesmas paixões e as mesmas tendências consolidam esta união em uns e nos outros; e como a alma opera da mesma maneira nos dois sexos, é, por conseguinte, capaz das mesmas funções.

Para tornar esse raciocínio ainda mais evidente, não é preciso senão examinar a estrutura da cabeça, sede das ciências e a parte onde a alma melhor se faz perceber. Todas as pesquisas da anatomia ainda não puderam fazer perceber a menor diferença, nesta parte, entre os homens e as mulheres. Nosso cérebro é completamente semelhante ao deles; nós recebemos as impressões dos sentidos como eles; nós formamos e conservamos as ideias pela imaginação e pela memória da mesma forma que eles; nós temos todos os órgãos que eles têm, e os aplicamos aos mesmos usos que eles: nós escutamos pelos ouvidos, vemos pelos olhos e sentimos os sabores pelo paladar tão bem quanto eles. Enfim, não se pode imaginar diferença entre os nossos órgãos e os deles, a não ser o fato de que os nossos são bem mais delicados e, por conseguinte, mais adequados a responder às intenções para as quais foram feitos.

Observa-se universalmente, mesmo entre os homens, que os mais gordos e mais pesados são comumente estúpidos; e que, ao contrário, os mais delicados são mais espirituosos. A razão disso é perceptível: a alma fechada no corpo tem necessidade de seus órgãos em todas as operações; por conseguinte, ela tem mais ou menos liberdade para executar as suas funções conforme esses órgãos estejam mais livres ou mais estorvados. Ora, não há necessidade de se esforçar muito para provar que os nossos órgãos são bem mais refinados e mais delicados que os dos homens – todo mundo reconhece isso. Por conseguinte, se desfrutássemos das mesmas facilidades e se nos permitissem, como a eles, nos entregar ao estudo, não há nenhum motivo para duvidar de que avançaríamos pelo menos no mesmo passo que eles nas ciências e em todos os conhecimentos úteis.

Portanto, não pode ser senão uma inveja vil e indigna que os leva a nos privar das vantagens que temos um direito tão natural de compartilhar com eles. O pretexto que eles apresentam, de que o estudo e o saber nos tornariam arrogantes e viciosas, é um pretexto lastimável, bizarro e bem digno da sua maneira de agir. Não! Somente o falso saber e os conhecimentos superficiais produzem um efeito tão ruim. Porque o verdadeiro saber e os conhecimentos sólidos só podem tornar as mulheres – assim como os homens – mais humildes e mais virtuosas. É preciso confessar que, se um saber superficial deu vaidade a algumas pessoas do nosso sexo, ele torna igualmente vários do sexo deles insuportáveis. Mas essa não é uma razão para recusar o saber sólido a nenhum dos dois. Bem antes se deveria tratar, por todos os tipos de cuidados, de aperfeiçoar as disposições que nelas são conhecidas para as ciências, fazer com que gostem dela e ensiná-las a fundo. Seria preciso seguir o ponto de vista de um dos seus melhores autores, que é aplicável a todas as ciências tanto quanto à poesia.

> É pouco ser sábio, se não sois profundo;
> Renunciai às belas-artes, ou sabei-as a fundo.
> Que um desejo passageiro jamais vos arraste,
> Para as margens perigosas que banha a Hipocrene:[5]
> Seus sutis vapores inebriam o cérebro
> Mas a razão retorna, quando se bebe a água.
> Pope,[6] *Ensaio sobre a crítica.*

Acredita-se comumente que os homens não têm necessidade de conhecimentos para ser virtuosos. Esse preconceito provém do fato de que se vê muita gente a quem se atribui espírito, e cuja conduta nem por isso é mais regrada. Disso se concluiu falsamente que as ciências são não somente inúteis por si mesmas à virtude, mas que ainda a prejudicam. No entanto, não seria muito difícil provar que o conhecimento de nós mesmos e de muitas outras coisas é absolutamente necessário para aumentar em nós a persuasão de nossas obrigações morais. Com efeito, a principal razão que se apresenta para o fato de que tantas pessoas se deixem levar pelo vício e pelo desregramento com tanta rapidez, ou de que pratiquem a virtude com tanta indiferença, é que elas não conhecem bem a si mesmas e nem os objetos que as

---

5 Fonte situada no monte Hélicon, na Grécia, que teria nascido de uma pancada dos cascos do cavalo Pégaso. Segundo a mitologia, os que bebiam de suas águas entravam em comunhão com as musas. (N. T.)

6 Alexander Pope (1688-1744), um dos mais célebres poetas britânicos. (N. T.)

afetam. Ora, como querem que elas superem esta ignorância, a não ser pelo estudo e pelas ciências?

Se existiram algumas pessoas do nosso sexo bastante ofuscadas pelo seu saber para que se envaidecessem com ele, sua culpa traz com ela a sua desculpa: é que elas não tinham bebido a água da douta fonte, e haviam se detido demais na superfície para que aprendessem a ser humildes. Além do mais, a raridade dessa vantagem em nosso sexo, e as dificuldades que essas mulheres tiveram que superar para alcançá-la, farão a apologia da vaidade que elas extraem do seu mérito. Acontece com elas o mesmo que com um homenzinho de nada que seu mérito e sua engenhosidade tenham elevado a uma posição muito acima da sua condição. É desculpável que, considerando-se acima da esfera de seus iguais, algum deslumbramento lhe suba à cabeça. Além do mais, se é uma falta – como não se pode duvidar, já que tem necessidade de defesa –, é uma falta na qual os próprios homens incorrem todos os dias.

Quer os homens ou as mulheres se tornem culpados disso, não é possível fazer cair a vergonha sobre as ciências que motivaram essa falta. A verdadeira causa desse defeito vem do fato de que aqueles que são versados em algumas ciências se veem como possuidores de uma coisa que é um mistério para a maior parte da sociedade. Porém, seja como for, é mais do que provável que, visto que a vaidade dos homens sábios ultrapassa bastante a das mulheres sábias – como é fácil de ver pelos títulos faustosos que eles dão a si mesmos –, se fosse permitido que as mulheres compartilhassem igualmente das ciências e das vantagens que levam a elas ou que derivam delas, elas seriam menos sujeitas à vaidade que esses conhecimentos têm o costume de motivar.

Existe muito absurdo em afirmar que o saber é inútil às mulheres pela razão de que elas estão excluídas das funções públicas – único objetivo pelo qual os homens se dedicam a ele. A virtude e a felicidade são tão necessariamente exigidas na vida privada quanto nos empregos públicos, e o saber é um meio necessário para alcançar ambas.

É por ele que se adquirem a exatidão do pensamento, a pureza da linguagem e a justeza nas ações. Sem ele, não se pode jamais ter um verdadeiro conhecimento de si mesmo. É ele que nos põe em condições de distinguir o bem do mal, o verdadeiro do falso. Enfim, é somente ele que nos torna capazes de regular nossas paixões, nos ensinando que a verdadeira felicidade e a virtude consistem muito mais em limitar os nossos desejos do que em aumentar aquilo que possuímos.

Além do mais, que nos seja permitido observar o círculo vicioso no qual esta lamentável maneira de raciocinar lança os homens, sem que eles se apercebam disso. Por que o saber nos é inútil? É porque somos excluídas dos cargos públicos. E por que somos excluídas dos cargos públicos? É porque não temos o saber. Eles mesmos percebem bem a injustiça que nos fazem – é o que os reduz ao mau recurso de disfarçá-la à custa da sua própria razão. Mas deixemos falar uma vez a verdade. Por que será que eles são tão diligentes em nos afastar do saber ao qual nós temos tanto direito quanto eles, se não for pelo temor de que compartilhemos com eles, ou mesmo de que os eclipsemos na administração dos cargos públicos, que eles muitas vezes ocupam tão mal? O mesmo interesse sórdido que os faz ocupar todo o poder e todas as dignidades os determina a nos privar deste conhecimento que teria nos tornado suas concorrentes.

Como a natureza parece ter destinado os homens a serem nossos subalternos, eu lhes perdoaria de bom grado a usurpação pela qual eles nos tiraram das mãos, desde o começo, o estorvo dos empregos públicos, se a sua injustiça estivesse satisfeita e quisesse ficar nisso. Porém, como um abismo cava um outro, e os vícios nunca andam sozinhos, eles, não contentes de terem se apropriado de toda a autoridade, tiveram bastante confiança para sustentar que ela lhes pertence de direito, porque a natureza nos formou para sermos perpetuamente sujeitas a eles, por falta da competência necessária para dividir com eles o governo e os cargos públicos. Para refutar esta maneira extravagante, será necessário demolir até os fundamentos sobre os quais ela foi construída.

Capítulo IV

Se os homens são mais apropriados que as mulheres para governar

Se você é bastante complacente para confiar naquilo que os homens dizem sobre si mesmos, será forçoso que admita como uma coisa decidida que as mulheres são criaturas desprovidas de bom senso e naturalmente incapazes de se guiar. É, pois, uma ternura cruel – dizem eles –, é uma complacência mal-entendida abandonar o belo sexo à sua própria orientação. Quanto mais ele é feito para agradar e para encantar, mais é importante para ele fugir dos perigos aos quais essa mesma vantagem o expõe. Aquilo que prova bem que eles falam de acordo com seu coração é que eles nos creem bastante fracas para nos deixar privar de nossa liberdade e de nossos direitos legítimos com base em um raciocínio tão frívolo e tão vão. Porém, que prova eles apresentam para fazer ver que nós não seríamos tão capazes de nos proteger por nós mesmas dos perigos quanto eles de nos guardarem, se desfrutássemos das mesmas vantagens e do mesmo poder que eles? Além do mais, será que estamos mais seguras sob a orientação deles do que sob a nossa própria? Recorrer à proteção deles contra os perigos não seria manifestamente trocar um mal por um outro ainda pior? Será que se encontraria, em um milhão, uma mulher com um mínimo de capacidade que não quisesse e não pudesse se governar melhor do que faz a maioria dos homens em circunstâncias semelhantes, se a trapaça, a traição e a inveja vil desse sexo não nos tirasse os meios para isso? Para cada mulher cujo entendimento e os costumes se aperfeiçoam sob a tutela deles, existem vários milhares que eles arrastam para uma ruína inevitável. Isso é um fato incontestável, e não tenho necessidade de prova para fortalecê-lo. E não tenho medo de que eles voltem essa crítica contra nós. Porque, mesmo reconhecendo que um pequeno número de homens se deram mal sendo governados por mulheres, o número é extremamente pequeno em comparação com os outros. E, mesmo que houvesse igualdade, ainda seria preciso responsabilizar os homens por esta má condução das mulheres, já que eles tiraram de nós as vantagens da educação que nos teriam posto em condição de fazer melhor – educação essa da qual seríamos tão capazes quanto eles, e à qual tínhamos um direito igual ao deles. Não se pode utilizar a mesma defesa para justificar o mau governo dos homens: eles têm todas as vantagens necessárias para bem governar. E se, apesar de tudo isso, estamos pior sob o governo deles do que estaríamos sob o nosso, a consequência fala por si mesma: é porque eles carecem de capacidade natural ou de probidade – que eles escolham entre essas duas imputações aquela que mais lhes agradar. Eu poderia dizer melhor, sem arriscar um juízo temerário, que ambas lhes são adequadas. Se eles imaginam poder eludir a força desta verdade, dizendo que os homens abarcados por esta acusação não fizeram uso das vantagens de seu sexo em geral, e que, assim, para eles, seria o mesmo que não as tivessem possuído, eles se enganam. Isso não destrói de nenhuma maneira a verdade daquilo que eu disse: que a maior parte das mulheres se perde sob a orientação deles, bem longe de melhorar o seu coração e de aperfeiçoar o seu espírito. Por conseguinte, já que não estamos em mais segurança sob o governo deles que sob o nosso, não há nem solidez e nem razão em pretender que devamos ser submissas a eles.

Mas parece que já fomos condenadas por um juiz de sua própria escolha, um velho palrador demasiado aferrado ao seu próprio senso para se deixar levar pelo de sua mulher. Catão, o sábio Catão, cuja idade e os preconceitos nada mais fizeram que obstinar no falso, preferiu morrer como um doido seguindo as suas próprias ideias a viver como um homem sensato com os conselhos de sua mulher. Esse Catão pronunciou nossa condenação. É um juiz tão isento que não podemos recusá-lo. Vejamos, portanto, o que disse este oráculo:

"Tratemos as mulheres como nossas iguais – diz ele – e elas não deixarão de se tornar logo nossas senhoras." Foi Catão quem o disse, isso não tem necessidade de provas. Além do mais, obrigar os homens a provar algo pela razão seria reduzi-los ao silêncio, e o silêncio lhes seria tão insuportável quanto nós, por mais que eles o neguem. Mas suponhamos que Catão seja infalível em suas decisões: o que resultaria disso? Será que as mulheres não têm tanto direito de ser senhoras quanto têm os homens de ser senhores? Não – diz Catão. Mas por quê? Porque elas não têm argumentos tão convincentes que devam nos dar a curiosidade de ouvi-las por um longo tempo. "Se tornássemos as mulheres nossas iguais – diz ele –, elas exigiriam amanhã, como tributo, aquilo que recebem hoje como graça." Mas que graça haveria para nos ser concedida, e à qual temos tão justas pretensões quanto eles? Será que as mulheres não teriam tanto direito quanto os homens às dignidades e ao poder? Se temos, o sábio Catão guarda isso para si; se não temos, Catão bem deveria ter tido a complacência de nos convencer disso. Mas suponhamos que foi um favor, uma graça, como lhe agradou chamá-la. Será que os homens não extraíram a principal vantagem dela? A circunspecção peculiar ao nosso sexo prova bem que, sabendo reprimir a nós mesmas, estamos em condições de governar os outros. Além do mais, a brandura e a ternura que constituem a nossa principal característica bastariam para persuadi-los de que o nosso jugo não seria pesado. "Mas não – diz Catão – devemos nos felicitar por esta brandura e esta circunspecção que elas fazem surgir em nossa presença. Esta sombra de virtude não provém senão da necessidade a que nós as reduzimos de fingi-la." Eis, portanto, Catão forçado a confessar, enfim, que a sujeição sob a qual esse sexo orgulhoso nos mantém não é mais que o efeito da violência e da trapaça. Ele o faz para parabenizar o seu próprio sexo e para louvá-lo, atribuindo a ele todo o mérito por isso.

Esse cumprimento é bem desajeitado, já que a desagradável verdade é que ele é extorquido de Catão sem que ele queira. É contra a sua vontade que reconhece em nós algum mérito. Não, nós não temos senão a sombra das virtudes. Apenas a violência e a trapaça podem nos determinar a fingi-las. Isso não será considerar como louco todo o seu sexo? Porque, seguramente, não poderia haver uma maior prova de loucura nos homens do que empregar a violência e a trapaça, e se entregarem a todos os esforços possíveis para sustentá-las, sem outra intenção que a de nos fazer agir com dissimulação, ao passo que seria preciso muito menos esforço para nos deixar ver sob uma luz mais natural. É impossível governar sempre bem os súditos sem conhecer tanto aquilo que eles são realmente quanto aquilo que parecem ser. Ora, não se pode jamais supor que os homens estejam nesse caso, já que seus esforços tendem a obrigar as mulheres a viver em um disfarce perpétuo. Assim, ou todos os homens são uns completos imbecis, segundo a própria confissão de Catão, ou esse famoso oráculo é ele próprio um tolo, que todo mundo deve considerar como tal.

Eu mesma não teria me dignado a falar disso tanto quanto fiz se não soubesse que os homens em geral são bastante fracos para se deixar cativar por semelhantes semipensadores e varejistas de máximas. Se estas últimas, em particular, valessem a pena, seria possível demonstrar facilmente que ele errou grosseiramente em outras matérias, tanto quanto nessa – e, por conseguinte, quando lhe acontece de ter razão, é antes ao acaso que à sua própria sabedoria que é preciso agradecer, já que os maiores doidos, quando agem, podem algumas vezes ter razão, e que os grandes tagarelas devem necessariamente, entre mil absurdos, dizer de tempos em tempos uma coisa boa, ainda que nem pensem nela. Tais são, de modo geral, as provas que são produzidas contra nós. Os homens não querem se dar ao trabalho de pensar; eles consideram a razão como muito abaixo deles e preferem prostituí-la do que se ligar a ela. Eles adquiriram toda a sua reputação por meio de certo refinamento de expressões que não podem suportar um exame, assim como suas cabeças, seus corações ou seus rostos. Eles prefeririam, para me servir dos termos desse sábio, ver o bom senso em confusão do que uma palavra mal situada em suas frases. No entanto, existem alguns sábios entre os homens, e suas palavras são como oráculos divinos. Porém, se tivéssemos vivido no seu tempo, e os tivéssemos ouvido dizer muito mais tolices do que coisas sensatas, os teríamos achado tão tolos quanto os patetas que os reverenciam. E embora, talvez, tivéssemos ficado mais espantadas de ouvir esses palradores falarem às vezes algo racional do que ficamos agora ao ler os seus adágios, teríamos sempre motivos para pensar que eles eram mais apropriados para atrair a admiração do que para merecê-la. Teve-se um grande cuidado para nos transmitir apenas as suas melhores máximas, muitas das quais nos parecem, no entanto, bastante fracas. Porém, se tivessem tido a mesma atenção em registrar todas as suas impertinências, o quanto eles não teriam perdido dos aplausos que lhes são concedidos? Quando um incrédulo se encontrava em um templo de Netuno, o sacerdote quis lhe provar a sua divindade através das oferendas que estavam em seu templo: "É verdade – disse-lhe o infiel – que vós guardais os quadros daqueles que foram salvos, mas onde estão os das pessoas que se afogaram?" Mas nós estamos lidando com inimigos bem mais formidáveis que essa gente lacônica: são os homens, que têm a pretensão de apoiar seus juízos em bons fundamentos, e que se envergonhariam – dizem eles – de nos afastar do poder, das dignidades e dos cargos públicos se não estivessem em condições de nos fornecer as melhores razões para isso. Será preciso, portanto, ouvir essas razões antes de decidir que eles estão errados.

Capítulo V

Se as mulheres são adequadas ou não para ocupar os cargos públicos

É suficiente para os homens encontrar uma coisa estabelecida para fazê-los crer que ela está bem fundamentada. Somos vistas por toda parte na sujeição e sob a dependência absoluta dos homens, privadas das vantagens das ciências e das oportunidades de fazer conhecer a nossa capacidade para ocupar as funções públicas. Os homens concluíram disso, segundo a sua maneira de raciocinar ordinária por meio das verossimilhanças, que nós devíamos ser assim. Porém, mesmo supondo que isso fosse verdade, que as mulheres sempre foram excluídas dos empregos públicos, será pois necessariamente verdadeiro que a coisa deva ser assim? Deus sempre encontrou uma maior ou menor resistência da parte dos homens ingratos; não seria uma bela dedução concluir disso que era justo que fosse assim?

Mas por que os homens se persuadem de que nós somos menos adequadas do que eles para ocupar as funções públicas? Será que eles podem apresentar outra razão para isso além do costume e do preconceito que eles mesmos criaram, de acordo com as aparências exteriores e por falta de um exame mais preciso? Se eles quisessem se dar ao trabalho de remontar à fonte das coisas, e julgar os pontos de vista e a prática dos homens dos primeiros séculos por aquilo que eles descobrem no seu próprio, eles não se atirariam de cabeça, como fazem, no erro e nos absurdos. Para aquilo que diz respeito às mulheres, em especial, eles estariam em condições de ver que se fomos sujeitadas à sua autoridade, não foi senão pela lei do mais forte; e que se fomos privadas do poder e do privilégio que põem o sexo deles acima do nosso, não foi por culpa da falta de capacidade natural e de mérito, mas por culpa de um igual espírito de violência, de uma injustiça manifesta e de uma opressão ilegítima como eles.

No entanto, seu entendimento é tão fraco, e seus órgãos tão pouco dispostos a ouvir a voz da razão, que o costume os tornou escravos mais resolutos dos seus sentidos do que somos pela sua usurpação. Eles estão tão acostumados a ver as coisas tais como elas são agora que não podem imaginar que possam ser de outro modo. Seria bem singular para eles imaginar uma mulher travando uma batalha à frente de um exército, ou fazendo leis em cima de um trono, defendendo causas na qualidade de advogada, fazendo justiça em uma corte de judicatura, andando pelas ruas precedida por homens portando a espada, a clava e outros símbolos da autoridade, como os magistrados, ou ensinando a retórica, a medicina, a filosofia ou a teologia na qualidade de professora de uma universidade.

Se, por singularidade, eles escutassem alguma coisa que, em sua natureza, fosse oposta às regras incontestáveis e simples do bom senso, creio que os homens ficariam muito embaraçados para provar que não existe nisso nada de singular ou que não possa se harmonizar com a justa razão. Porque, por menos que se queira considerar as mulheres como criaturas racionais, descartando por um momento as desvantagens que a usurpação injusta e a tirania dos homens lançou sobre elas, ainda assim se descobrirá que elas são no mínimo tão capazes de exercer essas funções quanto os homens.

É preciso, no entanto, reconhecer que ver uma mulher, por mais capacidade que ela tenha, exercer algumas dessas funções em nosso século, seria para nós um objeto tão surpreendente quanto ver um homem ou uma mulher usando agora roupas que estavam na moda nos tempos da rainha Elizabeth.[7] No entanto, nosso espanto, em ambos os casos, seria efeito apenas da novidade, ou de ver reviver entre nós uma moda antiquada. Se, desde tempos imemoriais, os homens tivessem sido menos invejosos e bastante desprendidos para fazerem justiça aos nossos talentos, nos deixando o direito de partilhar com eles os empregos públicos, eles teriam sido tão acostumados a nos ver ocupá-los quanto nós estamos a vê-los desonrá-los; e uma mulher na barra do tribunal ou na cadeira de juiz não teria sido uma coisa mais extraordinária do que ver um juiz sério que banca o meloso junto de sua amante ou um lorde que borda uma anágua para sua mulher. Uma eclesiástica com uma tese na mão, explicando a natureza em seus pontos mais úteis e mais inocentes, teria sido um objeto tão familiar quanto um médico em sua carruagem aprendendo de cor a *Arte de amar* de Ovídio. Uma amazona de capacete na cabeça não surpreenderia mais do que comerciante atrás de seu balcão com um dedal no dedo ou que um par[8] da Grã-Bretanha que brinca com a sua jarreteira. Não foi, portanto, a razão, mas o erro e a ignorância degenerada em hábito que fizeram com que essas criaturas superficiais considerassem esses objetos como extraordinários.

Quase não existem nações, além da Inglaterra, que considerem as mulheres como capazes de subir ao trono. Mas a Inglaterra aprendeu, por experiências reiteradas, que um reino é bem mais feliz sob a condução e o governo de uma mulher do que de um homem. O fato prova, pois, claramente, o absurdo do

7 Elizabeth I (1533-1603), rainha da Inglaterra entre 1558 e 1603. (N. T.)
8 Título dado, em alguns países, aos vassalos mais poderosos do rei. (N. T.)

preconceito contrário. Quantas damas se veem que também merecem ter lugar entre os sábios, e que são mais capazes de ensinar as ciências do que aqueles que presentemente ocupam a maioria das cátedras das universidades? O século em que vivemos produziu mais dessas damas do que qualquer outro até o presente, embora a sua modéstia as impeça de ostentar isso publicamente. E como é possível dizer que o nosso sexo vai tão longe quanto o dos homens quando se dedica às ciências, devemos, por esta razão, estimá-lo muito mais do que o deles; já que, para chegar a isso, as mulheres são obrigadas a desprezar a apatia na qual são criadas, a renunciar aos prazeres e à indolência aos quais um costume cruel parece tê-las condenado, a vencer os obstáculos exteriores que encontram em seu caminho e a destruir as ideias desvantajosas que a quase totalidade dos dois sexos concebe sobre o saber das mulheres. Seja porque essas dificuldades acrescentem alguma sutileza ao entendimento das mulheres, ou porque a natureza tenha lhes dado um gênio mais vivo e mais penetrante que o dos homens, é evidente que diversas mulheres ultrapassaram os homens nesse gênero. Com efeito, por que não seríamos tão capazes quanto os homens de aprender e de ensinar as ciências, ao menos para o nosso sexo?

Capítulo VI

Se as mulheres são naturalmente capazes de ensinar as ciências, ou não

Com relação à retórica, é preciso reconhecer que somos modelos e mestras consumadas. A eloquência é um talento tão natural e tão particular às mulheres que não existe ninguém que possa disputá-la com elas. As mulheres estão em condições de persuadir de tudo aquilo que elas quiserem. Elas podem prescrever, defender e distinguir o justo do injusto sem o auxílio das leis. Não há nenhum juiz que não tenha experimentado que elas são as conselheiras mais esclarecidas, e poucos pleiteantes que não saibam por experiência que elas são juízas muito justas, e cuja mente é a mais luminosa. Quando as mulheres tratam de algum assunto, elas o manejam de uma maneira tão delicada que os homens são forçados a reconhecer que elas lhes fazem sentir o que dizem. Toda a arte oratória das escolas não é capaz de dar a um homem esta eloquência e esta facilidade de se pronunciar que não nos custa nada; e aquilo que a sua vil inveja chama em nós de *tagarelice* nada mais é que uma agilidade de ideias e uma facilidade de discursos que eles não podem adquirir em muitos anos de um trabalho penoso.

Quantos entraves, problemas e dificuldades os homens enfrentam para fazer entender seus pensamentos? Se eles dizem alguma coisa de aceitável, quantos gestos insípidos, contorções e caretas eles não fazem para embelezar as poucas coisas boas que existem nos seus discursos? Ao passo que, quando uma mulher fala, seu aspecto é comumente nobre e agradável, seu gesto é fluente e cheio de dignidade, sua ação, decente, seus termos, suaves e insinuantes, seu estilo, patético e persuasivo, sua voz, melodiosa, e seu tom, proporcionado ao assunto. Ela pode, sem exagero, se elevar ao nível da inteligência mais sublime e, com uma complacência natural à delicadeza da sua figura, descer sem baixeza até o alcance do espírito mais limitado. Qual é o assunto de que não possamos tratar sem chocar a decência? Quando falamos do bem ou do mal, sabe-se muito bem que estamos em condições de atrair para um e de afastar do outro os homens mais obstinados, por menos que os seus espíritos sejam suscetíveis de raciocínio e capazes de seguir uma argumentação. Esse caráter de retidão que apresenta todo o nosso exterior quando falamos torna o nosso poder de persuadir ainda mais vitorioso. Seguramente, portanto, se temos uma eloquência mais comunicativa que a deles, devemos ser no mínimo tão capazes quanto eles de ensinar as ciências; e, se não nos veem nas cátedras das universidades, não se pode dizer que seja por incapacidade, mas por um efeito dessa violência com a qual os homens se sustentam nos cargos em nosso prejuízo – ou, pelo menos, se deve reconhecer nisso que nós temos mais modéstia que eles, e menos ambição.

Se quiséssemos nos dedicar à jurisprudência, teríamos tanto êxito nisso quanto os homens. Ninguém disputa conosco o talento natural de explicar e de esclarecer os casos mais difíceis e mais embaralhados, de estabelecer bem as nossas pretensões e as dos outros, de descobrir o fundo de uma dificuldade e de pôr em funcionamento todos os recursos capazes de nos fazer obter justiça. Isso basta, creio eu, para provar que, se fosse o caso de preencher as funções de advogados, de juízes e de magistrados, nós mostraríamos uma capacidade para esses negócios da qual poucos homens são capazes. Mas a paz e a justiça são os nossos únicos estudos. Toda a nossa ambição se reduz a reparar os erros que esse sexo corrompido comete contra nós com tanta obstinação.

Nosso sexo parece ter nascido para ensinar e para praticar a medicina, para devolver a saúde aos doentes e para conservá-la neles. O asseio, a limpeza e as atenções são a metade de uma cura, e nisso os homens devem nos adorar. Na verdade, cedemos a eles, por nossa vez, a arte de inventar termos bárbaros, de atrapalhar uma cura pelo número de remédios e de aumentar o sofrimento de um doente pela despesa que lhe causam. Mas podemos imaginar, e nós mesmas inventamos, sem o auxílio de Galeno e de Hipócrates, uma infinidade de remédios para os doentes que nem esses médicos e nem seus cegos adeptos jamais puderam aperfeiçoar nem desaprovar. E uma *receita da vovó*, como eles a chamam, muitas vezes destrói uma doença crônica que havia resistido teimosamente a toda a ciência de uma junta de graduados. Em poucas palavras, as observações que as mulheres fazem em sua prática foram consideradas tão exatas e apoiadas em razões tão sólidas que demonstraram, mais de uma vez, a inutilidade e o pedantismo da maior parte dos sistemas das escolas.

Tenho dificuldade para acreditar que o nosso sexo quisesse passar tantos anos tão inutilmente quanto fazem esses homens que se intitulam *filósofos*, se quisesse se dedicar ao estudo da natureza. Mas estou persuadida de que encontraríamos um caminho muito mais curto para chegar ao objetivo. Nós não faríamos como certos homens que empregam anos inteiros (e mesmo, algumas vezes, toda a sua vida) raciocinando sobre seres de razão, sobre ninharias imaginárias que jamais existiram senão em seus próprios cérebros. Nós encontraríamos meios de empregar utilmente as nossas investigações, em vez de escavar o espírito para descobrir se para além da derradeira circunferência do universo existe algum espaço imaginário, e se este filho da nossa imaginação é infinito ou se é finito; se um átomo pode se dividir em uma infinidade de partes ou quanto uma coluna de ar que desce desde o céu até a cabeça de um homem parece menos pesada que um fardo em suas costas.

Se quiséssemos exprimir aquilo que concebemos sobre Deus, jamais nos entraria na cabeça representá-lo como um venerável ancião. Não, fazemos uma ideia muito nobre dele para compará--lo com qualquer ser criado. Nós concebemos que deve existir um Deus, porque sentimos que nem nós e nem os objetos que nos rodeiam podemos ser obra do acaso e nem da nossa produção. Além do mais, ponderando todos os dias que o sucesso dos nossos empreendimentos não é quase nunca o efeito natural dos meios dos quais nos servimos para alcançá-lo, ficamos convencidas de que a condução dos nossos negócios não é consequência da nossa prudência, e assim concluímos que deve ser o efeito de uma Providência superior e geral. Jamais pensaríamos em raciocinar sobre as nossas próprias hipóteses quiméricas e encher um volume para responder a uma impossibilidade: por exemplo, se o filho de Deus teria morrido caso o homem não tivesse pecado, ou então se, por uma potência sobrenatural, seria possível fazer uma pedra alcançar a visão beatífica. Entretanto, poderíamos, sem vaidade, aspirar a ser tão boas filósofas e teólogas quanto os homens, e talvez melhores – se compreendo bem a significação dessas duas palavras. Seguramente, os filósofos e os teólogos, segundo o verdadeiro sentido dos termos, são seres profundamente versados nos segredos da natureza e nos mistérios da religião. Isso posto, e conhecendo além disso que o principal fruto de todo o saber é discernir bem o verdadeiro do falso e a evidência da obscuridade, somos igualmente capazes de ambas as coisas. Se quiséssemos nos erigir em filósofas e teólogas, nos proporíamos a formar ideias da Divindade e das revelações que fossem tão justas quanto a fraqueza da natureza humana pode permitir, e seguir a natureza em todos os seus efeitos, remontando até a sua verdadeira fonte. Porém, como sabemos que o conhecimento de nós mesmas e dos objetos que nos circundam é absolutamente necessário para tornar úteis os conhecimentos dos quais acabo de falar, em vez de perder tempo com as ninharias que ocupam o estudo da maior parte dos filósofos masculinos, nós nos dedicaríamos a refletir sobre nós mesmas e sobre os diversos objetos que nos cercam, a fim de descobrir quais relações ou quais diferenças eles têm conosco, e por quais aplicações eles podem nos ser vantajosos e corresponder à finalidade para a qual nos foram dados. Será que não poderíamos, pois, por esse meio, ser filósofas tão sábias e teólogas tão capazes quanto os homens, e em condições de aprender e mesmo de ensinar pelo menos tão bem quanto eles?

A prática anuncia suficientemente que nós somos tão boas cristãs quanto os homens. Nós aceitamos o Evangelho com respeito e humildade, e nos submetemos à sua doutrina e aos seus preceitos de uma maneira até mesmo mais exemplar que a maior parte dos homens. Admito que algumas pessoas do nosso sexo levaram o culto religioso até à superstição, mas a mesma coisa não terá acontecido com muitos homens? No entanto, eles são bem mais condenáveis do que elas, já que a ignorância na qual elas foram criadas deve ser um motivo para criticar os homens, que não lhes deram nenhum meio de evitar a superstição. Assim, se o seu zelo foi indiscreto, a sua intenção foi boa, e podemos assegurar com confiança – de acordo com a facilidade com a qual elas abraçaram a religião e se mantêm firmemente apegadas a ela, apesar de todas as desvantagens sob as quais ela lhes é apresentada – que elas também teriam se apegado firmemente à verdadeira devoção se lhes tivessem feito conhecê-la sob um ponto de vista mais justo.

Quem poderia, pois, nos impedir de nos regrar com base na fé e na disciplina de Jesus Cristo e de sua Igreja? Se possuíssemos os fundamentos da filosofia e da teologia escolástica, será que não seríamos tão capazes quanto os homens, no transcorrer de nossos estudos, de entender, de comparar e de interpretar as Sagradas Escrituras, as obras dos padres e os sagrados cânones? Será que não poderíamos extrair de nossos espíritos e de nossos corações algumas obras de devoção, pregar, refutar as inovações, guiar a nós mesmas e os outros, afastar os escrúpulos mal fundamentados e decidir os casos de consciência tão bem quanto os mais hábeis casuístas que nós temos?

Eu digo mais: não existe nenhuma ciência ou nenhum cargo público no Estado que as mulheres não estejam naturalmente tão bem preparadas para exercer quanto os homens. No entanto, é verdade que, com relação à teologia, Deus restringiu nossos talentos naturais por meio de uma lei positiva. Assim, evitemos reclamar aquilo que não poderíamos praticar sem uma intrusão sacrílega. No entanto, podemos observar, de passagem, que a proibição que nos fez nosso Divino Salvador de exercer quaisquer funções religiosas não nos interdita os outros cargos públicos. Ela não prova nem mesmo que sejamos indignas ou naturalmente incapazes de exercer as funções religiosas. Proibir-nos essas funções é reconhecer que poderíamos exercê-las. Mas por que elas nos foram proibidas? Seria presunçoso querer conhecer isso a fundo. No entanto, se é permitido raciocinar sobre os preceitos divinos, poderíamos apresentar para isso uma razão que se constituiria mais em glória do que em desvantagem para o nosso sexo. Deus sabe incontestavelmente a inclinação generalizada que os homens têm para a impiedade e para a irreligião. Por conseguinte, será que ele não deveria reservar as funções da religião para esse sexo, para atrair ao menos uma parte dele para alguns deveres aos quais eles tinham uma oposição tão generalizada? Além do mais, como o nosso sexo têm uma tendência natural para praticar a virtude e a religião, não era necessário acrescentar nenhum desses auxílios exteriores à sua graça divina para nos atrair para um caminho para onde os nossos próprios corações nos conduzem.

Se, portanto, se deixasse de lado o preconceito e o costume, o que haveria de surpreendente em nos ver dar lições públicas das ciências em uma cátedra de universidade? Já que, para mencionar um exemplo entre mil, esta jovem Dama Estrangeira – cujo mérito e a capacidade extraordinária forçaram, há alguns anos, uma universidade da Itália a se desfazer, em seu favor, das regras da parcialidade, do costume e do preconceito, para lhe conferir o grau de doutora – é uma prova viva dos grandes progressos que poderíamos fazer nas ciências se nos fizessem justiça.

Se eu cito este exemplo, não é tanto para justificar meu sexo quanto para favorecer os homens, e fazer ver que não é absolutamente impossível que eles algumas vezes sejam justos sem um milagre. Na verdade, seria preciso percorrer muitos países, como um judeu errante, para encontrar nesse sexo invejoso e pouco generoso alguns outros exemplos de uma semelhante equidade em relação a nós.

Porém, para encontrar muitas mulheres cujo mérito não é nem um pouco inferior ao desta última, não há necessidade de se recorrer à Antiguidade, e nem mesmo de fazer a despesa de uma viagem aos países estrangeiros. Nosso próprio século e nossa pátria podem se ufanar de terem tido mais de uma Safo, numerosas Cornélias[9] e diversas Schuurmans[10] e Daciers. Se eu quisesse

---

9 Cornélia (189 a.C. ?-110 a.C. ?) era filha do general romano Cipião o Africano. Ela foi a mãe dos Gracos e um símbolo das virtudes maternas. (N. T.)

10 Anna Maria Van Schuurman (1607-1678), escritora holandesa. (N. T.)

escolher uma que reunisse sozinha os diversos talentos de todos esses nomes ilustres, poderia citar uma Elizabeth[11] tão estimável pela alta superioridade de seu gênio e de seu juízo quanto célebre pelo uso que fez deles. Como o seu progresso nas ciências antigas e modernas em geral a elevaram muito acima dos homens, assim como as mais excelentes virtudes, somadas aos seus profundos conhecimentos, atraíram para ela a estima das mulheres, não é surpreendente que tomemos a liberdade de fazer justiça ao seu mérito sem temer a acusação de parcialidade – já que os próprios homens são forçados a admirá-la, a despeito da sua inveja. No entanto, como a sua excelência arrancou justos louvores da própria boca do preconceito, dispensar-me-ei de falar sobre ela, contente de ver que esse próprio sexo fez isso tão bem quanto eu poderia fazer. É por isso que remeto meus leitores ao que disse sobre o caráter dessa mulher o célebre Birch,[12] na *História das obras dos sábios*.[13] Este elogio é tanto menos suspeito pelo fato de ter sido feito por um homem, e por um homem que parece se vangloriar de não ter mais equidade do que é necessário, para nunca louvar nenhuma mulher para além de seu mérito. Se a comparação que faz este homem sincero dos talentos do nosso sexo com os do dele choca a inveja natural dos homens, eles devem desculpá-lo e perdoá-lo. Eles devem ao menos lhe agradecer por nos ter provado, com esse novo exemplo, que não é impossível encontrar um homem capaz de se livrar do jugo da paixão e do preconceito em favor da verdade e da boa-fé.

---

11 A rainha Elizabeth I. (N. T.)

12 Thomas Birch (1705-1766), religioso e historiador inglês. (N. T.)

13 *Histoire des ouvrages des sçavans*, junho de 1739.

Podemos, portanto, concluir facilmente que, se o nosso sexo, como temos visto até agora, tem todos os talentos requeridos para aprender e ensinar as ciências que colocam os homens em condições de possuir o poder e as dignidades, as mulheres são igualmente capazes de converter o seu saber em prática, no exercício desse poder e dessas dignidades. E já que esta nação forneceu, como já dissemos, diversos exemplos gloriosos de mulheres que tinham todas as qualidades requeridas para exercer toda a autoridade reunidas em suas pessoas, por que o nosso sexo não seria pelo menos capaz de ocupar os postos subordinados de ministras de Estado, de vice-rainhas, de governadoras, de secretárias, de conselheiras privadas e de tesoureiras? Ou por que as mulheres não poderiam, sem que houvesse nada de estranho nisso, ser generais de exércitos ou almirantes de frotas? Mas esse é um ponto que vale muito a pena ser examinado separadamente.

Capítulo VII

Se as mulheres são naturalmente adequadas às funções militares, ou não

Eu não saberia entender por que razão alguém ficaria mais surpreso de ver uma mulher com uma lança na mão do que com uma coroa na cabeça, sentada em um conselho de guerra do que em um conselho de Estado. Por que ela não poderia aparecer à frente de um exército, presidir um parlamento ou comandar no mar, assim como pode reinar em terra? Quem poderia impedi-la de tomar nas mãos o leme de uma frota com tanta firmeza e segurança quanto o de uma nação? Por que ela não poderia treinar os seus soldados, dispor suas tropas em batalha, dividir suas forças em batalhões e em esquadrões em terra e no mar com tanto prazer quanto teria em vê-lo e em mandá-lo fazer por outros? A arte militar não tem mistérios específicos que as mulheres não possam alcançar. Uma mulher é tão capaz quanto um homem de se instruir por meio de um mapa dos bons e dos maus caminhos, das rotas seguras ou perigosas e das posições apropriadas para um acampamento. Quem poderia impedir que ela se pusesse a par de todos os estratagemas de guerra: da maneira de investir contra o inimigo, de fazer uma retirada, de planejar uma surpresa, de armar emboscadas, de fingir marchas, de dar a impressão de fugir, de fazer falsos ataques, de sustentar os verdadeiros, de animar o soldado e de juntar o exemplo à persuasão, sendo a primeira a escalar uma brecha? A persuasão, o ardor e o exemplo são a alma da vitória. Ora, quando sua honra está interessada, as mulheres demonstram tanta intrepidez, valentia e ardor quanto é necessário para atacar ou para defender uma posição.

Não se pode encontrar diferença real na constituição interna ou externa dos homens e das mulheres, a não ser com relação aos membros destinados à geração. As diferenças encontradas não são suficientes para concluir que um sexo seja naturalmente mais forte que o outro, e mais capaz de suportar as fadigas da guerra. Será que não existem entre as mulheres diferentes graus de força, como entre os homens? Será que não se encontram fortes e fracos em ambos os sexos? Os homens criados na ociosidade e na indolência são mais fracos que as mulheres; as mulheres, enrijecidas pela necessidade, são muitas vezes mais robustas que os homens. Não é preciso senão ir a Chelsea para se convencer de que as mulheres podem muito bem se acostumar a todas as fadigas de uma campanha, e suportar tudo aquilo que a guerra tem de terrível tão bem quanto os homens mais bravos.

Aquilo que contribuiu muito para confirmar os homens no preconceito que eles têm da fraqueza natural das mulheres é a maneira de falar ordinária que este erro vulgar motivou. Querem acusar um homem de falta de coragem? Chamam-no de *efeminado*; e quando querem exaltar a coragem de uma mulher, dizem que ela é um *homem*. Mas como essas expressões, e outras semelhantes, são puramente arbitrárias e um puro cumprimento que os homens fazem a si mesmos, elas não estabelecem de maneira alguma a verdade. A exata verdade é que a humanidade e a brandura, que constituem a principal característica do nosso sexo, nos dão horror pelos assassinatos ilegítimos e nos fazem preferir uma paz honrosa a uma guerra injusta. É por isso que, para vincular ideias exatas a essas expressões, seria preciso dizer de um homem que possui as nossas virtudes que ele é *efeminado* para exaltar a sua boa personalidade e a sua equidade; e de uma mulher que sai das características do seu sexo para abraçar a injustiça e a crueldade da natureza dos homens, que ela é um *homem*, ou seja, uma criatura que os laços mais sagrados não podem prender ao cumprimento dos tratados justos, e que o derramamento de sangue não pode desviar da violência mais cruel e mais injusta.

Por mais que se possa dizer, é certo, como já observei – que a força sozinha não confere aos homens nenhuma superioridade sobre nós. Se assim fosse, os bichos deveriam ter a preeminência sobre os homens, e o mais forte dentre eles deveria ser o mais elevado em dignidade. Em vez disso, vemos claramente que, em geral, os mais fortes servem apenas para servir os outros – é aquilo que se vê sobretudo nos exércitos, onde os mais vigorosos são quase sempre encarregados de coletar lenha, enquanto os mais fracos escalam as brechas. Por outro lado, observa-se que os homens que têm menos força têm quase sempre as melhores cabeças. Os filósofos mais sábios, os poetas mais célebres e os maiores príncipes nem sempre tiveram a melhor constituição de corpo. Henrique não chegava nem perto da força de John Falstaff[14] e Marlborough[15] talvez pusesse um exército em fuga com mais facilidade do que a que teria para trocar socos com o mais ínfimo de seus soldados.

Portanto, é inútil insistir tanto na força corporal como sendo uma qualidade exigida para as funções militares. Na verdade, nos acusam a todas, sem nenhuma exceção, de ser covardes e incapazes de nos defender, de ter medo da nossa própria sombra, de ficar alarmadas com os gritos de uma criança, com os latidos de um cão, com o barulho do vento e com uma história de assombrações. Mas será que isso é universalmente verdadeiro? Será que não existem homens tão destituídos de coragem quanto a maior covarde do nosso sexo? Será que não se sabe, além do mais, que as mulheres mais medrosas transformam muitas vezes a necessidade em virtude, e sacrificam os seus próprios temores pela segurança de um marido, de um filho ou de um irmão? Por mais fracas e temerosas que sejam, elas suportam muitas vezes mais corajosamente que os homens os sofrimentos, a doença, as necessidades e até mesmo os terrores da morte.

O temor é quase sempre uma companhia inseparável da virtude. As pessoas virtuosas são sempre tímidas – umas mais,

14 Personagens da tragédia *Henrique IV*, de Shakespeare. (N. T.)

15 John Churchill, duque de Marlborough (1650-1722), célebre general inglês. (N. T.)

outras menos. A aversão que elas têm a ofender e o conhecimento dos vícios que reinam entre os homens bastam para lhes atemorizar à menor aparência de perigo. É uma paixão natural a todo mundo. Os príncipes temem a revolta de seus súditos, os generais temem a surpresa de seus inimigos. O próprio homem que agarra a espada para vingar um insulto teme a reprovação que resultará disso: ele receia seu inimigo e a severidade das leis.

Mas o temor é sempre bem maior quando nos reconhecemos fora de condições de resistir, e só se deve censurá-lo naqueles que têm nas mãos a força para repelir os males com os quais os ameaçam. Um jurisconsulto que passou toda a sua vida folheando Coke & Littleton[16] não pode ser justamente acusado de falta de coragem por ter recusado o desafio para um duelo que lhe faz um oficial do exército; um soldado não será acusado de ser medroso porque se recusa a arriscar sua sorte no carteado contra a mulher de um lorde.[17] A maneira como as mulheres são criadas as autoriza a temer tudo. Não se permite que elas façam os exercícios que colocam os homens em condições de atacar e de se defender. Elas se veem sem auxílio, e expostas aos ultrajes de um sexo entregue aos arroubos mais brutais; e ocorre delas serem vítimas do desprezo de pessoas sem humanidade e que, algumas vezes, se aproveitam contra elas da superioridade de forças com mais fúria e crueldade do que as que as feras exercem umas contra as outras. Pode-se, portanto, imputar nosso temor à falta de

---

16 Referência ao livro *Institutes of the Lawes of England*, obra de Edward Coke (1552-1634) baseada nos escritos de Thomas Littleton (1422-1481). (N. T.)

17 No Antigo Regime, muitas mulheres da alta sociedade se dedicavam assiduamente ao jogo, como passatempo ou como forma de aumentar a sua renda. (N. T.)

coragem? Será um defeito? Não será antes um efeito de nosso bom senso, já que haveria loucura e temeridade em resistir a furiosos que não têm bastante equidade para escutar a razão, e que nós carecemos do vigor necessário para repeli-los pela força das armas?

E ainda está longe de ser verdade que todas as mulheres careçam da força, da coragem e da conduta necessárias para levar um exército à vitória, e que todos os homens tenham essas qualidades. Muitas mulheres são tão intrépidas quanto os homens; e, no que me diz respeito, eu enfrentaria mais facilmente, e com menos repugnância, a fúria de um exército já vitorioso, ao qual eu tivesse força para resistir, do que a que teria para disputar a benevolência de um ministro corrupto que eu teria razão para desprezar.

Qual é a necessidade de ir buscar na Cítia as amazonas para provar a coragem das mulheres? Por que eu iria à Itália procurar em Camila[18] um exemplo de virtude guerreira? A mulher de Peto[19] apunhalou a si mesma para encorajar seu marido, que fraquejava, a seguir o seu exemplo. Será que ela teria medo de escalar uma muralha? Uma mulher que teve a coragem de arrancar o punhal do seu peito, e de apresentá-lo com firmeza a Peto, dizendo-lhe "Usai-o, ele não faz nenhum mal", não teria sido igualmente capaz de animar um exército, pela sua persuasão e pelo seu exemplo, para a defesa de seu país? Que a França se felicite pela sua Donzela de Orleãs,[20] e que outras nações se glorifiquem por terem produzido um grande número de mulheres

18 Na mitologia romana, mulher guerreira que foi rainha dos volscos. (N. T.)

19 O texto se refere a Arria. Quando seu marido, o cônsul romano Aulo Peto, foi condenado à morte, por ter se rebelado contra o imperador Cláudio, ela fez questão de suicidar-se junto com ele. (N. T.)

20 Epíteto de Joana d'Arc. (N. T.)

guerreiras. Não temos necessidade de sair da Inglaterra[21] para encontrar heroínas enquanto nos restarem anais que imortalizem seus ilustres nomes. A quem a Inglaterra deve a sua libertação do jugo tirânico dos dinamarqueses? Porém, para não passar em revista tantos exemplos de bravura em nosso sexo, contentemo-nos em citar Boadiceia,[22] que opôs aos romanos, para a defesa de seu país, a mais vigorosa resistência que esse império algum dia encontrou. Se os seus esforços não tiveram o mesmo sucesso que as façanhas de Alexandre, de César, ou de Carlos da Suécia[23] em seus dias felizes, ao menos a sua coragem e a sua conduta a tornaram digna de ser posta em paralelo com eles – para não dizer ultrapassá-los todos em bravura e em prudência, sem contar que suas intenções eram bem mais justas.

Assim, penso ter provado de uma maneira evidente que não existem ciências, cargos e dignidades às quais as mulheres não tenham tanto direito de aspirar quanto os homens – já que esses últimos não podem alegar outra superioridade que não seja a da força do corpo para justificar o cuidado que eles têm de atrair para si toda a autoridade e todas as prerrogativas, e que eles não provam nenhuma incapacidade nas mulheres que possa privá-las do seu direito, a não ser aquela que resulta da injusta opressão dos homens, e que é fácil de desconsiderar. Parece, no entanto, com relação às funções militares, que seja por uma disposição da providência que o costume nos isentou delas. Assim como os marinheiros, durante uma tempestade, lançam ao mar as

---

21 Publicada anonimamente, esta obra é a tradução de um original inglês igualmente anônimo. (N. T.)

22 Rainha celta que liderou uma revolta contra as forças de ocupação romanas durante o reinado de Nero. (N. T.)

23 Carlos XII (1682-1718), rei da Suécia entre 1697 e 1718. (N. T.)

cargas que estão atrapalhando e as que são menos úteis em um navio, era igualmente muito justo que os homens fossem expostos aos perigos e aos dissabores da guerra, ao passo que nós permanecemos em segurança em casa. Falando de um modo geral, eles só servem para ser nossos defensores, e nossas boas graças são as mais belas recompensas que possam desejar ou merecer os mais bravos dentre eles, para compensá-los pelos perigos que eles correm e pelos esforços que realizam para a nossa defesa durante as campanhas mais fastidiosas.

Capítulo VIII

Conclusão

Em tudo aquilo que eu disse até esse momento, não tive a intenção de incentivar ninguém do meu sexo a se revoltar contra os homens, nem a modificar a ordem presente das coisas no que concerne ao governo e à autoridade. Não! Que as coisas permaneçam no estado em que estão. Pretendo somente fazer ver que o meu sexo não é tão desprezível quanto os homens gostariam de fazer crer, e que somos capazes de tanta grandeza de alma quanto os melhores indivíduos desse sexo orgulhoso. E estou bem convencida de que seria vantajoso para os dois sexos pensarem assim.

Essa verdade se comprova pelas más consequências que resultam do erro contrário. Ao nos crerem incapazes de aperfeiçoar o nosso entendimento, os homens nos privaram inteiramente de todas as vantagens da educação, e por esse meio contribuíram o máximo que puderam para nos tornar criaturas desprovidas de senso, assim como eles haviam imaginado que éramos. Assim, pela falta da educação, nós nos entregamos a todas as extravagâncias que são desprezadas em nós; atraímos para nós os seus maus-tratos por faltas das quais eles mesmos são os autores, e que eles tiraram de nós os meios de evitar. Qual é a consequência desse tratamento tirânico ao qual eles nos submetem? Ela recai, no fim das contas, sobre eles mesmos. A falta de saber e de educação que arrasta as mulheres a algumas ações desaprovadas pelos homens priva-as das virtudes que poderiam sustentá-las contra os maus-tratos que os homens as fazem sofrer por causa de suas imprudências. E, na falta dessas virtudes, elas imaginam meios muito condenáveis para se vingar de seus tiranos. De onde decorre que, em geral, os homens e as mulheres tenham um soberano desprezo uns pelos outros, e que disputem para ver quem tratará o outro pior; enquanto deveriam viver felizes, se os dois sexos pudessem se decidir a adotar um pelo outro os sentimentos de estima que se devem reciprocamente.

No entanto, se é preciso falar a verdade, é incontestável que a recriminação deve recair principalmente e originariamente sobre os homens. Porque, se eles quisessem simplesmente conceder às mulheres as vantagens da educação e do saber, elas aprenderiam a desprezar essas tolices e essas bagatelas que agora lhes atraem um injusto desprezo. Elas estariam em condições de dar aos homens uma melhor opinião sobre a capacidade do seu cérebro e a disposição do seu coração, e os homens diminuiriam e reformariam gradualmente os seus maus procedimentos à medida que crescesse a estima que lhes inspiramos. As mulheres adotariam como ponto de honra aperfeiçoar os seus talentos, e se tornariam melhores adquirindo conhecimentos. Elas se ocupariam com prazer de cuidar dos homens sensatamente e de acrescentar a firmeza aos seus encantos. Por esse meio, os dois sexos viveriam felizes, e não teriam nenhum motivo para recriminar um ao outro. Porém, enquanto os homens nos fecharem todas as entradas para as ciências, eles não poderão, sem fazer com que recaia sobre eles toda a recriminação, nos censurar pelas falhas de conduta que a ignorância nos faz cometer, e sempre trataremos como injustiça e crueldade os desprezos e os maus procedimentos que eles têm para conosco por falhas que não estava em nosso poder corrigir.

Não seria necessário dizer mais sobre esse assunto, se não fosse para responder a certas pessoas fracas, que se persuadem impropriamente de que existem, com relação à virtude, reais diferenças entre nós e os homens. No entanto, nada é mais absurdo, porque é incontestavelmente verdadeiro que existiram, e que ainda existem, muitos indivíduos bons e ruins nos dois sexos. E mesmo que se supusesse que algumas mulheres levaram a vilania mais longe que os homens, isso não poderia desonrar o seu sexo em geral. Os bons que se estragam se tornam sempre os mais perversos, e, ainda que reconhecêssemos que algumas do nosso sexo superaram os homens pela qualidade dos vícios, seria preciso forçosamente admitir que esses últimos levam vantagem quanto ao número. Creio que ninguém contestará que, entre os malvados, existem ao menos mil homens para cada mulher, avaliando as coisas do ponto de vista mais favorável aos homens. Porém, para saber se uns são naturalmente mais viciosos que os outros, é preciso observar que apenas a alma é suscetível de virtude, e que a virtude consiste na resolução firme de fazer aquilo que se julga mais conforme às regras da razão nas diferentes circunstâncias que se encontram na vida. Ora, a alma das mulheres não é menos suscetível que a dos homens a esta resolução firme que constitui a virtude, e elas sabem tão bem quanto eles as ocasiões de pô-la em prática.

Por mais fracas que suponham as mulheres em geral, sabemos regular as nossas paixões tão bem quanto os homens, e não somos mais inclinadas ao vício do que eles. Podemos mesmo, quanto a isso, fazer a balança se inclinar a nosso favor, sem ferir a justiça e a verdade. No entanto, no fim das contas, mesmo supondo que existam motivos para achar os dois sexos igualmente faltosos, aquele que acusa o outro peca contra a equidade natural. Se existe mais mal a imputar aos homens do que a nós, e se eles são demasiado cegos para perceber isso, eles são culpados de atrevimento por acharem o que criticar em nosso sexo; e, se eles percebem as nossas faltas e ocultam maliciosamente as deles, que são mais consideráveis, não será uma baixeza da parte deles converter as nossas em crimes, quando os temos menos? Se existe mais bem nas mulheres que nos homens, será que devemos acusar os homens de ignorância ou de inveja por não quererem reconhecer isso? Quando uma mulher tem mais virtudes que vícios, será que umas não devem fazer desaparecer os outros? Isso é tanto mais verdadeiro pelo fato de que nossos defeitos são insuperáveis, e que nos recusam os meios de nos corrigir. Eis aí, precisamente, o caso de quase todas as faltas do nosso sexo, e elas merecem mais compaixão do que desprezo. Enfim, se nossas faltas são faltas apenas na aparência, ou pelo menos se elas forem por si mesmas muito leves, não se pode insistir nisso sem muita imprudência e perversidade. Ora, é muito fácil provar que esse é o caso da grande maioria das faltas de que somos acusadas, e que são comuns a todo o nosso sexo, de uma maneira ou de outra.

Creio ter demonstrado suficientemente que é de modo errôneo que os homens nos acusam de carecer desta solidez de juízo que eles atribuem a si mesmos com tanta confiança. Nós temos o mesmo direito que eles a todos os empregos públicos: a natureza nos deu um gênio tão capaz de ocupá-los quanto o deles, e nossos corações são tão suscetíveis de virtude quanto nossos cérebros o são de aprender as ciências. Nós não carecemos de espírito, de força e nem de coragem para defender um país, e nem de prudência para governá-lo. Temos, de modo geral, os órgãos mais delicados. Querem comparar a estrutura dos corpos para definir o grau de excelência dos dois sexos? Não haverá mais contestação. Penso que os próprios homens não criarão dificuldades para admitir a nossa superioridade nesse aspecto. Eles não podem deixar de reconhecer que temos sobre eles toda a vantagem quanto ao mecanismo interno de nossos corpos, já que é dentro de nós que é produzida a mais bela e a mais surpreendente de todas as criaturas. E como é maior a nossa superioridade sobre eles quanto à forma exterior! Que belezas, que distinção, que graças a natureza não ligou aos nossos corpos, e das quais os deles estão privados? Eu teria vergonha só de falar sobre isso, se não pensasse que é uma razão a mais para acreditar que nossas almas também são mais delicadas. Porque não posso me impedir de pensar que o sábio autor da natureza proporcionou nossas almas aos corpos que nos concedeu. Seguramente, portanto, a sutileza de nossos espíritos e o refinamento daquilo que se passa no interior de nossas cabeças devem ao menos nos tornar iguais aos homens, já que o nosso exterior raramente deixa de nos tornar as senhoras absolutas.

Eu não gostaria, no entanto, que nenhuma pessoa do meu sexo apoiasse a sua autoridade em um fundamento tão frágil. Não! O bom senso deve sobreviver a um belo rosto, e a ascendência que a razão confere sobre os corações é duradoura. É por isso que exorto todas as mulheres a rejeitar os vãos divertimentos e a se dedicar ao cultivo de suas almas, a fim de se tornar capazes de agir com toda a dignidade à qual a natureza nos destinou. Sem procurar nos elevar e aumentar nosso valor, façamos ver que merecemos dos homens uma parcela tão grande da sua estima quanto aquela que eles atribuem a si mesmos, acima de nós. Em poucas palavras, ensinemos a eles, pelo pouco que fazemos sem o auxílio da educação, aquilo de que seríamos capazes se nos fizessem justiça. Forcemos os homens a ter vergonha de si mesmos, se é possível, ao verem todos os erros que cometem conosco, e façamos com que reconheçam que a mais ínfima das mulheres merece, da parte deles, um tratamento melhor do que o que eles dão à mais digna.

FIM

Adélaïde d'Espinassy
*(17**-1777?)*

Ensaio sobre a educação das donzelas[1]

Advertência do autor

Jamais tive a intenção de me erigir em autor. Conheço muito bem esse perigo. Além do mais, não tenho de forma alguma os talentos que são necessários para isso. Quando compus este ensaio sobre a educação, tive em vista unicamente uma sobrinha que eu amo, e que, na mais tenra idade, promete muito. Eu esperava dar conselhos à sua mãe, e não a outros.

A leitura do *Emílio*[2] e algumas reflexões que fiz sobre a negligência que se tem com a educação das donzelas – da qual, no entanto, depende muitas vezes toda a condução das suas vidas – motivaram este tratado. Alguns amigos que o leram, afirmaram que eu tinha errado em não mandar publicá-lo, e que havia nele algumas coisas que podiam ser boas. Eu me prestei aos desejos deles, e sou muito cidadã para recusar à minha pátria algumas

---

1 *Essai sur l'éducation des demoiselles* (Paris: Barthelemi Hochereau, 1764). (N. T.)

2 *Emílio ou sobre a educação*, obra do filósofo Jean-Jacques Rousseau. (N. T.)

reflexões que acreditam ser justas e úteis. Entrego-me, pois, a este público assustador que eu temo, e do qual peço a indulgência me contentando em calar meu nome.[3] Que me perdoem as falhas de expressão e a simplicidade do estilo. Repito que esta obra é o fruto de algumas horas de lazer. Eu a apresento tal como foi composta, já que as minhas ocupações presentes não me deixam tempo para modificar nada nela. Ficarei muito feliz se o meu exemplo puder encorajar pessoas mais hábeis do que eu, e fazê-las perceber de que importância é a educação das donzelas, segmento até o presente, infelizmente, muito negligenciado.

Ensaio sobre a educação das donzelas

Prefácio

Há muito tempo que se reclama da má educação que é dada às jovens donzelas; que se afirma, e com razão, que ela influi sobre a sua conduta quando elas estão casadas, e que se fala de corrigi-la. Porém, não vejo que alguém tenha assumido o dever de escrever sobre esta matéria e dar às mães algumas lições úteis para educar suas filhas. Será que esta obra é muito difícil? Ou será que não se acha que o belo sexo é digno das reflexões de um homem sério? Esta matéria é, no entanto, mais importante do que muitas pessoas pensam, já que é da educação de uma jovem que depende toda a condução da sua vida. Aquilo que ninguém fez até o presente, eu quero realizar. Não pretendo que minhas ideias sirvam de regras infalíveis; nada mais faço que propô-las. Advertirei somente que elas são baseadas em um estudo

3 A edição original deste livro foi publicada anonimamente. (N. T.)

bastante exato que fiz do caráter das mulheres em geral. Este não pode ser considerado como um tratado completo de educação, mas como um ensaio que poderia servir de matéria-prima para uma obra mais considerável – se alguém, encorajado pelo meu exemplo, quisesse se dar ao trabalho de compô-la.

Um autor de reputação nos deu um tratado de educação para os homens, no qual se encontram excelentes coisas, e que seria desejável que fosse posto em prática. Seria preciso, na verdade, alguém de muita habilidade para extrair de sua obra todos os frutos que dela poderiam ser esperados, e que soubesse descartar com arte o seu perigoso veneno – porque a maneira de pensar sobre a religião, os preconceitos e os costumes de nossa nação tornam o seu livro mais prejudicial do que útil. Ele nos traçou, em seu *Emílio*, um ser fantástico que jamais existirá. O retrato de sua Sofia é mais verídico em alguns aspectos, e a educação que ele supõe que ela recebeu se assemelha bastante aquela que eu gostaria que fosse dada às jovens donzelas. Mas ele só toca superficialmente nesta matéria. Ele não parece julgar que as mulheres sejam capazes de suportar uma certa educação; elas nasceram, segundo ele, apenas para se dobrar continuamente sob o jugo de um esposo. Ele chega a levar esta opinião ao ponto de decidir que elas não devam ter outra religião que não seja a de seus maridos, e esperar, para tomar partido quanto a este importante assunto, que saibam a vontade daqueles a quem estarão ligadas. Minha maneira de pensar é bem diferente; é o que se verá no decorrer esta obra. Esse célebre autor concede às mulheres, no entanto, mais sutileza e delicadeza no espírito do que aquelas que têm comumente os homens. Ele admite que elas os governam em alguns aspectos, e que é bom que o façam. Se elas governam os homens em alguns aspectos, é preciso, portanto, pô-las em condições, por meio de uma boa educação, de saber até onde deve ir este domínio, e não fundamentá-lo em uma beleza passageira e pouco duradoura, mas nas qualidades verdadeiramente amáveis – quero dizer, as do coração e do espírito. O objetivo da minha educação é afastar de minha jovem aluna todas as paixões perigosas ao seu sexo, e torná-la tão sensata quanto amável. A tarefa é difícil: eu entro na matéria.

Capítulo I – Da infância

A educação de uma criança começa, por assim dizer, com o seu nascimento, mas a dos seus primeiros anos é pouco importante. As babás e governantas a entendem, comumente, melhor que as mães, pela convivência que têm com elas. Ensinar as crianças a responder adequadamente, a fazer uma cortesia bem colocada, a dizer algumas pequenas preces das quais não entendem nada, a recitar alguns versos ou fábulas que nos divertimos em ouvir porque a sua maneira de falar é agradável – eis em que consiste, mais ou menos até os quatro anos, a educação infantil, que é igual para os dois sexos. Chegados a essa idade, se começa a ensiná-las a ler. Empreguem para isso o método mais simples, a fim de não desencorajar a criança; de preferência, que ela aprenda brincando, e não como uma lição. Que a leitura lhe sirva de recompensa quando ela foi bem-comportada e obediente – esse é o único meio da criança adquirir algum gosto por ela. Faça, ao mesmo tempo, com que ela aprenda alguns versos ou frases de cor, menos pela utilidade que ela deva extrair disso do que para treinar e desenvolver a sua memória. Não atrapalhe em nada as suas brincadeiras e a sua alegria. Deixe-a tagarelar à vontade e dizer atrevidamente tudo aquilo que ela pensar: é a maneira de conhecer o caráter que se desenvolve desde a mais tenra infância. Repreenda-a brandamente pelos seus pequenos defeitos. Corrija com brandura as malcriações comuns nesta idade, mas se faça amar sem se fazer temer em demasia. É preciso, desde a mais tenra juventude, conquistar a confiança da criança que você quer educar, a fim de fazê-la apreciar com mais facilidade, quando chegar a época, as lições que você terá que lhe dar.

As crianças são naturalmente curiosas e pedem explicações sobre tudo. Tire proveito desse instinto da natureza que, sempre sábia em suas operações, concedeu ao homem o desejo de se instruir. Responda corretamente às suas questões. O uso de enganá-las não poderia ser pior, e provém da ignorância das governantas, que, não sabendo o que dizer diante de questões por vezes embaraçosas, tratam a criança com rispidez ou lhe contam alguma história fabulosa. Pelo contrário, tire vantagem desta curiosidade. Ponha sucessivamente diante dos olhos da criança uma infinidade de coisas úteis, as produções da natureza e os instrumentos dos diferentes ofícios. Ela não deixará de perguntar o que são. Primeiramente você a identificará e a ensinará a pronunciar bem o seu nome. Em seguida, você lhe dirá os nomes dos instrumentos e das máquinas. Dê preferência à natureza; comece pela história natural, tanto mais que os seus objetos são menos compostos. Você a instruirá sobre os seus verdadeiros nomes, seguindo o mesmo método, e começando sempre por aqueles que estão mais ao alcance do espírito da criança. Você percorrerá também todos os ofícios. À medida que o espírito da criança se desenvolve e que as suas ideias se formam, ela fará novas perguntas, que darão oportunidade para conversas mais úteis e mais instrutivas que as lições. Chegando à idade de aprender, nada lhe será estranho. Familiarizada com uma infinidade de palavras e de coisas, ela compreenderá facilmente aquilo que se quiser lhe dizer, e terá, sem ter parecido aprender, tanto conhecimento quanto o que lhe teria sido dado por vários anos de estudo. Para extrair desta ideia todos os frutos que você puder desejar, basta colocar diante da sua filha, a partir do momento em que ela saiba falar, todas essas diferentes coisas, sem parecer ter vontade de que ela se ocupe com elas. Que os objetos estejam somente ao seu alcance. Não se incomode com a leviandade que a fará correr de um para outro, mas brinque com ela. Pareça se divertir com a sua tagarelice, e responda com doçura e correção a tudo aquilo que ela perguntar.

Dos quatro aos sete anos, a educação ainda consiste em pouca coisa. Aplicar os nomes às coisas, saber ler bem e o catecismo é tudo aquilo que se pode exigir. No entanto, já comece a prestar atenção a tudo aquilo que você disser e fizer na presença de sua filha. Nessa idade, elas são suscetíveis do exemplo e, muitas vezes, os maus hábitos que descobrimos nelas quando são maiores foram adquiridos na mais tenra infância. Uma mocinha de sete anos me dizia um dia: "Eu tenho um namorado". "Um namorado, você! Pois bem! O que vocês fazem?...". "Nós nos escondemos atrás de um biombo para nos abraçar...". Feliz situação! Ri-se dessas brincadeiras de infância, e elas são muito sérias. O que é a ideia de um namorado nessa idade? É muito imperfeita. No entanto, a criança, em seu pequeno raciocínio, vincula a ela uma espécie de mal, já que, para trocar carícias com ele, ela se esconde. Se jamais tivessem falado diante dessa criança de amor e de mistério, ela ignoraria os seus nomes e não poderia pensar neles. *Ainda não há nenhum perigo* – reconheço –, *quando ela for maior, cuidaremos disso*. Talvez, mas já será tarde demais. Essa ideia, gravada na sua imaginação, terá feito progressos. A imaginação muitas vezes excita o coração, e não há mais tempo, então, de remediar isso. O coração é corrompido antes que esteja formado. Mas voltarei a esse assunto, quando falar da escolha dos livros. Eu o considero um dos mais importantes. É por isso que talvez trate dele mais de uma vez.

Capítulo II – Dos professores

Voltemos à sua criança de sete anos. É nesse momento que a educação propriamente dita começa. Não se pode dar professores à criança muito cedo, porque dificilmente se pode exigir de uma moça um estudo continuado antes que ela chegue à juventude. Se, aos doze anos, não sabe nada, distraída, então, por alguns objetos que impressionam vivamente o seu jovem coração e dispersam incessantemente a sua atenção, ela não será mais capaz de aprender e será um dia a mulher mais medíocre.

A escrita deve seguir imediatamente a leitura. Ao mesmo tempo, vem o professor de dança e de canto. Mesmo que a sua filha não tiver uma boa voz, que ela sempre aprenda música, pois isso forma o gosto. Rousseau não ousa decidir se é um professor ou uma professora que é preciso dar a uma jovem. Ele encontra indecência no professor e inconvenientes na professora. Sou mais ousada e decido: é um professor. A razão disso é simples: como se costuma contratar professores para isso, os homens são mais hábeis nessas artes do que as mulheres. Depois de ter feito a sua filha adquirir os conhecimentos básicos com uma professora, seria preciso voltar ao professor para o bom gosto e a perfeição. Isso seria retroceder e perder um tempo precioso; e é então, como a sua filha estaria maior, que poderia haver algum perigo. Você não quer fazer de sua filha uma atriz da Ópera ou uma dançarina; assim, que ela saiba dançar corretamente um minueto e cantar uma canção quando for a ocasião – eis tudo o que é necessário. Para isso, bastam os professores até os doze anos. Não há que temer, por serem tão jovens, que os professores tenham para com elas propósitos indecentes. Além do mais, as lições devem ser dadas sempre na sua presença ou na presença de alguém em quem você tenha muita confiança.

É preciso também, desde a idade de sete ou oito anos, deixar que ela toque o cravo. Trata-se de um instrumento que demora muito para ser aprendido, e para conseguir isso é preciso que os dedos sejam acostumados desde cedo. Mas é preciso um professor por vários anos, e dez ou doze anos não são muito para se tornar um pouco hábil nisso, sem incluir também o acompanhamento e a composição. Como uma moça conserva esse professor por muito tempo, contrate um que tenha bons costumes tanto quanto possível. E, mesmo assim, esteja rigorosamente presente nas lições e tolere pouca conversa – que o tempo seja empregado unicamente no estudo.

Que ela tenha um professor de aritmética. A ciência de calcular é indispensável para alguém que está destinada a ter um dia uma casa para dirigir; sem isso, ela será enganada muitas vezes, ou pelo menos terá a possibilidade de sê-lo. Junte a ele um professor de geometria elementar. Não quero dizer que você faça da sua filha uma matemática. A geometria nada mais é que a ciência das coisas; ela torna o espírito justo e coerente – vantagem muito importante para ser negligenciada.

Apesar desses professores, que podem ocupar quatro ou cinco horas, resta-lhe ainda muito tempo no dia. Uma hora ou duas devem ser dedicadas ao estudo da religião e o resto à recreação e à costura. Mostre à criança tudo aquilo que uma mulher pode saber no que concerne aos trabalhos de agulha. Dê a ela o gosto pela diversidade desses trabalhos e mostre a pouca dificuldade que você tem para fazê-los. Encoraje-a pelo desejo que ela terá de se vestir bem, e faça com que ela perceba que estará melhor ou pior de acordo com o resultado de seu trabalho. Que ela própria faça todos os seus vestidos. Se você é rica, isso lhe é inútil, porque ela pode comprá-los, é verdade. Mas isso a tornará hábil e lhe fará conhecer o valor de cada coisa. Se, pelo contrário, você é pobre ou desfruta de uma fortuna mediana, esta economia lhe é necessária. Você a põe em condições de estar vestida como todas as outras donzelas da sua idade, o que ela não poderia sem isso – o que lhe daria uma inveja que não é nada incomum entre as jovens e, muitas vezes, mesmo entre as mulheres adultas. Essa inveja ou o gosto pelos adornos já perdeu várias delas.

A partir da idade de dez anos, sua filha já não sai mais do seu lado. Leve-a para toda parte. Nada de governanta confidente; nada de amizade íntima com outras moças menos bem-criadas; nada de segredinhos – todas essas coisas são muito perigosas. Mas, dirão, esta educação é muito severa e muito incômoda para a própria mãe. Quanto a ser muito severa, eu não penso assim. A doçura do seu relacionamento, a complacência da mãe para com a filha em todas as coisas de pouca importância, os poucos entraves que ela lhe impõe em todas as coisas permitidas, a distração dos passeios e das rodas sociais farão a menina suportar facilmente tudo aquilo que, por outro lado, se exigir dela. Quanto ao incômodo da mãe, ele é grande, eu reconheço; mas uma mulher, a partir do momento em que se torna mãe, deve renunciar a si mesma para pensar apenas na educação de seus filhos, senão ela não merece o título de mãe. A natureza, ao lhe fazer mãe, lhe impõe os deveres dessa condição; cabe a você cumpri-los. Se você não é capaz disso, siga o procedimento comum: ponha a sua filha no convento e só a retire pouco tempo antes de casá-la. E, no entanto, desse momento até o do casamento, também não a deixe. Mas estou falando apenas com as mães que querem educar elas mesmas as suas filhas, e que se sentem bastante corajosas para levar a efeito e executar aquilo que lhes proponho.

Que a sua filha seja persuadida da amizade que você tem por ela, e de que tudo aquilo que você exige dela é para o seu bem. Mas, se a sua ternura chega até à fraqueza, que ela a ignore. Uma criança confia nisso, e é raro que não abuse. Que aquilo que você queira que ela faça seja sempre ditado pela razão, e nunca pelo capricho. Exija-o com firmeza, e nunca com mau humor. Corrija-a com brandura e elogie-a com comedimento. Se ela é bonita, que o ignore tanto quanto possível. Se você não puder impedir que ela seja informada disso, faça-a sentir – o tanto quanto puder e por meio de exemplos – que a beleza sem o caráter não é nada, que a beleza passa como a sombra e que só o caráter permanece. Se, pelo contrário, ela é feia, nunca lhe fale sobre isso, pois ela ficaria muito humilhada. Ou, se você for forçada, algumas vezes, a descrever o seu rosto, que seja fazendo-a compreender com doçura que ela é mais obrigada que algumas outras a reparar os erros da natureza, formando um coração e um caráter dos quais se possa fazer o elogio mais vantajoso.

Que ela ignore a condição de sua fortuna. Se você é rica, ela se tornará orgulhosa, desprezará todas os jovens menos ricos que ela e acreditará que todos os defeitos lhe são permitidos e que os seus bens bastam para dar um lustro a todas as suas fantasias.

Se você é pobre, ela será desencorajada por isso; seu orgulho muito abatido envolverá, por assim dizer, todas as faculdades de sua alma; ela não se ocupará senão dos meios de sair da condição miserável à qual se crê condenada. Esta ideia crescerá com ela e fará com que ela se atire de cabeça sobre o primeiro homem que parecer amá-la – aquilo que pode ter, apesar da atenção da mãe, as consequências mais perigosas.

Que sua filha seja, portanto, persuadida de que você desfruta de uma fortuna mediana, que lhe coloca em condições de satisfazer honestamente os seus gostos e de lhe conseguir um casamento adequado. Que ela só conheça a verdade sobre a sua situação econômica quando a sua razão estiver formada e você não temerá mais nenhum inconveniente por causa disso, o que se dará um pouco mais cedo ou mais tarde, conforme o espírito da jovem for mais ou menos evoluído – isso pode ser, comumente, por volta dos dezesseis anos. Só as circunstâncias podem fazer os pais prudentes decidirem a época em que devem pôr seus filhos a par da sua verdadeira situação.

Nunca admita que a sua filha tome nenhuma liberdade com os homens, e nem os homens com ela, mesmo desde a sua mais tenra infância, nem mesmo com um velho, nem mesmo com seus irmãos. Nós nos acostumamos com essas liberdades imperceptivelmente, permitimos e concedemos cada vez maiores sem perceber as suas consequências; um passo a mais é logo dado, é ultrapassado, e se está perdida sem se aperceber disso.

Quando eu digo nenhuma familiaridade com os irmãos, estou falando dessas brincadeiras indecentes, que são bastante comuns entre as crianças. Porque estou bem distante de condenar a amizade da fraternidade. Ao contrário, eu a recomendo como o mais doce laço das famílias e a sua maior felicidade.

Inspire, pois, em seus filhos, uma grande amizade uns pelos outros, mas não tolere nenhuma familiaridade. Que as mães os vigiem com atenção. Quantas coisas não poderiam ser ditas sobre uma matéria tão delicada? Cabe a uma mãe prudente estudar bastante perfeitamente o caráter de sua filha, para decidir por si mesma até onde pode levar a sua confiança nela. Não é possível instruí-la muito e nem muito pouco; ambas as coisas são igualmente perigosas. Não é possível dar, sobre esse assunto, um conselho mais extenso.

A modéstia é o mais precioso atributo do sexo feminino. Essa virtude é de qualquer idade. Uma mulher adulta deve ser modesta como uma jovem. Não é possível inspirar nelas muito cedo esse sentimento. É preciso ser modesta não por princípio, mas por gosto. A modéstia por princípio é de pouca duração; as circunstâncias a destroem; a por gosto é a única que subsiste. Não falo dessa modéstia de devoto, que se escandaliza com tudo. Nessa eu tenho pouca fé, ela é quase sempre a máscara de um coração corrompido. Mas estou falando dessa modéstia efetiva, que teme e foge do mal pelo mal em si, e não pelas suas consequências; que sabe se prestar às brincadeiras decentes, e que não transforma em crime uma palavra solta no ar, ou uma mão beijada.

Que a sua filha e todos os seus filhos em geral não fiquem sabendo se você tem alguns desentendimentos entre marido e mulher. E ainda que a mãe considere sua filha como sua amiga, ela não deve jamais lhe fazer queixas do seu marido. Nesses casos, acontece uma de duas coisas: ou a criança toma partido entre seu pai e sua mãe, e se declara a favor daquele dos dois que ela gosta mais, desprezando o outro, ou ela se aproveita da oportunidade para desprezar a ambos. Daí nasce uma insubmissão às suas lições que faz com que se perca todo o fruto da boa educação que seus pais queriam lhe dar, o que pode causar muitos desgostos aos pais e mães. Assim, quando você se encontrar, infelizmente, no caso de ter necessidade de consolo para os conflitos domésticos, dirija-se a alguma amiga sábia e prudente e nunca aos seus filhos – a menos que eles estejam na idade de ser os seus verdadeiros amigos, de preferência a todos os outros, e que você acredite que eles sejam capazes de fazer o pai se arrepender.

Capítulo III – Das professoras

Quando sua filha chegou à idade de doze anos, não é mais uma criança e não deve mais ser tratada como tal. Eu a suponho, nessa idade, sabendo dançar e cantar com graça, e não tendo mais esses dois professores – ou, ao menos, o primeiro –, começando a tocar bem o cravo ou algum outro instrumento, sabendo aquilo que se aprende de cor da religião e alguma coisa da história sagrada e trabalhando em todas as obras úteis ao seu sexo – não somente nas agradáveis, mas nas necessárias. É então que um estudo mais sério vai começar. Você vai substituir os professores de canto e dança por uma professora de história, de geografia e de desenho. Eu digo professora porque, não querendo fazer de sua filha uma geógrafa ou uma desenhista, alguns conhecimentos elementares dessas ciências lhe bastam. É preciso que ela aprenda a história de seu país – existem, para isso, alguns resumos que são muito bons. Quanto à geografia, que ela conheça bem o mapa da Europa e, sobretudo, o de seu país. Isso lhe é necessário a fim de que ela possa falar com alguma outra quando a ocasião se apresentar ou, ao menos, não se entediar quando ouvir falar sobre isso. De resto, que ela tenha um conhecimento básico dos países estrangeiros, das quatro partes do mundo e das diferentes colônias – e que não esteja no caso de fazer perguntas ineptas que provocarão o riso naqueles que as escutam. Quanto ao desenho, considero o dos rostos como totalmente inútil para as mulheres. Saber desenhar algumas flores com beleza e uma paisagem corretamente é tudo o que elas precisam, já que esta ciência é para elas mais uma simples diversão do que uma utilidade. É preciso fazê-la estudar a gramática, a fim de que ela saiba falar a sua língua – que a maior parte das mulheres estropia, o que tira muito dos encantos na conversação – e a ortografia, para que a sua escrita seja correta. O estilo mais agradável perde muito ao ser mal ortografado e mal pontuado, porque é mais difícil de ler.

Gostaria de juntar a isso uma professora de história natural e de física. Seria muito desejável que algum homem capaz quisesse se dar ao trabalho de compor um curso dessas ciências para uso das donzelas – quer dizer, que sem aprofundar as partes que lhes são inúteis, elas soubessem os elementos e as causas de uma infinidade de coisas naturais, que só surpreendem porque são ignoradas. Que recurso contra o tédio, se uma mulher isolada em sua casa de campo soubesse se ocupar dos segredos da natureza, e admirá-la em suas produções! E até mesmo que utilidade para a agricultura, hoje tão recomendável! É possível fazer ler, sobre esse assunto, *O espetáculo da natureza*, de Pluche,[4] escrito precisamente para a juventude. *A física experimental*, do abade Nolet,[5] também pode instruir, ao mesmo tempo que diverte.

---

4 Noël-Antoine Pluche (1688-1761), padre e naturalista francês. (N. T.)

5 Jean-Antoine Nolet (1700-1770), físico e religioso francês. (N. T.)

As próprias damas de Paris justificaram minha maneira de pensar, já que o gosto pela física foi tão grande, há alguns anos, que uma dama só era de bom-tom quando a havia estudado. Essas ciências, que são satisfatórias, serão mais um passatempo para a sua filha do que um estudo sério. Ela terá um rudimento de tudo aquilo que é útil saber. Ela saberá falar de maneira conveniente e fazer colocações que lhe serão honrosas – ou, ao menos, se divertirá formando o espírito.

Não acredite que fazendo sua filha aprender todas essas coisas você fará dela uma moça erudita – coisa que se teme muito e à qual se ligou, inoportunamente, uma ideia de ridículo.[6] Ela ainda estará muito distante de ser erudita, e só saberá precisamente o que é necessário para não ser ignorante. Mesmo que ela devesse passar por erudita, existe ainda uma grande vantagem em fazê-la dedicar-se, dos doze aos dezesseis anos, a esses diferentes estudos. O gosto pela vida social e pelos prazeres se desenvolve desde cedo entre as mulheres. Mal conhecem a vida social, elas sentem que são feitas para desempenhar nela um papel agradável. Elas sabem que esse papel só começará quando estiverem casadas, e que elas terão, então, uma casa e uma criadagem – enfim, que elas serão senhoras. Daí vem, na maior parte das jovens, esse gosto decidido e essa pressa que elas parecem ter para o casamento. Não tendo o espírito ocupado por nenhum objeto sério, elas se entregam totalmente a esse gosto, que lhes faz desejar um casamento que os pais não querem ou não podem fazer ainda por alguns anos. A jovem se entedia, se enoja da casa paterna e procura se distrair, seja por más leituras feitas às escondidas, seja por um estudo de coquetismo natural

6 Um exemplo disso é a comédia de Molière, *As sabichonas*. (N. T.)

ao sexo, e que algumas vezes a leva longe. Eu previno esse inconveniente ocupando a minha jovem aluna com um estudo sério e, no entanto, prazeroso, que afasta dela qualquer outra ideia e que, formando o seu espírito e o tornando mais sólido, a põe em condições de resistir à sedução do mundo quando estiver entregue a ele.

Capítulo IV – Da religião

A esses estudos soma-se outro mais importante, que deve durar cerca de um ano: é o estudo mais aprofundado da religião. É preciso prepará-la para a primeira comunhão. Ela deve estar um pouco mais isolada durante este período, e entregue a uma leitura atenta das Sagradas Escrituras. O *Antigo Testamento* – com exceção dos *Provérbios*, cuja leitura considero perigosa quando não se tem o espírito formado –, o *Novo Testamento* e alguns livros morais devem preencher o vazio deixado pelas suas outras ocupações. Afaste dela, com cuidado, todo livro místico; eu os acho muito perigosos. Ou eles dão um fanatismo ridículo ou a mesma linguagem é usada em uma ocasião diferente. Em todo caso, penso que eles só servem para irritar e enervar o coração. Afaste ainda com mais cuidado os livros de facções; como uma mulher não é feita para as disputas escolásticas, elas pouco devem lhe importar – a fé do carvoeiro é a única que lhe convém.[7] Que ela leia a história da Igreja a fim de conhecer que males ocasionaram as diferentes facções e as disputas levantadas e sustentadas muitas vezes por ódios particulares, por interesse ou por teimosia, mais do que por qualquer motivo racional.

---

7 Ou seja, crer cegamente em tudo o que a religião afirma. (N. T.)

Enfim, que, de acordo com as suas leituras, ela se convença da verdade da religião católica, para professá-la na simplicidade de seu coração, e não para raciocinar sobre ela. Nada é mais perigoso, em matéria de religião, do que o raciocínio; é raro que ele não extravie. Estamos muitas vezes expostas, na sociedade, a ouvir falar dela: os jovens a ridicularizam e as pessoas de espírito a combatem e têm raciocínios enganosos que parecem destruí-la. Que sua filha tenha sido bastante instruída, na sua juventude, para que eles não a abalem quando ela os escutar – mas que ela não tente de forma alguma combatê-los, pois não é da sua alçada. Além do mais, ela ficaria muito espantada de se ver derrotada com as mesmas armas que desejaria empregar para defendê-la. Os ateus são os únicos com os quais se pode discutir com sucesso, mas eles são poucos. Os seguidores da religião natural[8] são em maior número do que se pensa, e têm raciocínios e conclusões tão capciosos que os mais hábeis teólogos têm necessidade de todo o seu conhecimento para destruí-los. A única participação que uma mulher deve ter nesse tipo de conversas é impor silêncio, quando tem o poder para isso, ou conservar ela própria um silêncio profundo.

Essa digressão foi um pouco longa. A importância do assunto me arrastou contra a minha vontade. Eu volto e termino este artigo sobre a religião recomendando à mãe que não faça de sua filha uma devota, tal como se entende essa palavra na sociedade, indo sem cessar à igreja e se fiando na sua devoção exterior para desculpar os seus defeitos e pensar mal do próximo, interpretando maldosamente algumas ações inocentes em si mesmas, e das quais o estouvamento talvez seja o único responsável.

8 Também conhecidos como "deístas". (N. T.)

Mas que faça dela uma mulher essencialmente virtuosa e cristã, indulgente com as faltas das outras mulheres, e atribuindo-as mais à fraqueza da humanidade do que a algum vício real.

Não acho que será dos doze aos dezesseis anos que o espírito da jovem estará bastante formado para chegar à perfeição da qual eu falo. Ela é o fruto das reflexões de uma idade mais avançada. Mas pretendo que a mãe a predisponha imperceptivelmente a esta maneira de pensar por meio das sábias lições que lhe dá conforme as circunstâncias. Que ela lhe ensine, sobretudo, a jamais desprezar uma mulher que cometeu uma falta, mas a lastimá-la. Que ela lhe faça sentir que, em uma ocasião semelhante, ela talvez se tornasse igualmente culpada; ou, se ela pudesse ter se preservado disso, o deveria às sábias precauções que foram tomadas na sua juventude e à boa educação que ela recebeu – e que talvez tenha faltado à mulher em questão. De resto, que uma mulher jamais se orgulhe de ter sido virtuosa. Pode acontecer alguma circunstância em que, contando demais com a sua virtude, seja o momento em que esta faltará. Eu diria de bom grado, de algumas mulheres, aquilo que os espanhóis dizem dos seus generais: "Ele foi bravo naquele dia". Esta verdade é humilhante para o belo sexo, é certo, mas será que por isso ela é menos verdadeira? Não! Buscando aqui unicamente prevenir, em sua educação, todas as faltas que ela pode cometer em seguida, acreditei que era permitido dizer naturalmente aquilo que pensava sobre isso; e coloquei esse tema na rubrica da religião, considerando a indulgência acerca dos defeitos do próximo como sendo uma das suas principais partes – e, sem contestação, a mais negligenciada. Além do mais, o bom espírito e a brandura são o mais belo apanágio do sexo feminino.

Capítulo V – Das leituras

Aos dezesseis anos não há mais estudo, e não é mais com a sua filha que você terá que viver, mas com a sua companheira; e logo ela será sua amiga e você será amiga dela – se tiver sabido conquistar a sua confiança em sua tenra juventude. Não tendo mais professor que a ocupe, ela só estudará tanto quanto for do seu gosto. Seus dias, até então tão ocupados por seus diferentes exercícios, lhe pareceriam bem longos se fossem ocupados unicamente com a toalete e as distrações. Seu coração ainda está muito pouco formado para deixá-la desfrutar de uma tão grande ociosidade. O trabalho de seu sexo não basta, porque ele não pode ocupar a imaginação. É preciso, portanto, preencher este vazio por meio da leitura, e não deixar passar nenhum dia que não tenha algum tempo dedicado a ela. Não horas fixas, pois isso teria a aparência de estudo e a entediaria com o passar do tempo; mas algumas horas de lazer – que seriam, no entanto, no meu modo de ver, as mais bem empregadas. A escolha dessas leituras é importante, e é à história que dou preferência. "Mas como! Sempre coisas sérias?", dirão, "Nada de livros agradáveis? E os romances não serão feitos para entreter o espírito, e mesmo para torná-lo mais alegre por causa do seu estilo leve?" Sim, sou sempre a favor das leituras sérias, e tenho razão: elas formam o espírito. Além do mais, a leitura da história é séria, é verdade, mas de forma alguma tediosa. O encadeamento dos fatos que se sucedem, o surpreendente motivo das revoluções e os costumes dos homens de cada país interessam ao mesmo tempo que instruem, e são cem vezes mais divertidos que o romance mais bem escrito. Além do mais, eles tornam o seu espírito justo, mostrando os homens tais como eles são, enquanto os romances os mostram sempre imaginários.

Encontro um grande perigo na leitura dos romances, e só gostaria de permiti-los quando o espírito estiver bastante formado para distinguir o verdadeiro do falso. "Mas existem os romances corretivos, que não podem deixar de divertir e até mesmo de inspirar a virtude, já que neles ela é sempre recompensada." Sim, mas qual é o motivo da virtude heroica dos romances? É um amor recíproco; amor tão grande que eleva a alma acima dela mesma e produz, de ambos os lados, prodígios incríveis de virtude. Tal é o resumo de dois terços daqueles que chamamos de "bons romances". Que ideia você vai querer que a jovem tenha de acordo com essa leitura? A consequência dela me parece simples. "O amor é uma paixão – dirá ela –, mas leva às maiores coisas; ele tem seus sofrimentos, mas a constância os superará. Ele iguala o cetro ao cajado. Enfim, é um sentimento natural, e do qual é impossível se defender." De acordo com essas deduções, todas falsas em seus princípios, qual será a conduta da jovem? Ela desejará uma paixão, ou pelo menos ser amada, a fim de pôr em prática as lições que as suas leituras lhe deram.

Isso parece exagerado. Serei acusada de um rigorismo ridículo. Não sou nem um pouco rigorista, e submeto voluntariamente o meu juízo às pessoas mais competentes do que eu. Direi somente que esta reflexão nasceu da conduta de algumas mulheres que conheci, e que era claro que a leitura dos romances havia perdido. Sempre será seguro que todas as vezes que se tem uma ideia falsa sobre qualquer coisa que seja, e que se age de acordo com essa ideia, não se pode deixar de dar maus passos.

Se você quiser absolutamente distração nas suas leituras, eu preferiria os contos de fadas e os contos árabes ao romance mais bem escrito. É – dirão vocês – cair em um erro bem maior do que aquele que eu gostaria de evitar. Não! O maravilhoso desses contos divertirá a sua jovem, mas ela nunca acreditará nele. Quanto mais o romance é verossímil, mais ele é perigoso. Se ela não tem espírito, ao menos tem bom senso. A educação que ela recebeu lhe dá bastante conhecimento para se convencer de que esse maravilhoso é impossível. Ela os considerará apenas como aquilo que eles são, ou seja, contos unicamente feitos para o entretenimento. Existem também alguns contos morais que são muito bons. *Dom Quixote*, *Gil Blas*,[9] *Gulliver* e diversos outros não serão suficientes para divertir sem recorrer aos romances perigosos? Junte a isso alguns poemas. Não vejo nem mesmo inconveniente em misturar algumas peças de teatro, que podem ser escolhidas entre aquelas que pareçam as melhores. As comédias inspiradas em tipos humanos e as belas tragédias são apropriadas para formar o espírito sem poderem estragar o coração. Existem algumas tragédias que eu suprimiria; neste rol estariam *Atreu e Tieste*[10] e algumas outras desse gênero. *Zaíra*[11] não seria lida de maneira alguma enquanto o espírito não estivesse formado. Existem nela alguns comentários sobre a religião que não escapam à leitura, e que contêm muito veneno. Eu a temeria menos em uma representação, porque, ocupados com a interpretação dos atores, prestamos menos atenção às máximas espalhadas ao longo de peça. Porém, essa tolerância da ida ao teatro deve estar subordinada à prudência da mãe e ao conhecimento que ela tem do caráter de sua filha.

---

9 *A história de Gil Blas de Santillana*, romance do escritor francês Alain-René Lesage (1668-1747). (N. T.)

10 Tragédia em versos de Prosper Jolyot de Crébillon. (N. T.)

11 Tragédia em versos de Voltaire. (N. T.)

Portanto, eu aconselharia apenas os livros dos quais acabo de falar e esperaria, para a leitura dos romances – quaisquer que eles fossem –, que sua filha tivesse chegado à idade de dezoito ou vinte anos. Então, com o espírito formado pela educação que você lhe deu, e pela prática do convívio social que ela já começará a adquirir, frequentando a sociedade desde cedo, não há mais que se temer que ela forme algumas ideias muito afastadas da realidade.

Se, em suas leituras da história, seu gosto a leva a copiar alguns trechos, não se oponha a isso. Este uso não pode deixar de ser bom. Ele ajuda a memória e grava nela mais claramente os fatos; ele forma o estilo e ocupa a imaginação – coisas que são todas vantagens reais.

Eu gostaria de juntar a todas essas ocupações um estudo superficial da heráldica. É bom saber descrever os brasões e distingui-los quando se apresentar a ocasião. É, de todas as ciências, a mais aprendida, e também aquela que se esquece mais facilmente. É por isso que não acho adequado que ela seja aprendida quando se é bem jovem, pois se vai esquecê-la antes de ter oportunidade de fazer uso dela. É preciso também ter um rudimento de mitologia, para não confundir as divindades do paganismo, e saber de maneira aproximada quais são os assuntos das poesias. É possível fazer ler *As metamorfoses* de Ovídio, a *Ilíada*, a *Odisseia* e, de modo geral, todos os poemas épicos.

Eis um plano de leitura bastante extenso para preencher muitos anos e ocupar de maneira agradável e séria uma jovem.

Eu desejaria que algum jurisconsulto, que amasse um pouco o belo sexo, destinasse a ele um tratado no qual o aspecto espinhoso das leis fosse omitido, e no qual se pudesse adquirir um rudimento daquilo que são os processos e qual é a conduta aproximada que se pode adotar em determinadas circunstâncias. É inútil dizer que os procuradores ou advogados estão destinados a servir de conselheiros para aqueles que estão no caso de ter necessidade deles. Muitas vezes nos encontramos em províncias destituídas de pessoas competentes; outras vezes, a avidez dessas mesmas pessoas nos expõem a dar início a processos não somente de resultado incerto, mas até mesmo injustos. Mas, dirão, um marido cumpre esse papel. Não! Pode ser que a sua filha não se case ou que o seu marido tenha ocupações que não lhe permitam se entregar aos assuntos domésticos – o que ocorre comumente com os militares –; ou que, ficando viúva com filhos, ela tenha que administrar os bens da família. Seria, portanto, muito desejável que se pudesse dar às jovens um conhecimento superficial do funcionamento dos diferentes tribunais e das consequências que podem ter determinados procedimentos. Que, sem terem estudado as leis como um advogado, elas conheçam mais ou menos o seu espírito. Este conhecimento seria muito útil. Muitas vezes, a ignorância dos assuntos jurídicos arruinou famílias inteiras. O perigo que existe – dizem –, para a maior parte das mulheres, de serem instruídas nas chicanas, é que, se acreditando mais habilidosas do que as outras, elas adquiram a mania dos processos. Para remediar esse inconveniente, persuada sua filha de uma questão fundamental: a lei está fundamentada em dois motivos – a justiça e a razão. Se ela tem, algumas vezes, necessidade de interpretação, é porque, como o espírito do homem não pode ser universal, ela não pode abarcar sob um mesmo ponto de vista a quantidade prodigiosa de eventos que ocorrem e que variam tanto quanto a malícia dos homens, se multiplicando ao infinito. Nossa consciência e nossa razão devem ser a nossa primeira lei. Foi o autor da natureza quem a gravou em nosso coração, e é com ela que devemos julgar em primeiro lugar e sem parcialidade (ou seja, se despojando do *eu pessoal*) se o processo que movemos é justo ou injusto. Se os processos fossem assim discutidos no tribunal da razão, antes de serem levados perante os juízes, eles seriam menos numerosos.

Não posso oferecer nenhuma regra para este conhecimento da advocacia que eu desejaria que fosse dado ao belo sexo, não tendo até o presente nenhuma obra que o facilite. Tudo o que eu posso fazer é deixar ver a sua utilidade e encorajar, por esta razão, as pessoas competentes a trabalhar nisso.

Dirão, talvez, que esse plano de educação é maravilhoso para Paris ou para qualquer outra grande cidade onde se tem recursos de toda espécie. Mas que, se é assim que é preciso ser educada para ter êxito na sociedade, o que acontecerá com as moças das províncias ou que são criadas no campo? Reconheço que não se tem em toda parte os auxílios dos professores que são encontrados em Paris. Mas, diante dessa falta, dedique-se unicamente ao que é mais sólido – ou seja, formar o coração e o caráter. Além do mais, é possível ter, nas províncias mais remotas, livros como em Paris, e com esse auxílio se aprendem muitas coisas. Portanto, a única coisa que sua filha ignorará serão as artes puramente graciosas, que não farão falta para o seu convívio social.

Capítulo VI – Do casamento

Aos dezoito anos, sua filha saberá muitas coisas, seja por tê-las aprendido de cor, seja simplesmente pela leitura. Nessa idade ela se torna a sua amiga mais fiel, e deve ser tratada como tal. Você não deve mais ter segredos para ela, que compartilhará os seus divertimentos e os seus sofrimentos. É pela sua confiança que você atrairá a dela. Você deve instruí-la sobre a conduta que uma mulher sensata pode e deve ter na sociedade. Sua casa se torna a dela – ou seja, ela deve ser tão dona dela quanto você, e se envolver, sob a sua supervisão, com os detalhes domésticos, a fim de saber governar com economia e honrosamente a fortuna de que deve desfrutar. Você pode, então, explicar a ela quais são os seus projetos para o seu casamento, a fim de que, instruída pelas suas ideias, ela não leve as dela alto demais ou muito baixo. Prometa a ela, e mantenha sua promessa, que você não decidirá nada sobre o seu futuro sem tê-la consultado. Segura de não ser casada sem o seu consentimento, ela não ficará inquieta e esperará tranquilamente aquilo que você tiver para lhe dizer. Não pretendo dizer que você lhe preste contas de todos os pretendentes que se apresentarem e que você recusar. Mas que – quando você tiver achado um conveniente, e estiver quase certa da sua escolha –, antes de dar sua palavra, você fale sobre isso com a sua filha, não como um assunto decidido, mas como uma coisa proposta, e que poderia ser conveniente. É de se presumir que a sua filha, acostumada a ver pelos seus olhos e a aprovar tudo aquilo que você faz, consentirá naquilo que você propõe. Mas se, no entanto, ela tiver algumas objeções a lhe fazer, escute-a com bondade e procure destruí-las com brandura, e não pela autoridade. Mas se essas objeções forem mal fundamentadas, e se ela se obstinar nelas, você deve pensar que a jovem tem alguma inclinação que escapou de você apesar de toda a sua atenção – o que, no entanto, é raro.

Se acontecer assim, não insista mais. Pareça, diante da sua filha, ter renunciado à ideia que você tinha. Aja com ela com a mesma doçura que antes; e, no entanto, examine com a atenção mais escrupulosa todos os seus procedimentos, mas sem que ela possa desconfiar disso. Logo você estará informada sobre aquilo que quer saber, já que o coração dela é muito inocente para que ela seja dissimulada.

Se você descobrir que ela tem, efetivamente, uma afeição, informe-se sobre o namorado: se ele é bom e se os seus costumes e a sua conduta justificam a escolha da jovem. Então, sem preveni-la, acerte esse casamento, mesmo que ele seja menos rico e menos vantajoso que aquele no qual você havia pensado, já que o seu único objetivo é tornar sua filha feliz. Sacrifique um brilho aparente por uma felicidade real, e acredite que alguma relação nos gostos ou no caráter formou a ligação entre esses jovens. Então, segura da felicidade de sua filha, você não a informará sobre nada até o momento em que ela não puder mais ignorá-lo, e fará com que ela sinta que o mistério que você manteve com ela, nessa ocasião, é a punição pela pouca confiança que ela teve em você. Essa lição, dada no momento em que você a cumula com as suas bondades, sacrificando o seu gosto ao dela, lhe será de uma grande utilidade, e lhe servirá para toda a sua vida.

Se, infelizmente, sua inclinação não pode ser justificada, ou se for impossível uni-la com aquele que ela ama, não acredite remediar todos os inconvenientes se apressando a se manifestar contra o seu gosto ou agindo com rigor. As paixões contrariadas são, por isso mesmo, mais intensas, e muitas vezes a constância nasce das contrariedades. É então que você tem necessidade de toda a sua doçura e da máxima sagacidade.

Como suponho que sua filha, de acordo com a educação que recebeu, seja virtuosa e sensata, comece por prometer a ela renunciar às ideias que você tinha para o seu casamento, e às quais ela se oporá. Faça, em seguida, com que ela se conscientize de que essa oposição não pode vir senão de um mau princípio, e que você soube identificá-lo. Conduza-a de dedução em dedução e faça com que ela própria reconheça que sua escolha não pode ser justificada por alguma razão determinada. Mencione a ela algumas mulheres – e os exemplos disso são demasiado frequentes – que cometeram um erro irreparável tomando apenas suas paixões como guias. Mencione algumas que souberam superar essas mesmas paixões e fazê-las ceder à razão. É o caso de fazê-la conhecer a sociedade em seu interior, ou seja, de fazer cair a máscara brilhante que a oculta, e de instruí-la sobre uma infinidade de engrenagens ocultas das quais só o vício comanda tudo. Mostre-lhe os homens, não como monstros dos quais é preciso sempre fugir, mas tais como eles são efetivamente: buscando agradar as mulheres e se fazerem amar por elas, desprezando efetivamente aquelas que são demasiado crédulas e opondo incessantemente sua maneira de pensar à sua conduta. É então que você terá necessidade de armá-la com um heroísmo que a defenda contra a sua própria fraqueza. É quase impossível que esta sábia conduta da sua parte não a convença e não a faça, ao fim de algum tempo, renunciar a uma paixão que não é sustentada pela esperança, e consentir, enfim, com os seus desejos.

Dirão, talvez, que esta longa lição é muito inútil, e que uma filha educada com cuidado, debaixo dos olhos de sua mãe, não é levada a se entregar a nenhuma inclinação. Isso é raro, reconheço; mas, enfim, pode acontecer, sobretudo se a sua filha não se casou bem jovem, e vejo que a maior parte dos pais se comportam tão mal nesses tipos de ocasiões que acreditei que podia correr o risco de expor as minhas ideias – tanto mais que delas não resulta, ao que me parece, nenhum inconveniente.

Conclusão

Resta-me pouca coisa a dizer sobre a educação, e este tratado já está bastante longo para alguém que não pretende fazer um livro. Acrescentarei somente que nas sábias lições que dará à sua filha, você terá o cuidado de afastar dela todas as pequenas fantasias às quais uma infinidade de mulheres estão sujeitas, e que são tão ridículas. Não estou falando somente desses pequenos medos, dessas delicadezas de gosto que vêm da infância, e que muitas vezes são culpa das governantas; mas dessas ideias sobre os sonhos, sobre as leituras de sorte – enfim, sobre todas as ciências ocultas que são diretamente opostas ao bom senso, e que não têm outro fundamento além do preconceito do vulgo. E falo também dessa delicadeza de sentimentos levada ao excesso, e que faz muitas vezes a sua infelicidade. Eu quero que ela tenha uma alma forte que a coloque acima dos acontecimentos; que ela sinta o bem e o mal, mas que suporte ambos com decência. Se ela é feliz, que seja para compartilhar a sua felicidade com os seus amigos, e desfrutá-la com eles. Se ela é infeliz, que saiba escondê-lo dos olhos indiferentes, e tomar um partido rápido e corajoso nas ocasiões espinhosas. Que seu temperamento não seja alterado pelas contrariedades da vida, e que, ora alegre até à loucura ou séria até à tristeza, ela não afaste seu marido ou seus amigos por uma inconstância insuportável. Pelo contrário, que ela se mantenha sempre na máxima constância possível, o que conserva os laços sociais.

É então que aquele a quem ela estará ligada reconhecerá seu mérito e sua capacidade, e que o pensamento de Rousseau terá o seu efeito. A mulher governará seu marido, e será bom que o governe. Se ele se extraviar, ela saberá reconduzi-lo; e não somente ele a amará como sua mulher, mas a respeitará. É então que esta jovem, tirando proveito da educação que recebeu, quando se tornar mãe, cumprirá com alegria os mais austeros deveres; e, após algumas gerações, veremos a virtude tomar o lugar do vício, e as mulheres serem geralmente respeitadas e amadas.

FIM

Voltaire
(1694-1778)

Mulher – físico e moral[1]

Geralmente ela é bem mais fraca que o homem, menor e menos capaz de trabalhos longos. Seu sangue é mais ralo, sua carne menos compacta, seus cabelos mais compridos, seus membros mais torneados, os braços menos musculosos, a boca menor, as nádegas mais arrebitadas, as ancas mais afastadas e o ventre mais amplo. Essas características distinguem as mulheres em toda a Terra, em todas as raças, desde a Lapônia até a costa da Guiné, tanto na América quanto na China.

Plutarco, no terceiro livro das suas *Conversações de mesa*, afirma que o vinho não as embriaga tão facilmente quanto faz com os homens, e eis a razão que ele apresenta para aquilo que não é verdadeiro. Eu me sirvo da tradução de Amyot:[2]

---

1 "Femme – Physique et morale", *Questions sur l'Encyclopédie par des amateurs* (6ª parte) (SL: SE, 1771, p.29-46). (N. T.)

2 Jacques Amyot (1513-1593), erudito francês que se tornou célebre pela sua tradução das obras de Plutarco. (N. T.)

> O temperamento das mulheres é muito úmido, o que torna a sua carnadura macia, lisa e luzidia, com suas purgações menstruais. Quando, pois, o vinho vem a cair em uma tão grande umidade, então, achando-se vencido, ele perde a sua cor e a sua força, e se torna descolorido e aguado; e, quanto a isso, podemos extrair alguma coisa das próprias palavras de Aristóteles: porque ele diz que aqueles que bebem a grandes goladas, sem retomar o fôlego – o que os antigos chamavam de *amusizein* – não se embriagam tão facilmente, porque o vinho quase não permanece dentro do seu corpo; sendo, assim, pressionado e empurrado à força, ele passa através de todo ele. Ora, o mais comum é vermos as mulheres beberem assim, e se é verossímil que o seu corpo, por causa da contínua atração que se faz dos humores em contraposição às suas purgações menstruais, está repleto de vários condutos, e atravessado por diversos tubos e redes de canais, quando o vinho vem a cair neles, sai rapidamente e facilmente, sem poder se prender às partes nobres e principais – as quais, quando são perturbadas, provocam a embriaguez.

Essa física é totalmente digna dos antigos.

As mulheres vivem um pouco mais que os homens, o que quer dizer que em uma geração encontram-se mais velhas do que velhos. Foi o que puderam observar na Europa todos aqueles que fizeram levantamentos exatos dos nascimentos e das mortes. É de se crer que aconteça o mesmo na Ásia e entre as negras, as vermelhas e as acinzentadas, assim como entre as brancas. *Natura est semper sibi consona.*[3]

Mencionamos em outra parte um extrato de um jornal da China, que conta que no ano de 1725, quando a mulher do imperador

3 "A natureza está sempre em harmonia consigo mesma." Frase de Isaac Newton. (N. T.)

Yontchin resolveu presentear as mulheres pobres da China que passavam dos setenta anos,[4] registraram-se, somente na província de Cantão, entre aquelas que receberam esses presentes, 98.220 mulheres com mais de 70 anos, 48.893 com mais de oitenta e 3.453 por volta dos cem anos. Aqueles que apreciam as causas finais dizem que a natureza concede a elas uma vida mais longa que a dos homens para recompensá-las pelo trabalho que elas têm de carregar os filhos durante nove meses, de pô-los no mundo e de nutri-los. Não é de se crer que a natureza dê recompensas. Porém, é provável que, como o sangue das mulheres é mais brando, suas fibras endureçam com menor rapidez.

Nenhum anatomista, nenhum médico jamais pôde conhecer a maneira como elas concebem. Apesar de Sanchez[5] ter assegurado que *Mariam et Spiritum sanctum emisisse semen in copulatione, et ex semine amborum natum esse Jesum*,[6] essa abominável impertinência de Sanchez, em outras coisas muito sábio, não é adotada hoje em dia por nenhum naturalista.

As mulheres são o único tipo de fêmea que derrama sangue todos os meses. Quiseram atribuir a mesma evacuação a algumas outras espécies – e, sobretudo, às macacas –, mas o fato não se revelou verdadeiro.

Essas emissões periódicas de sangue, que sempre enfraquecem as mulheres durante essa perda, as doenças que nascem da retenção do sangue menstrual, os períodos de gravidez, a necessidade de amamentar os filhos e de zelar continuamente por

---

4 *Carta muito instrutiva do jesuíta Constantin ao jesuíta Souciet*, 19ª compilação.

5 Tomás Sanchez (1550-1610), teólogo jesuíta espanhol nascido em Córdoba. (N. T.)

6 "Maria e o Espírito Santo expeliram sêmen durante a cópula, e da mistura dos sêmens de ambos nasceu Jesus." (N. T.)

eles e a delicadeza de seus membros, as tornam pouco adequadas para as fadigas da guerra e para o furor dos combates. É verdade, como já dissemos, que se tem visto em todos os tempos e em quase todos os países algumas mulheres a quem a natureza conferiu uma coragem e forças extraordinárias, que combateram junto com os homens e que suportaram trabalhos prodigiosos. Porém, no fim das contas, esses exemplos são raros. Remetemos ao artigo "Amazonas".

O físico sempre governa o moral. Sendo as mulheres mais fracas de corpo do que nós; tendo mais destreza nos seus dedos – muito mais flexíveis que os nossos – e dificilmente podendo trabalhar nos penosos serviços da construção, da carpintaria, da metalurgia e da lavoura; sendo necessariamente encarregadas dos pequenos trabalhos mais leves do interior da casa, e sobretudo do cuidado dos filhos; levando uma vida mais sedentária, elas devem ter mais brandura no caráter do que a raça masculina; devem também conhecer menos os grandes crimes. E isso é tão verdadeiro que em todos os países civilizados existem sempre pelo menos cinquenta homens executados contra uma única mulher.

Montesquieu, em seu *Espírito das leis*,[7] prometendo falar sobre a condição das mulheres nos diversos governos, assevera que "entre os gregos as mulheres não eram consideradas como dignas de participar do verdadeiro amor, e que o amor só tinha entre eles uma forma que não ousamos dizer".[8] Ele cita Plutarco como seu avalista.

7 Livro VII, cap. IX. Conferir o artigo "Amor", no qual esse equívoco já foi indicado.

8 Montesquieu se refere à pederastia. (N. T.)

Trata-se de um equívoco que só pode ser perdoável em um espírito tal como o de Montesquieu, sempre arrastado pela velocidade das suas ideias, muitas vezes incoerentes.

Plutarco, em seu capítulo sobre *O amor*, introduz vários interlocutores; e ele próprio, sob o nome de Dafneus, refuta com a maior veemência os discursos feitos por Protógenes em favor da libertinagem com os rapazes.

É nesse mesmo diálogo que ele chega a dizer que existe no amor das mulheres alguma coisa divina; ele compara esse amor com o Sol, que anima a natureza; ele deposita a máxima felicidade no amor conjugal, e encerra com o magnífico elogio da virtude de Eponina. Essa memorável aventura tinha se passado diante dos próprios olhos de Plutarco, que viveu algum tempo na casa de Vespasiano. Essa heroína, tomando conhecimento de que o seu marido Sabinus, vencido pelas tropas do imperador, tinha se escondido em uma profunda caverna entre o Franco-Condado e a Champanha, internou-se nela sozinha com ele, serviu-o, alimentou-o durante vários anos e teve alguns filhos com ele. Por fim, sendo presa com seu marido e apresentada a Vespasiano, espantado com a grandeza da sua coragem, ela lhe disse: "Vivi mais feliz debaixo da terra, nas trevas, do que tu à luz do Sol no ápice do poder". Plutarco afirma, portanto, precisamente o contrário daquilo que Montesquieu lhe faz dizer; e chega a se pronunciar em favor das mulheres com um entusiasmo muito comovente.

Não é surpreendente que em todos os países o homem tenha se tornado senhor da mulher, com tudo se fundamentando na força. Ele tem comumente muita superioridade com relação ao corpo, e mesmo ao espírito.

Tem-se visto algumas mulheres muito sábias, assim como acontece com as guerreiras. Porém, jamais se viu uma inventora.

O espírito de sociabilidade e a graça são comumente o que as caracteriza. Parece, falando generalizadamente, que elas tenham sido feitas para abrandar os costumes dos homens.

Em nenhuma república elas jamais tiveram a mínima participação no governo; elas jamais reinaram nos impérios puramente eletivos; mas reinam em quase todos os reinos hereditários da Europa, na Espanha, em Nápoles, na Inglaterra, em diversos Estados do Norte e em diversos grandes feudos que são chamados de *femininos*.

O costume que é chamado de *lei sálica*[9] as excluiu do reino da França; e não é, como diz Mézerai,[10] porque elas fossem incapazes de governar, já que quase sempre lhes foi concedida a regência.

Afirma-se que o cardeal Mazarino reconhecia que diversas mulheres seriam dignas de reger um reino, e que ele acrescentava que havia sempre o temor de que elas se deixassem subjugar *por amantes incapazes de governar uma dúzia de galinhas*. No entanto, Isabel em Castela, Elizabeth na Inglaterra e Maria Teresa na Hungria bem desmentiram esse pretenso gracejo atribuído ao cardeal Mazarino. E hoje em dia vemos no Norte uma legisladora respeitada[11] na mesma medida em que o soberano da Grécia, da Ásia Menor, da Síria e do Egito é pouco estimado.[12]

---

9 Compilação de costumes e regras do direito privado dos antigos francos. (N. T.)

10 François Eudes de Mézerai (1610-1683), historiador francês. (N. T.)

11 Voltaire se refere a Catarina, a Grande, imperatriz da Rússia entre 1762 e 1796, que foi uma das suas principais protetoras. (N. T.)

12 Voltaire se refere provavelmente a Mustafá III, sultão do Império Otomano entre 1757 e 1774. (N. T.)

A ignorância afirmou por muito tempo que as mulheres são escravas durante toda a sua vida entre os maometanos, e que depois da sua morte elas não entram de maneira alguma no paraíso. São dois grandes erros, semelhantes aos que sempre foram propalados sobre o maometismo. As esposas não são, de maneira nenhuma, escravas. A sura ou capítulo IV do *Corão* lhes consigna um dote. Uma filha deve receber o equivalente à metade dos bens herdados por seu irmão. Se existem apenas filhas, elas dividem entre si dois terços da herança, e o resto pertence aos parentes do morto – cada uma das duas linhagens receberá a sexta parte –, e a mãe do morto também tem um direito sobre o legado. As esposas são tão pouco escravas que têm permissão de pedir o divórcio, que lhes é concedido quando suas queixas são julgadas legítimas.

Não é permitido que os muçulmanos desposem sua cunhada, sua sobrinha, sua irmã de leite e sua enteada criada sob a guarda da sua mulher; não é permitido casar com duas irmãs. Nisso eles são bem mais severos do que os cristãos, que todos os dias compram em Roma o direito de contrair tais casamentos, que eles poderiam fazer de graça.

Poligamia

Maomé reduziu o número ilimitado de esposas a quatro. Porém, como é necessário ser extremamente rico para sustentar quatro mulheres de acordo com a sua condição, apenas os grandes senhores podem fazer uso de um tal privilégio. Assim, a pluralidade de mulheres não causa aos Estados muçulmanos o dano que tantas vezes criticamos neles, e não os despovoa, assim como se repete todos os dias em tantos livros escritos ao acaso.

Os judeus, por um antigo uso estabelecido, segundo seus livros, desde Lameque, sempre tiveram a liberdade de ter ao mesmo tempo várias mulheres. Davi teve dezoito, e é desde esse tempo que os rabinos limitaram a esse número a poligamia dos reis – embora seja dito que Salomão chegou a ter setecentas.

Hoje em dia, os maometanos não concedem publicamente aos judeus a pluralidade das mulheres; eles não acreditam que os judeus sejam dignos de uma tal vantagem. Mas o dinheiro, sempre mais forte que a lei, concede algumas vezes, no Oriente ou na África, aos judeus que são ricos, a permissão que a lei lhes recusa.

Conta-se seriamente que Lelius Cinna, tribuno do povo, anunciou, após a morte de César, que esse ditador tinha querido promulgar uma lei que dava às mulheres o direito de ter quantos maridos desejassem. Que homem sensato não vê que se trata de um conto popular e ridículo, inventado para tornar César odioso? Ele se parece com esse outro conto de que um senador romano tinha proposto, em pleno senado, dar permissão a César para deitar com todas as mulheres que desejasse. Semelhantes inépcias desonram a história, e causam dano ao espírito daqueles que acreditam nelas. É triste que Montesquieu tenha dado fé a essa fábula.

Não ocorre a mesma coisa com o imperador Valentiniano I, que, dizendo-se cristão, desposou Justina enquanto ainda vivia sua primeira mulher, Severa, mãe do imperador Graciano.

Na primeira dinastia dos reis francos, Gontran, Chereberto, Sigeberto e Chilperico tiveram várias mulheres ao mesmo tempo. Gontran teve em seu palácio Veneranda, Mercatrudes, e Ostregila, reconhecidas como esposas legítimas. Chereberto teve Merosleda, Marcovésia e Teodogila. É difícil conceber como o ex-jesuíta Nonotte[13] pôde, em sua ignorância, levar a audácia ao ponto de negar esses fatos, ao ponto de dizer que os reis dessa primeira dinastia não fizeram uso da poligamia, e ao ponto de desfigurar, em um libelo em dois volumes,[14] mais de cem verdades históricas, com a confiança de um professor que dita lições em um colégio. Livros desse tipo não deixam de ser vendidos durante algum tempo nas províncias onde os jesuítas ainda têm partidários; eles seduzem algumas pessoas pouco instruídas.

O padre Daniel,[15] mais sábio e mais judicioso, admite a poligamia dos reis francos sem nenhuma dificuldade; ele não nega as três mulheres de Dagoberto I; ele diz expressamente que Teodeberto desposou Deutéria, embora tivesse uma outra mulher chamada Visigalda, e embora Deutéria tivesse um marido. Ele acrescenta que nisso Dagoberto imitou seu tio Clotário, que desposou a viúva de seu irmão Clodomiro, embora já tivesse três mulheres. Todos os historiadores admitem a mesma coisa. Como, depois de todos esses testemunhos, suportar a impudência de um ignorante que fala como mestre, e que ousa dizer, espalhando tão enormes tolices, que é para a defesa da religião. Como se a nossa religião venerável e sagrada – que alguns caluniadores desprezíveis fazem servir às suas ineptas imposturas! – dependesse de um ponto de história.

---

13 Claude-Adrien Nonnotte (1711-1793), jesuíta francês nascido em Besançon. Ficou célebre por sua longa polêmica com Voltaire. (N. T.)

14 *Les erreurs de Voltaire* [Os erros de Voltaire], publicado em 1762. Nessa obra, Nonnotte defendia o ponto de vista cristão contra os ataques de Voltaire e de outros iluministas. (N. T.)

15 Gabriel Daniel (1649-1728), padre jesuíta e historiador francês. Autor de uma estimada *Histoire de France, depuis l'établissement de la monarchie française dans les Gaules* (História da França, desde o estabelecimento da monarquia francesa nas Gálias), publicada em 1713. (N. T.)

Da poligamia permitida por alguns papas e por alguns reformadores

O abade Fleury,[16] autor da *História eclesiástica*, faz mais justiça à verdade em tudo aquilo que diz respeito às leis e aos usos da Igreja. Ele reconhece que Bonifácio, apóstolo da baixa Alemanha, tendo consultado, no ano de 726, o papa Gregório II, para saber em quais casos um marido pode ter duas mulheres, Gregório lhe respondeu, em 22 de novembro do mesmo ano, com essas próprias palavras: "Se uma mulher é atacada por uma doença que a torna inapropriada para o dever conjugal, o marido pode se casar com uma outra; mas ele deve dar à mulher doente os auxílios necessários." Essa decisão parece em conformidade com a razão e com a política; ela favorece o povoamento, que é o objetivo do casamento.

Porém, aquilo que não parece estar de acordo com a razão, com a política e nem com a natureza é a lei que determina que uma mulher separada de corpo e de bens do seu marido não possa ter um outro esposo, e nem o marido tomar uma outra mulher. É evidente que esse grupo de pessoas está perdido para o povoamento, e que, se esse esposo e essa esposa separados têm ambos um temperamento incontrolável, eles são necessariamente expostos e forçados a contínuos pecados pelos quais os legisladores devem ser responsáveis diante de DEUS, se...

As decretais dos papas nem sempre tiveram como objetivo aquilo que é conveniente para o bem dos Estados e dos indivíduos. Essa mesma decretal do papa Gregório II, que permite em certos

---

16 Claude Fleury (1640-1723), religioso francês nascido em Paris. Sua monumental *Histoire ecclésiastique* tem vinte volumes. (N. T.)

casos a bigamia, priva para sempre da sociedade conjugal os rapazes e as moças que seus pais entregaram à Igreja na sua mais tenra infância. Essa lei parece tão bárbara quanto injusta: é aniquilar ao mesmo tempo algumas famílias; é forçar a vontade dos homens antes que eles tenham uma vontade; é tornar para sempre os filhos escravos de um voto que eles absolutamente não fizeram; é destruir a liberdade natural; é ofender DEUS e o gênero humano.

A poligamia de Felipe, *landgrave*[17] de Hesse, na comunhão luterana em 1539, é bastante pública. Eu conheci um dos soberanos do império da Alemanha, cujo pai, tendo desposado uma luterana, recebeu permissão do papa para se casar com uma católica, e que manteve suas duas mulheres.

É público na Inglaterra, e gostariam de negá-lo em vão, que o chanceler Cowper[18] desposou duas mulheres que viveram juntas em sua casa em uma harmonia singular que honra todos três. Vários curiosos ainda têm o livrinho que esse chanceler compôs em favor da poligamia.

É preciso desconfiar dos autores que contam que em alguns países as leis permitem que as mulheres tenham vários maridos. Os homens, que em toda parte fizeram as leis, nasceram com demasiado amor-próprio, são muito ciosos de sua autoridade e têm comumente um temperamento muito ardente, em comparação com o das mulheres, para terem imaginado uma tal jurisprudência. Aquilo que não está em conformidade com a maneira comum de agir da natureza raramente é verdadeiro. Mas, o que é muito comum, sobretudo nos antigos viajantes, é ter confundido um abuso com uma lei.

17 Título de nobreza na Alemanha e na Escandinávia. (N. T.)

18 William Cowper (1665?-1723), aristocrata e político inglês. (N. T.)

O autor do *Espírito das leis* afirma[19] que na costa do Malabar, na casta dos naires, os homens podem ter apenas uma mulher, e que uma mulher, pelo contrário, pode ter diversos maridos; ele cita alguns autores suspeitos, e sobretudo Pyrard.[20] Não se deveria falar desses costumes estranhos, a não ser no caso de se ter sido por um longo tempo testemunha ocular deles. Quando os mencionamos, deve ser duvidando deles. Porém, qual é o espírito impulsivo que sabe duvidar?

"A lubricidade das mulheres – diz ele[21] – é tão grande, em Patane, que os homens são obrigados a usar certas proteções para se defenderem dos seus ataques."

O presidente Montesquieu jamais foi a Patane. Será que Linguet[22] não observou muito judiciosamente que aqueles que imprimiram esse conto eram viajantes que se enganavam ou que desejavam zombar dos seus leitores? Sejamos justos, amemos o que é verdadeiro, não nos deixemos seduzir, julguemos pelas coisas e não pelos nomes.

Continuação das reflexões sobre a poligamia

Parece que foi o poder, e não a conveniência, que fez todas as leis, sobretudo no Oriente. Foi lá que se viram os primeiros escravos, os primeiros eunucos e o tesouro do príncipe composto por aquilo que foi tomado do povo.

---

19 Livro XVI, cap. V.

20 François Pyrard de Laval (1578-1621), viajante e explorador francês. (N. T.)

21 Livro XVI, cap. X.

22 Simon-Nicolas-Henri Linguet (1736-1794), jurista e polemista francês. (N. T.)

Quem pode vestir, alimentar e entreter diversas mulheres, as têm em seu harém e as comanda despoticamente.

Ben-Abul-Kiba, em seu *Espelho dos fiéis*, conta que um dos vizires do grande Suleimã[23] fez o seguinte discurso a um representante do grande Carlos Quinto:

> Cão cristão, por quem tenho, aliás, uma estima muito particular, será que tu podes me censurar por ter quatro mulheres de acordo com as nossas sagradas leis, ao passo que tu esvazias doze barris por ano, e que eu não beba nem um copo de vinho? Que bem tu fazes ao mundo passando mais horas à mesa do que as que eu passo no leito? Eu posso dar quatro filhos por ano para o serviço do meu augusto senhor; e dificilmente tu podes fornecer um. E o que é o filho de um ébrio? Seu cérebro será ofuscado pelos vapores do vinho que o seu pai tiver bebido. Além do mais, o que queres que eu faça quando duas das minhas mulheres estão de resguardo? Não é forçoso que eu atenda a duas outras, assim como me ordena a minha lei? E o que fazes tu, que papel desempenhas nos últimos meses da gravidez de tua única mulher, e durante o seu resguardo, e durante as suas doenças? É preciso que tu permaneças em uma ociosidade vergonhosa, ou que busques uma outra mulher. Eis-te necessariamente entre dois pecados mortais, que te farão cair diretamente, depois da tua morte, da ponte aguda[24] ao fundo do Inferno.

---

23 Suleimã I (1494?-1566), sultão do Império Otomano entre 1520 e 1566. Cognominado "O Magnífico". (N. T.)

24 Segundo uma crença muçulmana, no dia do Juízo Final os homens terão que atravessar uma ponte imensamente longa e estreita como um fio de espada. Os maus não terão força para fazer essa travessia e despencarão para o Inferno. (N. T.)

Suponho que em nossas guerras contra os cães cristãos percamos cem mil soldados: eis aí cem mil moças para serem providas. Não caberá aos ricos tomar conta delas? Desgraçado de todo muçulmano bastante apático para não dar abrigo em sua casa a quatro belas moças na qualidade de suas legítimas esposas, e para não tratá-las de acordo com os seus méritos!

Como fazem, pois, em teu país, o arauto do dia, que tu chamas de *galo*; o honesto carneiro, príncipe dos rebanhos; o touro, soberano das vacas? Cada um deles não tem o seu serralho? Será que é verdadeiramente conveniente que tu me censures pelas minhas quatro mulheres, ao passo que o nosso grande profeta teve dezoito, Davi o judeu o mesmo tanto e Salomão o judeu setecentas bem contadas, com trezentas concubinas?! Tu vês como sou modesto. Deixa de censurar a gula de um sábio que faz tão medíocres refeições. Eu te permito beber, permita-me amar. Tu mudas de vinhos, tolere que eu mude de mulheres. Que cada um deixe os outros viverem à maneira da sua terra. Teu chapéu não é feito para ditar leis ao meu turbante; tua gola de renda e teu casaco não devem dar ordens ao meu doliman. Acaba de tomar teu café comigo, e vá fazer carinhos na tua alemã, visto que estás reduzido somente a ela.

Resposta do alemão

Cão muçulmano, por quem conservo uma profunda veneração, antes de acabar o meu café quero contestar o que tu disseste. Quem possui quatro mulheres possui quatro harpias, sempre prontas a se caluniar, a se prejudicar, a brigar umas com as outras; a casa é o antro da discórdia; nenhuma delas pode te amar. Cada uma tem apenas um quarto da tua pessoa, e só poderia te dar no máximo um quarto do seu coração. Nenhuma pode tornar a tua vida agradável; são prisioneiras que, jamais tendo visto nada, não têm nada para te dizer. Elas não conhecem senão a ti: por conseguinte, tu as aborrece. Tu és o seu senhor absoluto: portanto, elas te odeiam. Tu és obrigado a mantê-las sob a guarda de um eunuco, que as açoita quando elas fazem muita algazarra. Tu ousas te comparar com um galo! Porém, um galo não faz as suas galinhas serem açoitadas por um capão. Toma teus exemplos entre os animais; assemelha-te a eles tanto quanto queiras. Quanto a mim, quero amar como homem; quero dar todo o meu coração, e que me deem o seu. Relatarei essa conversa à minha mulher, hoje à noite, e espero que ela fique contente com isso. Com relação ao vinho, pelo qual tu me censuras, fica sabendo que se é mau bebê-lo na Arábia, trata-se de um hábito muito louvável na Alemanha. Adeus.

Pierre Virard
(17**-18**)

Ensaio sobre a saúde das moças núbeis[1]

Thesaurum habent in vasis fragilibus.[2]

São Paulo, II Coríntios, 4, 7.

Epístola dedicatória ao senhor Jacques Virard, mercador em Grenoble,

Vós receberíeis, sem dúvida, com prazer, MEU QUERIDO TIO, a primeira flor de uma planta que tivésseis cultivado. Aceite do mesmo modo a obra que eu vos apresento. Ela interessa à humanidade da qual sois amigo. Ela não poderia vos desagradar.

Sou, com respeito e reconhecimento,

MEU QUERIDO TIO,

Vosso muito humilde e muito obediente servidor e sobrinho

VIRARD.

---

1 *Essai sur la santé des filles nubiles* (Londres: Monory, 1776).

2 "Carregam tesouros em vasos frágeis." (N. T.)

Prefácio

São consideradas moças núbeis aquelas que estão prontas para se casar, ou seja, para serem fecundadas, para se tornarem mães. O fluxo menstrual que as caracteriza essencialmente é uma evacuação sanguínea da qual os desarranjos são tão fáceis e tão perigosos, e cuja multidão de males que eles acarretam ordinariamente são, na maioria das vezes, muito rebeldes mesmo aos cuidados da medicina mais sabiamente e mais prudentemente administrados. Porém, o que é ainda bem mais funesto é que se as moças, depois de terem experimentado esses males, vêm a se casar, encontram-se quase inteiramente esgotadas; elas são impróprias para a procriação ou, se ainda têm alguma aptidão para isso, é apenas para se tornar mães de crianças fracas e mal constituídas, às quais elas não sobrevivem senão para sofrer – se tiveram bastante força para resistir a partos sempre muito trabalhosos.

De acordo com essas considerações – que são muito verdadeiras –, nada parece mais vantajoso para essa parcela do belo sexo do que conhecer os meios de conservar a sua saúde; e é isso o que eu me proponho a lhe ensinar com este ensaio, que divido em três partes.

Na primeira, tratarei da aparição do fluxo menstrual, ou das *regras*, da idade na qual ela ocorre, daquilo que é preciso observar quando ela está prestes a ocorrer e, enfim, do retorno periódico das regras etc.

Na segunda, exporei com toda a exatidão possível as principais causas que podem determinar a alteração ou a supressão das regras. Serei muitas vezes obrigado a entrar em detalhes que talvez pareçam minuciosos, mas que, seguramente, não são inúteis, como poderão julgar aqueles ou aquelas que os conheçam – porque, se existem casos nos quais as menores causas produzem os maiores efeitos, é sobretudo nas moças núbeis.

Proporei, em seguida, o tratamento mais simples e mais seguro para a doença comumente chamada de *cores pálidas*.[3]

Na terceira e última parte, prescreverei o regime mais conveniente às moças núbeis, não esquecendo daquelas que estão enclausuradas, do mesmo modo que as jovens viúvas – que estão praticamente no mesmo caso.[4]

Este ensaio não será muito útil apenas para aquelas a quem o destino. As mulheres em geral, que não tiverem passado dos 45 anos ou que ainda não tiveram regras, poderão igualmente se instruir com ele. Ambas o lerão sempre com vantagem. Tomei o cuidado de pôr tudo ao alcance delas, e os termos de medicina que não pude deixar de utilizar são aqui apresentados da maneira mais inteligível.

Em poucas palavras, tudo é tratado nessa obra de acordo com os verdadeiros princípios medicinais. Nela se encontrará por toda parte a verdade, e às vezes até mesmo a franqueza. Essa última, no entanto, está tão sabiamente disposta que eu creio que nem os mais escrupulosos possam racionalmente ficar assustados com ela.

Primeira parte

Da aparição das regras etc.

É comumente com a idade de catorze a quinze anos que as moças começam a se tornar núbeis. Até então, a natureza, totalmente ocupada com o seu crescimento, nada lhes forneceu de

3 Clorose, um tipo de anemia. (N. T.)

4 Por fim, este ensaio terminará com algumas reflexões sobre o casamento.

supérfluo. Porém, chegando a essa idade, elas param de crescer, ao menos de forma perceptível. Os seios, que desde algum tempo começavam a se deixar perceber, encontram-se, então, quase totalmente formados; a voz muda um pouco; elas se tornam pálidas, sonhadoras, melancólicas; elas se entediam com tudo, e principalmente com aquilo que mais as divertia; elas buscam a solidão, ocorrem as repugnâncias, as digestões são ruins; elas chegam a ter, algumas vezes, ânsias de vômito e o paladar alterado. Elas sentem internamente um calor surdo, muito incômodo; a cabeça fica pesada, as ideias se embaralham, um nada as fatiga; tudo parece, enfim, dever atirá-las nos males mais graves quando, depois de um doce calor que se faz sentir principalmente no baixo-ventre, sobrevém uma comichão nas partes genitais, que é logo seguida pela aparição das regras, que sem demora eclipsam todos os prenúncios incômodos que as anunciavam para dar lugar à mais brilhante saúde.

Com efeito, as moças nunca têm a tez mais rosada e os olhos mais brilhantes, nunca são tão alegres, tão inteligentes e tão dispostas a amar – em poucas palavras, tão amáveis – como elas se tornam então. E um sábio médico designou muito bem o tempo da aparição das regras, chamando-o de *a aurora do belo sexo*.

A idade de catorze a quinze anos só é a época da aparição das regras para a maior parte das moças. Existem algumas nas quais elas se apresentam antes e, em outras, mais tarde. Aquelas, por exemplo, que habitam as regiões meridionais da França (para falar apenas das francesas), como as provençais e as languedocianas etc., têm regras comumente aos treze e até mesmo aos doze anos. Assim, observa-se que em Montpellier as moças são pequenas, magras, ardentes e muito passionais – o que se deve ao calor, à sequidão e à salubridade da bela terra que elas habitam.

A mesma coisa acontece com as moças que habitam os países frios, quando elas se formam em uma atmosfera escaldante, pela ociosidade, a indolência, o uso de alimentos muito condimentados, pela leitura de certos livros, pela contemplação de certas estampas e pela frequentação de certas companhias – aquilo que constitui causas que despertam desde cedo a imaginação e aceleram, por conseguinte, a aparição das regras.

As camponesas que, incessantemente ocupadas em trabalhos penosos, dispendem muito pela transpiração e pelos suores; e que, além do mais, só fazem uso de alimentos grosseiros e muito pouco nutritivos, devem necessariamente ter mais tarde o que é supérfluo. Assim, não é raro ver entre elas quem ainda não menstrue aos dezesseis, dezessete, dezoito, dezenove e até mesmo vinte anos.

Uma vez que as regras apareçam, elas devem retornar periodicamente a cada 28 dias. A evacuação dura normalmente três dias, pelo menos para a maior parte das moças, e em algumas quatro, cinco, seis, sete e até mesmo oito dias, conforme a sua constituição é mais ou menos frágil. A quantidade de fluido que se evacua pelas regras não é determinada. No entanto, ela dificilmente ultrapassa uma libra[5] e nem fica abaixo de oito onças,[6] sendo relativa à força, à fraqueza e à maneira de viver. Observa-se que as moças carregadas de gordura perdem normalmente muito pouco.

Geralmente, as moças ociosas, engolfadas, como eu disse, em uma atmosfera escaldante, perdem muito mais do que aquelas que se ocupam e vivem de maneira menos excitante.

As camponesas também são aquelas que menos perdem; chega a acontecer algumas vezes que elas fiquem dois meses

5 No sistema inglês, pouco mais de 453 gramas. (N. T.)

6 A onça equivalia a 1/16 da libra (ou seja, 28,35 g). (N. T.)

sem perder, e sem serem incomodadas por isso, ao passo que as moças que vivem na indolência e abrasadas pela volúpia perdem muitas vezes duas ou até mesmo três vezes ao mês, o que as destrói completamente. Isso, sobretudo, não é raro em Paris, assim como em todas as outras cidades envenenadas pelo luxo e a indolência etc.

A evacuação das regras se repete periodicamente até os 45 anos, quando começou aos 14 ou aos 15. Geralmente, quanto mais cedo ela começa, mais cedo cessa, e acontece o mesmo quando ela é retardada.

Vou indicar o regime que convém às moças no prelúdio da aparição das regras. É muito essencial que elas o sigam bem, porque as regras nunca são mais funestamente perturbadoras do que da primeira vez que aparecem, ou procuram aparecer, já que isso influi quase sempre sobre toda a vida.

Quando os sintomas precursores se manifestam, ou seja, quando existe repugnância, vontade de vomitar etc., não se deve hesitar: é preciso se pôr em dieta; ou, se não é absolutamente possível dispensar a alimentação, se contentar com um caldo leve e, como bebida ordinária, a água pura. O exercício e a alegria são, aqui, de uma grande ajuda.

Quanto às moças que têm o paladar alterado, é indispensável segui-las de muito perto, porque elas se sentem muitas vezes levadas a comer – e, com efeito, comem – carvão, sal, pimenta, gesso, cinzas e outras coisas que lhes são infinitamente nocivas.

Creio que é inútil advertir que é necessário que elas reduzam as suas ocupações ordinárias, proporcionalmente ao grau de força e de coragem que lhes são exigidas; é aquilo que não respeitam os camponeses, que algumas vezes tratam os seus filhos muito duramente – e sobretudo as suas filhas, quando estão na condição da qual estamos tratando. Eles as obrigam a trabalhar como se elas estivessem saudáveis. Eles não percebem que elas estão, então, fracas e debilitadas; e, ainda por cima, se eles percebem que elas estão sendo menos produtivas, as enchem de recriminações, aquilo que acaba de atirá-las em males dos quais a sua boa constituição e a sua maneira de viver sadia, apesar dos seus trabalhos, teriam podido preservá-las. Eis aí uma das principais razões pelas quais vemos as cores pálidas nos campos, onde naturalmente elas não deveriam existir.

Se não fosse exigir demais desses pais duros ou pouco atentos, eu pediria que eles tivessem mais consideração por suas filhas, e lhes dessem alguns alimentos menos grosseiros que aqueles que elas consomem normalmente; os laticínios, que constituem a base ordinária da sua alimentação, são, sobretudo para elas, muito nocivos.

Úteis campônios, ouso esperar que, doravante, vós sereis mais indulgentes para com as vossas filhas; mas eu estaria bem mais seguro de ser obedecido caso se tratasse dos vossos carneiros!

Se todos os sintomas precursores das regras, que relatei, reaparecem em certas moças a cada novo retorno periódico, então é necessário seguir o regime apresentado acima.

Existem outras, de uma constituição seca e inflamatória – que experimentam, com os sintomas precursores, dores muito intensas nos rins, que normalmente só são acalmadas pela aparição das regras – que serão favorecidas fazendo com que essas doentes observem um completo repouso e fazendo com que elas recebam o vapor da água quente, assim como as mulheres recebem o calor das bolsas de água quente. Essa prática, renovada três vezes ao dia, e a cada vez durando uma hora, apoiada pelo uso abundante de uma decocção[7] de raiz de ninfeia e de repouso, comumente dá resultado. Se ocorrer, no entanto, de ela fracassar, teriam que recorrer à sangria dos pés, que é quase sempre infalível.

As moças que estão sujeitas a essas dores farão muito bem ao nunca beber senão água, ao salgar pouco os seus alimentos e ao não se exercitar demais (porque são, sobretudo, as camponesas que estão muito sujeitas a elas). Os banhos frios durante o verão, e os mornos durante o inverno, lhes farão muito bem. Tendo o cuidado de afastá-los dos tempos críticos, como direi mais adiante, nunca seria demais recomendá-los.

Tais são, *grosso modo*, os regimes que melhor convêm nos diferentes prelúdios da aparição das regras, regimes que serão seguidos a cada retorno periódico, quando os mesmos sintomas ocorrerem.

Passo aquilo que deve ser observado no próprio tempo em que as regras aparecem. É esse tempo que é denominado, com muita razão, *tempo crítico*. Indico primeiramente o que é preciso evitar.

Segunda parte

Causas que podem determinar a alteração ou a supressão das regras

Vou entrar em pormenores sucintos e essenciais de todas as principais causas que podem determinar a alteração ou a supressão

7 Usarão uma meia onça de raiz seca de ninfeia para cada pinta de água, que se fará ferver por meio quarto de hora, e depois se passará à decocção; e como ela é ordinariamente muito insípida, poderão misturar um pouco de açúcar. Porém, se a doente puder suportá-la sem o açúcar, ela seria ainda mais benéfica. [Antiga medida de líquidos equivalente a pouco mais de 900 ml. (N. T.)]

das regras. Como é dessas causas que nascem quase todos os males pelos quais é inundado o belo sexo, eu não poderia deixar de convidá-lo a dar uma atenção particular a tudo aquilo que vai ser dito. Trata-se exatamente de tudo aquilo que é necessário evitar quando se aproxima o tempo no qual as regras devem fluir, e principalmente no tempo em que elas fluem. Portanto, as moças que estiverem atualmente no seu tempo crítico, ou até dois dias depois, terão o máximo cuidado possível de não molharem, seja com água fria[8] ou com água quente, nenhuma parte do corpo, e sobretudo as extremidades inferiores – ou seja, as coxas, as pernas e os pés.

Não lhes seria menos nocivo andar descalças sobre um piso frio ou se exporem ao frio estando vestidas com roupas leves. Existem mesmo algumas moças muito delicadas que se exporiam muito ao trocarem suas roupas de baixo, se não tivessem, antes, o cuidado de aquecê-las.

Todas as afecções intensas e súbitas da alma, como a alegria, a cólera, o desespero, a tristeza profunda, a impressão causada por uma boa ou má notícia que não se esperava, do mesmo modo que a visão de alguém que se deseja ou que se teme intensamente; tudo aquilo que pode causar pavor, como a visão de um cadáver ou de um doente em convulsões, do mesmo modo que o terror que provoca o espetáculo trágico deve ser muito cuidadosamente evitado.

---

8 As jovens camponesas dos arredores de G... ficam quase todas doentes das cores pálidas, durante a colheita do cânhamo. Isso se deve um pouco ao seu mau cheiro e muito ao fato de que elas são obrigadas a se molhar para estendê-lo, quando ele sai do macerador. Elas deveriam ser poupadas e esse trabalho deixado para as mulheres mais velhas ou para os rapazes, que se sairão tão bem quanto elas sem correrem tanto risco.

Quando estiverem passeando e ficarem fatigadas, elas procurarão se sentar. Elas não escolherão bancos de pedra[9] que, pelo frio que transmitem, poderiam provocar uma supressão.

Os maus odores – ou, melhor dizendo, os odores que são dificilmente suportados – devem sobretudo ser evitados. Também seria muito perigoso cheirar um corpo odorífero pela primeira vez, já que não se sabe se o olfato se acomodará a ele ou não. Percebi que o odor dos bichos-da-seda era singularmente nocivo para algumas moças.

Também seria muito arriscado escolher o tempo crítico para começar a fazer uso do rapé, seja por capricho ou por qualquer outro motivo. Os espirros frequentes que ele comumente causa nos primeiros tempos de seu uso serão infalivelmente danosos.[10]

Elas tomarão o cuidado de não ser incomodadas pelas suas vestimentas, de apertarem pouco as suas ligas, de não usarem

---

9 Os bancos de pedra são não somente nocivos às mulheres, mas também a todo mudo. Como é apenas no verão que se passeia, e que nessa estação se transpira muito, se acontece de que alguém vá se sentar em um desses bancos, a transpiração é imediatamente suprimida, e essa supressão provoca dores nas nádegas e nas coxas, o que é muito desagradável. – Por que são postos esses bancos nos passeios? Será por economia? É a saúde, é a vida dos cidadãos que é preciso economizar!

10 Jamais pude conceber – dizia o sábio Venel – como as mulheres, com seu desejo de agradar, puderam se meter a fazer uso do rapé, este pó negro, fétido, que escurece e alarga o nariz, torna infecto, destrói o olfato, a memória e, além do mais, se torna uma escravidão. As moças núbeis, portanto, farão muito bem de não se habituar a ele, não somente pelas razões acima, mas a fim de que, se vierem a ser afetadas por algumas fluxões sobre os olhos etc., possam encontrar um poderoso remédio no uso moderado do rapé, que lhes seria inútil se elas estivessem habituadas com ele. [Gabriel François Venel (1723-1775), médico e químico francês que colaborou com centenas de artigos científicos para a *Enciclopédia*. (N. T.)]

espartilhos ou coisas parecidas e de não modificar seus penteados – já que a escovação dos cabelos, provocando dor, causará danos sobretudo àquelas que são muito sensíveis.

Como o tímido pudor é comumente característico das moças melancólicas, frias, elas terão o cuidado de não se expor a se encontrar em companhias ou em lugares nos quais elas sentem que ficariam aflitas que o tempo crítico sobreviesse. Porque se, com efeito, isso acontecesse, seria muito perigoso que elas fossem alteradas pela afecção moral que receberiam com isso. O barulho do canhão e o do trovão muitas vezes produziram supressões nas moças que são normalmente muito medrosas. Conheci uma com esse caráter que tinha a certeza de ficar longamente doente todas as vezes que suas regras a surpreendiam na igreja. O barulho do trovão não lhe era menos funesto.

As moças de uma constituição viva e ardente evitarão tudo aquilo que poderia torná-las ainda mais ardentes. Vide o regime.

As moças e as mulheres em geral se servem todas, durante os tempos frios, das bolsas de água quente; mas elas as preparam tão ferventes que acontece muitas vezes de se queimarem ou de irritarem de tal maneira as extremidades inferiores que vi algumas que tinham dificuldade para andar. Além do mais, isso lhes dá uma sede tão forte que elas não podem saciá-la, o que lhes resseca inteiramente e pode suprimir ou aumentar extraordinariamente a evacuação do fluxo menstrual, sobretudo entre aquelas que são de uma constituição ardente. As moças núbeis farão muito bem se não se servir delas; ou se, assim como quase todas as outras mulheres, não puderem de maneira alguma dispensá-las, elas terão o cuidado de prepará-las de modo a mantê-las pouco acima do grau de calor natural.

Creio que é inútil recomendar-lhes que sejam sóbrias, e que não consumam um alimento, tanto sólido quanto líquido, que elas nunca tenham provado, pelo temor de que o estômago fique fatigado com ele – o que perturbaria necessariamente todas as funções, sobretudo em um tempo no qual elas se desarranjam tão facilmente.

Não seria menos desvantajoso para elas beber gelado quando estão suadas, assim como passar subitamente de um lugar frio para um lugar quente, de um seco para um úmido, e vice-versa.

Nada seria mais funesto do que se deixarem sangrar, sobretudo nos braços, e tomar vomitórios, assim como lavagens purgativas e outros remédios que são sempre mortíferos nos tempos críticos.

Existem ainda diversas causas de supressão que seria muito longo detalhar. Porém, como elas derivam daquelas que acabo de indicar, bastará evitar com cuidado umas para se preservar das outras.

Passo à exposição geral da doença tão comum entre as núbeis, conhecida comumente pelo nome de *cores pálidas*. Apresentarei, para ela, o tratamento mais simples e, por conseguinte, o mais natural, ao qual ela raramente resistirá, sobretudo se é recente, sem causa moral e nas moças de boa constituição. Porque, se ele fosse complicado, elas não teriam mais condições de se tratar por conta própria; ou, se o fizessem, o fariam mal – seria, portanto, inútil e até mesmo nocivo ensinar-lhes aquilo que seria impossível que elas aprendessem e que, no entanto, elas acreditariam saber. É nisso que não prestam bastante atenção os médicos que escrevem para o povo; porque, quando eles o encarregam do exame dos sintomas das diferentes moléstias que o afetam, para que, em seguida, ele possa aplicar os remédios adequados, seria forçoso necessariamente que esses médicos supusessem que ele tem conhecimentos, e grandes conhecimentos de medicina. O povo com conhecimentos de medicina?! Não creio que seja possível uma suposição mais absurda.

Tratamento das cores pálidas

Quando ocorre de as regras serem suprimidas por algumas das causas que foram mencionadas acima, nada é mais salutar do que a sangria dos pés feita imediatamente. É o melhor remédio, mas não é possível adiá-lo. E se, depois de uma sangria, as dores de cabeça, os calores e as palpitações dolorosas que se fazem sentir na região do estômago não diminuem, faz-se uma segunda, seis horas depois. Por pouco que, com esta segunda sangria, as dores diminuam, não se sangrará mais, porque elas se dissipam normalmente pouco a pouco. Estando a doente normalmente constipada, se fará com que ela faça algumas lavagens com água de cássia que, relaxando o baixo-ventre, destruirão as ânsias de vômito que existem comumente e que seria infinitamente perigoso favorecer, sobretudo nos primeiros tempos. Farão muito bem, ao contrário, de tratar de acalmá-las, fazendo com que a doente tome de tempos em tempos uma meia colher de café de sumo de limão. Alguns banhos nos pés com água exatamente morna não serão inúteis para acalmar as dores de cabeça que não são tão violentas, mas que existem sempre, sobretudo durante os primeiros dias da doença. Será dada como bebida ordinária água na qual foi mergulhado pão torrado ou o soro do leite bem filtrado e, a cada três horas, um copo de caldo com pouca gordura e pouco sal, feito com carne de vaca ou vitela. Tomarão o cuidado de não deixar que as doentes falem muito e colocarão junto a elas pessoas cuja companhia lhes seja agradável.

Porém, quando o mal resiste a esse tratamento, seja porque ele foi negligenciado ou porque foi empregado muito tarde, as doentes caem então nas cores pálidas, o que é anunciado pela persistência dos sintomas que são, no entanto, menos violentos: a boca se torna pior do que era antes – o que acarreta muitas vezes a alteração do paladar e as ânsias de vômito –, os olhos ficam prostrados, o rosto se torna pálido e lívido; enfim, as doentes caem em uma fraqueza e uma melancolia profundas. Então, o que é preciso fazer? Não sangrar nem os braços e nem os pés, como se faz comumente – esse método tão comum e tão funesto deve ser rejeitado.[11] Quanto ao regime, elas se absterão absolutamente de toda espécie de carnes, de laticínios e de frutos pouco maduros.

Como, nessa doença, as moças ficam comumente muito tristes, buscarão, tanto quanto for possível, alegrá-las e fazê-las se exercitarem. Os pais, sobretudo, não as afligirão.

Elas usarão como bebida ordinária um bom vinho branco misturado com uma igual quantidade de água, e comerão três vezes ao dia uma sopa leve feita com arroz, cevada ou sêmola de aveia. Elas também poderão comer, ao longo do dia, algumas peras cozidas, conservas de groselha ou outras, mas em pequena quantidade. Os doces também são aqui muito nocivos, pelo fato de que eles destroem inteiramente o estômago – que, nesta

11 Esses sangradores impiedosos, esses esbanjadores do sangue humano, deveriam saber de uma vez por todas que não devem sangrar as moças que estão com as cores pálidas. Elas estão comumente pálidas, fracas e débeis, têm a boca ruim e muitas vezes até mesmo princípios de obstruções. Não sei onde se encontram nelas sinais de superabundância de sangue, seja geral, seja particular; e, no entanto, é apenas nesses casos que a sangria é indicada.

doença, já está tão arruinado. Elas poderão, no entanto, consumir moderadamente os frutos da estação, tendo o cuidado de escolher os bem maduros.

Elas serão purgadas de seis em seis dias[12] durante os primeiros tempos da doença, tendo-se o cuidado de não ministrar o medicamento na época em que as regras têm o costume de aparecer, da qual se terá o cuidado de se informar – é aquilo de que todas as moças e mulheres deveriam fazer um estudo particular, para que se soubesse com o que se está lidando quando se as trata. Se, depois de vinte dias desse tratamento, a doença não ceder, farão com que a doente beba três vezes ao dia, com intervalos de quatro horas, um vinho ferruginoso.[13] É preciso, quando ela o tomar, que não tenha ingerido nada duas horas antes, e que não ingira nada até duas horas depois. E, quanto ao resto da sua bebida ordinária, ela usará vinho branco misturado com água, como foi dito acima.

Quando ela tiver usado esse vinho ferruginoso durante três dias, parará durante dois dias para retomá-lo novamente, e continuar assim até que se ache melhor. Ela continuará a se purgar, mas somente a cada oito dias. É raro que esse tratamento, respaldado pelo exercício e pela ausência de desgostos, não tenha êxito.

---

12 Esse medicamento será composto por 3/8 de onça de folículos de sene que se deixará infundir durante doze horas em oito onças de água; e, depois de ter coado a infusão, se fará dissolver nela duas onças de seiva e 2/8 de onça de sal de glauber.* Ela será novamente coada para ser dada à doente. [*Sulfato de sódio. (N. T.)]

13 Esse vinho ferruginoso é composto assim: faz-se infundir durante 24 horas duas onças de pregos enferrujados para cada pinta de vinho branco e se administra à doente, na dose de oito onças ou de um copo comum.

Que não fiquem espantados com o fato de que eu não receito todos esses diferentes opiáceos que se tem o costume de receitar; e que se lembrem sempre de que o caminho mais curto e mais seguro para a saúde é aquele onde existem menos remédios. De acordo com essa verdade, que nos foi transmitida pelo Pai da Medicina, o divino Hipócrates, as moças doentes e todos os doentes em geral deveriam desconfiar muito, como diz um prudente médico, de todos esses medicastros que nunca se aproximam deles sem estarem guarnecidos de fórmulas das quais exigem a execução. Os verdadeiros médicos são mais circunspectos; eles escutam a natureza, eles seguem e imitam as suas operações, que são sempre lentas e sábias – e, com essa conduta, são dignos de serem chamados de *sacerdotes*.

Fim da segunda parte

Terceira parte – Do regime mais adequado às moças núbeis

A grande maioria das mulheres que habitam as cidades se exercitam muito pouco, ou fazem apenas um exercício esgotante... De nada vale adverti-las[14] de que nada as destrói mais do que a indolência e a ociosidade nas quais elas vivem, porque elas continuam com a sua maneira de viver. Alguns homens as seguem e, por menos que isso continue, ambos logo estarão de

---

14 Cf. o *Tratado das moléstias vaporosas do sexo frágil*, de Rollin, e o *Ensaio sobre a saúde das pessoas da alta sociedade*, de Tissot. [Joseph Raulin. *Traité des affections vaporeuses du sexe*, 1758; Samuel Auguste Tissot. *Essai sur la santé des gens du monde*, 1770. (N. T.)]

tal modo extenuados que, sendo completamente inábeis para a propagação da espécie, ela se perderá. Queira o Céu que isso não aconteça – ou, antes, que isso pare de acontecer!

Quanto às moças núbeis, eu lhes aconselho a se exercitar, seja nas danças, nos passeios ou em outras ocupações decentes; a permanecer pouco no leito, a comer pouca carne e nenhum doce – que elas comumente apreciam em demasia –, a evitar, tanto quanto possível, todo tipo de temperos, a beber raramente o vinho puro e jamais bebidas destiladas, e sobretudo nenhum café.

A maior parte das moças usam ainda espartilhos de barbatana de baleia. Elas acreditam ficar mais belas quando têm uma cintura bem fina, o que as incomoda tanto que elas não podem pegar nada que esteja no chão sem começarem primeiro por se sentar. Além do mais, com isso, elas ficam com os braços de tal maneira recuados que, junto com os seus saltos altos, se quiserem andar um pouco mais rápido que o normal, elas ficam parecidas – como disse Jean-Jacques Rousseau – com gafanhotos que quisessem correr sem saltar. Com isso, sua saúde é muito alterada, suas vísceras do baixo-ventre ficam comprimidas, os vasos estrangulados provocam obstruções e supressões e, por fim, o desarranjo geral de todas as suas funções; e é, em parte, desse vulcão morbífico que se elevam os vapores que destroem completamente o belo sexo.

De acordo com esse quadro verídico da nocividade dos espartilhos de barbatana de baleia, as moças deveriam, pois, evitá-los com muito cuidado. Elas também fariam muito bem, assim como todas as mulheres, se descobrissem o menos possível o colo – ou, antes, se o cobrissem totalmente. Além do fato de que ele ficaria mais branco, elas não estariam expostas a se resfriar com isso... e muitas vezes a provocar o câncer. Além do mais, o coquetismo em nada perderia, porque basta que se mostre uma coisa para que não se queira mais vê-la.[15]

As moças, geralmente, não usam nem o branco e nem o vermelho, e farão muito bem de jamais usá-los; com isso, sua tez conservará por mais tempo o seu frescor. Seria necessário também que elas lavassem mais vezes a cabeça do que fazem normalmente. Pouco pó e ainda menos pomada tornariam o seu penteado menos nocivo; e como o melhor cheiro é não ter cheiro nenhum, elas não farão uso de nenhum aromatizante, a não ser quando caírem em síncope. Nesse caso, a água da rainha da Hungria,[16] a das Carmelitas[17] e, sobretudo, o bom vinagre devem ser preferidos.

As moças de uma constituição ardente evitarão com cuidado tudo aquilo que poderia inflamá-las ainda mais, e principalmente a dieta muito condimentada, que foi mencionada acima; porque acontece geralmente que elas percam muito, recuperem pouco e definhem para perecer na flor da idade.

Existem certas moças dessa constituição que, por uma determinada prática voluptuosamente homicida,[18] logo se atiram comumente no túmulo. Elas não deveriam ter necessidade de ser advertidas; a prostração, a fraqueza, a perda de apetite, a ausência do sono tranquilo, a magreza extrema que elas

15 O sr. de Saint-Foix conta que em diversos povos indianos todas as moças e mulheres andam nuas, exceto as cortesãs, cuja condição – dizem esses povos – é buscar excitar os desejos. *Ensaios históricos sobre Paris*, tomo V, p.71 da 4ª edição. [Germain-François Poullain de Saint-Foix (1698-1776), dramaturgo e escritor francês. (N. T.)]

16 Preparação alcoólica à base de alecrim, utilizada como perfume. (N. T.)

17 Destilado de álcool e erva-cidreira, cuja invenção é atribuída às freiras carmelitas. (N. T.)

18 Virard se refere à masturbação. (N. T.)

experimentam as advertem, me parece, muito claramente do extremo perigo que correm.

Como não é com azeite que se apaga um incêndio, elas não beberão senão água, e tomarão alguns banhos frios durante o verão, tendo muito cuidado para distanciá-los dos tempos críticos.

Ao contrário, as moças de uma constituição melancólica, fria, farão uso, mas moderadamente, de um pouco de bom vinho, e de algumas iguarias apetitosas. Elas farão muito exercício e buscarão se recrear: a música é um dos melhores meios para isso.

Tissot lhes aconselha a equitação, o que é aconselhar muito bem. Mas eu não gostaria que elas andassem a cavalo como os homens, o que causaria muita fricção. Seria muito melhor que elas montassem com as duas pernas para um mesmo lado, e com os pés apoiados sobre um largo estribo. As moças e as mulheres extenuadas, como diz o sábio médico acima citado, se sentiriam muito bem com esse exercício.

Seja o que for que diga a sátira, eu sei que existem algumas viúvas jovens que estão muito sinceramente aflitas por sê-lo, e que quase sempre levam tão longe a aflição que logo caem em doenças funestas e tanto mais incuráveis pelo fato de que têm como princípio o desgosto, ou seja, o mais poderoso inimigo da saúde.

Não existe, portanto, nada mais vantajoso para essas novas Ártemis[19] do que buscar dissipar os seus tédios, tomando o cuidado, até que eles tenham sido dissipados, de comer pouco e de ingerir alimentos leves; porque, quando o espírito é afetado,

19 Deusa grega, irmã de Apolo. A referência de Virard se deve ao fato de que ela pediu a Zeus, pai dela, que a conservasse eternamente virgem. (N. T.)

o corpo definha e as digestões são ruins – e, ainda que elas sejam bastante boas, quanto mais se alimenta um corpo definhado, mais dano se causa a ele, ao menos enquanto a causa não desapareceu.

As moças enclausuradas terão o cuidado, tanto quanto possível, de afastar a tristeza; ou, se existirem na mesma casa várias delas que estejam tristes, que elas se reúnam e contem umas para as outras os seus aborrecimentos – é quase sempre o melhor meio de dissipá-los.

Quanto ao regime, elas se absterão de toda espécie de doces, ou de tudo aquilo que se conhece sob o nome geral de *bombons*, que destroem absolutamente as digestões. E, embora a fraqueza de estômago não seja muitas vezes a causa de seus males, ela ao menos sempre ajuda muito poderosamente a conservá-los ou a dispô-las a eles.

Deveriam, de tempos em tempos, fazer com que as religiosas viajassem, enviando-as para conventos da sua ordem ou outros que fossem vizinhos.

A mudança de ares e a distração das viagens fariam a elas um bem maravilhoso; porque, como se sabe, a alegria, o ar puro e livre e o exercício são, sobretudo, a alma da saúde.

Existem algumas moças nas quais a gordura prejudica a beleza, e que, para emagrecer, empregam o vinagre, o sumo de limão ou outros ácidos – o que quase sempre dá um resultado tão bom que elas logo se tornam extremamente secas, adquirindo obstruções em todas as vísceras do baixo-ventre. Daí se segue necessariamente a alteração de todas as funções, e sobretudo do fluxo menstrual. O peito também não é poupado, o que é anunciado por uma tosse seca muito incômoda, seguida de palpitações do coração. Todas essas afecções reunidas as precipitam logo na consumpção e no marasmo, doenças igualmente funestas e quase sempre incuráveis.

Elas, portanto, para emagrecer fazem muito mal a si mesmas; o melhor meio para isso seria fazer dieta de tempos em tempos, ou seja, passar a quatro caldos magros por dia, tendo a água como a única bebida, e só parar esse regime para consumir alimentos tirados dos vegetais, como as leguminosas e as diferentes espécies de frutas e compotas; abstendo-se absolutamente de toda espécie de carnes e de extratos de carnes, usando, então, como bebida normal, um vinho branco leve com dois terços de água; tendo, sobretudo, o cuidado de permanecer pouco no leito e de fazer muito exercício; a dança, o jogo de peteca e os passeios a pé se apresentam com vantagem.

No entanto, haverá algumas que, apesar da sua exatidão em seguir esse regime, ainda conservarão mais corpulência do que gostariam. Porém, eu não vejo por que razão elas teriam motivos para se afligir com isso; porque, além da gordura servir para conservar o calor, ela torna a pele suave, reluzente, lustrosa; será que isso não tem nenhum valor?

Tudo aquilo que eu disse até aqui sobre o regime mais adequado às moças núbeis, tende a torná-las senhoras das suas digestões, aquilo que é muito essencial para desfrutar de uma boa saúde. Porém, isso lhes seria impossível se elas não tivessem, antes, o cuidado de se tornarem senhoras das suas paixões. Que elas nunca se esqueçam, portanto, de que *carregam um tesouro em vasos frágeis*, e que o meio mais seguro de conservá-lo é serem sóbrias de estômago e de coração.

Fim da terceira parte

Reflexões sobre o casamento[20]

Não creio que seja possível imaginar uma existência mais deliciosa do que aquela da qual desfrutam dois jovens esposos, que se tornaram assim por sentimentos recíprocos de amor e de estima. Por que é preciso que uma tal felicidade seja tão rara? Escuto um homem de bom-tom, que responde: "É a moda", e nada lhe replico. O argumento é irrefutável para um homem como esse. Porém, se eu estivesse lidando com um homem sensato, e com quem tivesse intimidade, eu lhe diria: "Meu amigo, vossa moda é funesta ao povoamento, do mesmo modo que à tranquilidade dos esposos".

Vejamos como ela prejudica o povoamento.

Todo mundo reconhece, e com razão, que, para que ocorra a concepção, é necessária uma perfeita relação tanto física quanto moral entre o homem e a mulher.

Ora, entre dois esposos que assim se tornaram segundo a moda – ou seja, que não se amam –, não existe certamente nenhuma relação. Portanto, tais esposos jamais darão motivo para a concepção e, consequentemente, não terão filhos.

Não terão filhos... isso exige algumas exceções; porque é bem possível que a concepção aconteça, seja por uma irrupção de temperamento, uma distração voluptuosa; seja pela razão de que quando não se tem aquilo que se ama, é preciso amar aquilo que se tem; ou seja, enfim, porque as pessoas se regalem, algumas

20 Jamais se viram tantos celibatários e tão pouco celibato. A depravação e a gangrena dos costumes, que um luxo excessivo sempre traz consigo, são as principais causas disso; pois como é possível conceber que um homem que mal se crê bastante rico para ele só, vá desposar uma mulher que o arruinaria limitando as suas despesas etc.

vezes, com uma iguaria que teriam desprezado em qualquer outro tempo. Tudo depende, como se sabe, das circunstâncias e, sobretudo, do apetite.

Um casamento da moda nem por isso é menos nocivo ao povoamento, já que, se dele resultam filhos, são sempre em menor número do que aqueles que deveriam resultar naturalmente de um casamento verdadeiro.

Homens de bom-tom, abandonem, pois, essa moda funesta. Seria possível que vocês se mantivessem fiéis apenas por isso? Escolham doravante, para suas esposas, aquelas nas quais brilhem qualidades mais sólidas e mais duradouras que a frágil beleza. Porém, se ela se soma às qualidades do coração, o objetivo será ainda mais alcançado.

Não se deixem jamais arrebatar por um amor frenético que lhes tiraria o poder de refletir; eu sei como a gente se compraz em encontrar todas as qualidades possíveis em uma jovem pessoa, desde que ela tenha um belo rosto, um porte esbelto e o andar desenvolto: não se enganem com isso. Se La Fontaine diz a verdade, vocês se arriscariam muito:

"Poucos corpos belos hospedam uma bela alma."[21]

Mas, sobretudo, sejam virtuosos: é o meio mais seguro para descobrir em quem reside a virtude. Procurem-na com cuidado: ela bem o merece. E, seja o que for que diga uma filosofia desgostosa e amarga, vocês a encontrarão no belo sexo. Enfim, *se vocês quiserem se casar como homens sábios, escolham com discernimento, sem pressa, por inclinação, e sem interesse, mulheres que os escolham da mesma maneira.* Quaisquer que sejam a sua condição social e as suas

21 Jean de La Fontaine, *Fábulas* VII, II (*Le mal marié*). (N. T.)

riquezas, elas lhes tornarão os mais afortunados dos homens, elas lhes trarão como dote a felicidade...

E vós, sexo encantador, segui exatamente os conselhos que vos dei nesta obra. A saúde, que será o fruto deles, manifestará em vós todos os encantos que a natureza vos prodigalizou. Não vos esqueçais nunca de embelezá-los com a virtude. Sem ela, eles teriam apenas um falso brilho. E como vós poderíeis não amá-la? Ela é tão bela! Ela se parece tanto convosco!

Aconteça o que acontecer, moças núbeis, sede, pois, sempre virtuosas, e logo um jovem esposo adorado virá vos cumular com a felicidade que receberá de vós, e que, sem dúvida, o tornará constante. É então que, sendo perfeitamente felizes e fazendo outros perfeitamente felizes, vós desfrutareis também da sensível e bem doce vantagem de ver nascer de vós seres sadios e vigorosos, que se felicitarão um dia por vos dever a existência, e por desfrutar dela no mais belo reino que já existiu.

FIM

Marie Armande Jeanne Gacon-Dufour
(1753-1835)

Memória em prol do sexo feminino contra o sexo masculino[1]

> Mais respeito pelo sexo frágil, ou eu rompo convosco.
> Suas virtudes são dele, seus defeitos são nossos.
>
> Barthe[2]

MEMÓRIA EM PROL DO SEXO FEMININO CONTRA O SEXO MASCULINO

Na presença do Cavaleiro de Feucher[3]

Questão:

---

1 *Mémoire pour le sexe féminin contre le sexe masculin* (Londres/Paris: Royez, 1787). (N. T.)

2 Nicolas-Thomas Barthe, *Les fausses infidélités* [As falsas infidelidades]. (N. T.)

3 Este texto é uma resposta a um livro de Henri de Feucher Artaize, publicado em 1786 e intitulado *Degradação do homem em sociedade, ou Ensaio sobre a decadência do bom gosto, das artes e das ciências.* (N. T.)

A quem se deve a corrupção dos costumes? Será às mulheres ou aos homens?

Todas nós sabemos muito bem as razões particulares pelas quais Juvenal, Boileau, Molière e La Bruyère se enfureceram contra nós. Por que o Cavaleiro de Feucher ousa imitar a conduta deles, tão censurada por todos os outros homens, embora esses autores possam ser desculpados em certos aspectos? É, pelo que eu pude discernir em seu caos, porque o bom gosto, as ciências e as artes decaíram nesse século, que os grandes homens dos nossos dias chamaram modestamente de *o século filosófico*. É porque é a nós que se deve esta decadência, da qual nossos sublimes pensadores, sempre nos céus, jamais teriam ousado suspeitar que fôssemos a causa bem poderosa e muito próxima; nós, a quem quase todos devem o seu renome – que engrimanço! Sim, é porque eles acreditaram ou fingiram acreditar que fôssemos depositárias desta chama celeste que abrasou os Homero, os Píndaro e os Zaleucos;[4] que, por uma doce gratidão, eles nos louvaram, divinizaram e consultaram, não estudando, não escrevendo e não inventando senão para nós. E que desse pueril orgulho decorrem todos os males que inundam os homens. Que dupla algaravia! É por causa de tudo isso que o Cavaleiro de Feucher se enfureceu contra nós. Foi esta bela tese ininteligível que ele encampou e que lhe deu motivo para declamar a plenos pulmões e para vomitar contra nós as injúrias mais grosseiras que o seu espírito sublime e digno da imortalidade pôde lhe fazer encontrar.

Se ele quis dizer que foi porque os autores contemporâneos nos louvaram incessantemente (e sabemos, grande Deus,

4 Legislador grego do século VII a.C. (N. T.)

que há muito tempo essa moda passou!) que o bom gosto, as ciências e as artes decaíram, nada é, certamente, mais absurdo e mais injusto. No começo desse século, e nos séculos precedentes, os autores nos louvavam, nos celebravam: quase todas as obras tinham o nosso sexo em vista, e o bom gosto, as ciências e as artes não decaíam. Será que, ao contrário, eles não decaíram porque, nos últimos quarenta anos, tem-se buscado menos nos agradar?

Se, de preferência, pensando neste verso de Gilbert,[5]

> E a queda das artes segue a perda dos costumes

ele quis dizer que nós corrompemos os costumes; que nós os perdemos, e que desta perda seguiu-se a do bom gosto, a das ciências e a das artes (e sua longa diatribe, tanto quanto pude me convencer à força de me obstinar em encontrar-lhe algum sentido, me fez presumir que essa era a sua única intenção), também nada é mais absurdo e mais inepto. Eu vou provar isso.

Não me dedicarei a segui-lo passo a passo em sua marcha, a nos justificar de todas as suas acusações e a responder a todas as suas injúrias. Eu teria que engolir muitas repetições, muitas faltas de ordem, muitas obscuridades, muita confusão e muitas inconsequências. Eu teria que me queixar de não encontrar nenhuma razão plausível e concludente. E, além do mais, não lhe devo, por todos esses defeitos e por todas essas injúrias, senão o desprezo ou a piedade. Eu me conterei estritamente em minha

5 Nicolas-Joseph-Laurent Gilbert, *Le dix-huitième siècle, satire, à M. Fréron*. (N. T.)

tese: Nada é mais absurdo que dizer que fomos nós que corrompemos os costumes.

Entro no assunto.

De dois seres reunidos, dos quais um é dotado de gênio, de prudência e de força, e o outro é dotado de espírito e de sagacidade, este último teria indubitavelmente corrompido o outro que, podendo sempre opor o gênio ao espírito; o gênio e a força à sagacidade; o gênio, a prudência e a força ao espírito e à sagacidade, tivesse deixado ora o gênio ser vencido pelo espírito; ora o gênio e a força serem vencidos pela sagacidade e ora o gênio, a prudência e a força serem vencidos pelo espírito e pela sagacidade. Porque, então, ele teria invertido a ordem da natureza, e que, desse primeiro mal, teria necessariamente decorrido o segundo.

Porém, desses dois seres, o primeiro – que, apesar do seu gênio e da sua prudência, não soube ver que devia dar o exemplo de regularidade, de decência e mesmo de pudor, e que foi o primeiro a apregoar a libertinagem – necessariamente corrompeu o outro.

Não existe dúvida de que foi o homem que deixou o gênio, a prudência e a força serem vencidos pelo espírito e pela sagacidade, e que foi o primeiro a apregoar a libertinagem – e a prova virá em seguida. Não há, pois, dúvida de que foi ele quem corrompeu a mulher.

Seria impossível que a mulher tivesse sido a primeira a apregoar a libertinagem, e que tivesse corrompido o homem. O pudor, natural no nosso sexo, teria continuamente se oposto a isso. Esse pudor não se perde nunca, a não ser quando o homem o atacou por meio de assaltos violentos e multiplicados, a não ser quando ele o cobriu de ridículo e fez a mulher espezinhar a circunspecção que esse pudor lhe impõe (e que os homens deveriam se dedicar muito a preservar). Os preconceitos e as opiniões aceitas, com os quais os homens sobrecarregam o nosso sexo, teriam se oposto igualmente a que fosse ele que tivesse corrompido o outro.

O que é que contém o homem em suas ações? O que é que o teria contido? Ele ostenta continuamente as suas devassidões, ele conta e nomeia em voz alta todos os momentos e todos os objetos de seus gozos. Nada o detém.

Eu não considero, para estabelecer a impossibilidade de corrupção por parte da mulher, a sociedade entre os dois sexos em sua origem; e não digo que, com a propagação do exemplo, nosso sexo está corrompido há um longo tempo, e que, para ele, a corrupção é quase um hábito. Não, eu considero essa sociedade no momento atual, e digo que ainda hoje o nosso sexo nunca é corrompido senão pelo outro.

Se algumas mulheres, em uma idade avançada, têm corrompido outras, assim como diz o Cavaleiro de Feucher, essas mulheres tinham sido corrompidas há muito tempo por homens, e o hábito do vício as tinha tornado mais atrevidas no crime. Elas jamais teriam tido tanta audácia se alguns homens, corruptores desprezíveis, não tivessem buscado assimilá-las a eles.

Será que me forçarão a empregar algumas razões que se tornaram triviais à força de serem conhecidas de todo o mundo? E será que serei obrigada a tratar ainda hoje de uma questão, sempre decidida em favor do nosso sexo, e que se teria acreditado não dever mais reaparecer? E por quem é renovada essa questão? Por um cavaleiro francês! Por um homem cuja missão era nos defender! Ah, sim! Sem dúvida, os costumes estão bem corrompidos!

Nosso sexo tem paixões, tem defeitos, tem vícios, não nego isso. Porém, se eles não fossem postos em movimento pelos dos homens, se eles não recebessem nenhum incremento por eles, repito que o nosso pudor natural nos conteria. Não será possível que as paixões, os defeitos e os vícios dos homens sejam bem maiores que os das mulheres, já que são eles que desenvolvem esses últimos? Não será um corpo mais forte que põe um mais fraco em movimento? Para que fosse o mais fraco que pusesse o mais forte em movimento, seria necessário que ele fosse acionado por um corpo mais poderoso que os dois juntos. Ora, na presença dessas paixões, desses vícios dos dois sexos, não existe corpo mais forte que acione as paixões e os vícios das mulheres contra os dos homens, e que force esses últimos a receberem o movimento. São, portanto, os dos homens que dão movimento aos das mulheres, porque são maiores e mais fortes.

Aquilo que eu acabo de dizer poderia servir para definir a questão de qual dos dois sexos é melhor relativamente?

Os antigos afirmavam que era Momus quem tinha formado e criado o homem, e diziam que quando os deuses viram a sua obra, desataram a rir, de tanto que a acharam ridícula. No entanto, entre os antigos, o homem não tinha tido a audácia de dizer que era a mulher quem o havia corrompido. Ele se encontra de tal modo corrompido, hoje em dia, que tem horror de si mesmo. E como, para se desculpar, ele adquiriu o hábito de nos acusar, nos acusa também desse mal.

Para que se pudesse admitir que a mulher corrompeu o homem, seria preciso saber como, quando ele tem tanta superioridade. Será incitando nele o desejo de possuí-la? Eu gostaria que ele ousasse defender isso. Para que se pudesse admiti-lo, seria preciso supor que, independentemente do nosso pudor natural, da circunspecção que ele nos impõe e das opiniões aceitas que nos farão sempre temer a vergonha e o desprezo, nosso sexo não tem nenhuma virtude. Ninguém duvida de que ele as tenha, e que, embora o pudor esteja perdido em muitas mulheres – com sua perda causando o maior escândalo e a maior desordem –, ainda restem a todas elas muitas virtudes.

O Cavaleiro de Feucher, por sua atenção em não detalhar nenhuma dessas qualidades, por sua escolha de ofuscar todas pelos vícios – dos quais ele faz uma longa lista – com que nos sobrecarregou, buscou fazer crer que nós não as tínhamos, ou tínhamos tão poucas que não mereceriam a honra de serem citadas. Porém, para os nossos defeitos, que ele transformou em vícios, ele colocou muito mais exatidão em enumerá-los; e, para melhor ressaltá-los, relatou alguns exemplos por meio dos quais imagina justificar as suas ousadas afirmativas.

Estranha maneira de julgar um sexo, a de julgá-lo por determinados membros monstruosos que o desonram! Maneira mais estranha, a de julgá-lo por exemplos! Será que exemplos serão princípios? Mas isso não passa de uma das menores inconsequências do Cavaleiro de Feucher.

Será que os homens gostariam que nós julgássemos o seu sexo pelos maiores covardes, pelos mais infames assassinos, pelos mais execráveis parricidas, pelos mais estúpidos e mais ferozes tiranos? Sim, existiram mulheres culpadas de todos os crimes. Existiram Jezebéis, Olímpias, Lucilas, Lívias, Fredegondas e Catarinas de Medici. Essas mulheres não compõem todo o sexo frágil, mas existiram milhões de homens no mínimo tão sanguinários e tão monstruosos quanto elas. Se eu quisesse citá-los, encheria cinquenta páginas de nomes, uns mais execráveis que os outros; e esses milhões de homens não compõem igualmente todo o sexo forte.

Se o nosso sexo tem paixões, defeitos e vícios, ele também tem algumas qualidades. Detalhemos algumas delas. O Cavaleiro de Feucher não falou de nós senão para ter a oportunidade de nos censurar pelos nossos defeitos. Quando eu falo de nós, devo ter permissão para citar as nossas virtudes.

Com a idade de sete ou oito anos, instruídas por nossas mães sobre a diferença entre o nosso sexo e o dos homens – ou seja, compreendendo, com o nome de menina ou de senhorita, que não somos meninos ou cavalheiros –, começamos a ser circunspectas em nossos jogos e em nossos discursos, a ser comedidas em nosso andar, a baixar os olhos e a enrubescer se nos olham com afeição ou somente com afetação. É então que nasce o sentimento íntimo de nosso pudor – e não o da falsidade, como diz nosso antagonista.

Aos quinze anos, esse sentimento íntimo é aumentado ao seu mais alto grau. Ele adquiriu a máxima força. É uma muralha quase inexpugnável que a natureza nos deu para nos defender de nós mesmas, assim como nos deu as graças e os encantos para nos defender da força aberta dos homens. Quantas astúcias é preciso que eles empreguem antes de nos degradar!

Até os quinze anos fomos pouco capazes de virtudes, porque pouco estivemos na sociedade, porque a nossa sensibilidade só pôde ser exercida para as infelicidades, e até essa idade fomos absolutamente incapazes de paixões, de defeitos e de vícios.

Dos quinze anos até os vinte, temos que combater com a maior força e a maior coragem as ideias de todos os tipos que procuram nascer. Somos felizes, então, de ter o sentimento inquebrantável do pudor, para nos ajudar em nossos combates contra nós mesmas. Esse sentimento é tamanho que causa a morte a muitas mulheres antes de se desmentir.

Uma jovem donzela de dezessete anos, mais bela que Vênus, e mais casta que bela, tinha visto um jovem de vinte e cinco, que se tornara muito interessante por uma terna melancolia que reinava em todas as suas feições. Ela o tinha visto, e logo tinha incorporado todas as suas disposições. Ela havia se tornado mais taciturna e mais melancólica que ele, se isso é possível. A causa das suas disposições não era a mesma; mas era, para a jovem donzela, no mínimo igualmente funesta. O que estou dizendo? Talvez o fosse ainda mais, já que, a um enternecimento contínuo, ela juntava as chamas de um amor secreto, chamas terríveis que têm necessidade de escapar e que se concentram, que queimam e fervilham incessantemente na alma, e que a consomem por um longo tempo antes de se manifestarem, assim como os fogos de um vulcão profundo que, antes de explodirem, queimam todas as terras que os rodeiam e agitam todas as matérias. Todas as pedras que encontram, eles as levantam, as fazem rodopiar, as fazem soar com estrondo e as atiram nos abismos; ou, depois da sua explosão, as lançam pelos ares com força, e as mandam para lançar o espanto nas regiões vizinhas.

Essa jovem donzela morria de amor por esse rapaz. Ela morria e se calava. Não! Nada podia lhe arrancar o seu segredo. Mãe, irmã, amiga, ninguém podia ganhar a sua confiança. Ela se calava. Conselhos, insistências, preces, súplicas, todos os recursos de um espírito consolador eram inúteis. Ela se calava. Ela se acreditava uma vítima sacrificada a todos os furores do amor. Ela soube da morte de seu amante, e morreu.

Se ela tivesse sido do outro sexo, não teria sido contida por tanto pudor. Ela não teria tido temor da vergonha que todas nós estamos convencidas de que cairá sobre nós. Ela teria confessado a causa de seu mal e não estaria morta.

Durante este período em que temos tanto a combater, somos os seres mais sensíveis. Se as crueldades e as ferocidades cometidas pelos homens não nos inflamam de indignação – como inflamam comumente os rapazes, que a deixam explodir e logo se evaporar –, elas nos afetam secretamente até nos matar. Não é preciso, para julgar isso, senão ver as impressões que causam nas jovens donzelas as narrativas de determinadas desgraças ou de determinadas crueldades. Não é preciso senão ver como elas tremem e, muitas vezes, em que abatimento caem com isso.

Um dia, em uma roda onde se encontrava uma jovem muito sensível, lia-se a encantadora história de Epicaris, que faz parte das obras do abade de Saint-Réal.[6] Quando se chegou ao trecho dilacerante, que representa esse jovem desafortunado nas mãos dos carrascos animados pelo bárbaro Tiellis, a jovem donzela desmaiou. Quiseram socorrê-la, mas descobriram que ela estava morta.

Se ela fosse do outro sexo, poderia ter se comovido, derramar lágrimas e até mesmo soluçar, mas não teria morrido, assim como o sr. Huilier, a quem a mão dela havia sido prometida, e de quem tomamos conhecimento da anedota.

A extrema sensibilidade que nos afeta dessa maneira torna o nosso sexo tão compassivo que, mesmo pondo a sua vida em perigo, ele quer arrancar da desgraça todo ser que está exposto a ela. Ela lhe confere uma coragem da qual os homens, com exceção de dois ou três seres privilegiados, não são seguramente dotados.

---

6 César Vichard de Saint-Réal (1639-1692), escritor e historiador francês. A obra mencionada intitula-se *Epicaris ou a história secreta da conjuração de Pisão contra Nero*. (N. T.)

Uma fera carniceira, que se soube ser um lobo da maior espécie, havia se escondido em um campo semeado de centeio, na paróquia de Caillonel, perto de Chauny, e tinha apanhado uma criança de onze anos. Logo, uma moça dessa paróquia, Marie-Anne Bara, de dezenove anos, atraída pelos gritos da mãe da criança, acorreu sozinha e sem armas, NA PRESENÇA DE VÁRIOS HOMENS QUE NÃO OUSARAM SEGUI-LA. Ela alcançou a fera, combateu-a, perseguiu-a através de um pântano, atravessou – como ela – um fosso, alcançou-a novamente, arrancou – enfim – a presa de sua boca, agarrou a criança ainda palpitante e devolveu-a à sua mãe. Porém, infelizmente, a criança estava morta, embora seu corpo ainda estivesse inteiro.

Uma criança chamada Antoine Michon, de nove anos, dirigindo-se de Chessy para o vilarejo de Courbeville (no Lyonnois), era obrigada a atravessar o rio Azergues sobre uma prancha com a largura de quinze polegadas,[7] que não tinha nenhuma proteção. Esse rio acabava de ser consideravelmente aumentado por uma violenta tempestade. Quando a criança estava no meio da prancha, ela escorregou e caiu no rio, que a arrastou com rapidez. Seus gritos foram ouvidos por três moças que estavam ocupadas, perto dali, arrancando o mato. Elas correram para a beira da água para socorrê-la. Uma delas, chamada Marguerite Rellieu, com treze anos, foi a primeira a chegar. Ela chamou por socorro, mas ele não veio. Ela quis se atirar nas águas para salvar seu jovem compatriota. A mãe dessa jovem, que apareceu, e que temia vê-la perecer, quis, por meio de gritos e ameaças, interromper a sua ação. A moça fugiu dos olhares da mãe e correu com todas as suas forças atrás da infeliz criança,

7 Cerca de 40 centímetros. (N. T.)

pelo espaço de duzentos passos. Por fim, não vendo aparecer ninguém mais forte que ela, e percebendo que a vítima desaparecia de tempos em tempos da superfície, ela enfrentou o perigo e os alarmes de sua mãe, se atirou na água e, estendendo a mão, agarrou o garoto pelos cabelos e o levou para a margem. Ele já estava sem pulso e sem movimentos. No entanto, foi devolvido à vida por meio de sais que lhe foram administrados por uma pessoa da vizinhança.

Léopold, é a ti que eu pergunto: Marguerite Rellieu, COM TREZE ANOS DE IDADE, foi inferior a ti? Sua ação talvez seja ignorada. Os homens, os homens tão vãos e tão apressados em se exaltarem mutuamente pela primeira boa ação (elas são tão raras da parte deles), se acreditariam humilhados de fazer em sua homenagem uma ode ou algum outro poema laudatório.

O pudor, a sensibilidade, a compaixão e a coragem são virtudes que se manifestam em nós desde os doze até os vinte anos. Acabo de citar alguns exemplos bastante impressionantes delas, e citaria ainda cem semelhantes se quisesse fazer aqui uma coletânea de anedotas. Porém, essas não são as únicas virtudes que mostramos nessa idade. Que homem tem mais caridade do que nós pelos pobres? Que homem tem mais ternura pelos doentes e lhes dá mais cuidados? Será que o Cavaleiro de Feucher me pediria alguns exemplos? Essas qualidades nos eram concedidas por Jean-Jacques Rousseau, em cuja autoridade ele se apoia. Que ele o consulte em seu *Emílio*, e verá o que Jean-Jacques diz falando de Sofia, e da atenção que ela tem em apoiar suavemente os membros doloridos do velho que ela vai visitar, cuidar e tratar.

Todas as virtudes que acabo de provar que o nosso sexo possui, será que as encontraríamos no mesmo grau nos rapazes? Com exceção da sensibilidade, que é a virtude específica da juventude, será que encontraríamos neles as outras virtudes? E, também, de que serve para a sociedade a sensibilidade desses jovens? Falai-lhes de pudor e eles vos dirão atrevidamente que é uma virtude necessária às mocinhas e aos capuchinhos, e que, quanto a eles, morreriam de vergonha se a tivessem.

Esses jovens, que estão mais perto da natureza do que todos os outros, que ainda não foram inteiramente depravados e corrompidos pela sociedade – que eles pouco frequentaram –, por esta confissão de que o pudor é necessário às mocinhas, reconhecem e forçam todos os outros a reconhecerem que é a nossa virtude específica.

Falai-lhes de compaixão e eles vos responderão que é um sentimento triste e doloroso.

Se vós lhes falais de coragem, eles vos confessarão de imediato que são bravos. Esses bons jovens não veem, então, na coragem, nada além desta imbecil precipitação de correr para um duelo, e não esta virtude que animou a imortal Marguerite Rellieu.

Não vos arrisqueis a lhes falar de caridade, pois correis o perigo de ouvi-los gritar tolamente: "Será que temos dinheiro suficiente para os nossos prazeres? Será que os jovens não têm sempre necessidades? E nossas amantes? E nossas roupas? E nossos cavalos?"

Sua sensibilidade, que nós temos em comum, e que levamos bem mais longe que eles, é, portanto, nula e sem efeito para o resto da sociedade. Ela é puramente passiva.

Se lhes objetamos que todas essas virtudes se encontram nas jovens donzelas, eles declaram ingenuamente que elas não lhes servem; e que, de resto, as moças não têm, como eles, que se preocupar com as distrações e as despesas, e que não é preciso se espantar de que elas sejam tão reservadas.

Quais poderiam ser os nossos defeitos até a idade de dezoito ou vinte anos? O coquetismo? E que coquetismo? Mas esse último seria indiferente, porque ele tenderia apenas a ser agradável e conveniente na sociedade, e não produziria nenhum mal. Eu não vejo nenhum outro. Que o Cavaleiro de Feucher pense sempre que não falo aqui dessas moças devassas – que, no entanto, só o são porque foram corrompidas e transformadas nisso pelos homens.

O Cavaleiro de Feucher disse, apoiado ou supostamente apoiado em Jean-Jacques Rousseau, que nós não sabemos amar e nem descrever o amor, e que não temos senão os sentidos ou o orgulho. Ele não nos fará, consequentemente, a censura de sermos amorosas. Eu digo *a censura* porque a paixão do amor não é uma virtude aos olhos de todo mundo. Porém, como esse cavaleiro nos tira um vício, um defeito ou uma virtude (o amor), para nos atribuir um crime, o de não ter senão sentidos, e que, no fim das contas, eu prefiro que nos censurem por sentir o amor do que nos censurem por sermos culpadas do vício que ele supõe em nós, devo provar que somos suscetíveis de amor. Eis aí a única paixão que podem nos censurar nessa idade.

Descartemos de antemão a opinião que ele emitiu, de que não temos senão os sentidos ou o orgulho – ou, o que é a mesma coisa, que nós nos entregamos ao gozo somente por temperamento ou pelo desejo de comprazer aqueles que queremos manter sob o nosso domínio. Porque esse crime não é o da idade da qual eu falo e, consequentemente, um crime do sexo frágil, e que é apenas o de alguns indivíduos – a menos que o Cavaleiro de Feucher queira sustentar que nessa mesma idade todo o sexo frágil é criminoso, o que seria o absurdo mais palpável.

Descartemos, também, de antemão, a opinião – que eu não nego – de que, ao menos no amor, nós satisfazemos os nossos sentidos, e que é um vício do qual todas nós somos culpadas. Ele talvez buscasse propor esta opinião, mas ela deve ser descartada porque esse vício também não é absolutamente o da idade da qual eu falo – e, consequentemente, um vício do sexo frágil, sendo apenas o de alguns indivíduos.

Mas, digamos: quando somos tomadas pelo amor (paixão, crime ou virtude), nós o somos por um amor verdadeiro, por um amor tão forte, tão elevado e tão nobre quanto o amor possa ser imaginado. O primeiro exemplo que citei seria, segundo o Cavaleiro de Feucher, mais do que suficiente para prová-lo. Mas tratemos de prová-lo pelos resultados da natureza – porque, como já disse, os exemplos não são princípios.

Se, com relação ao amor, os resultados da natureza são que o ser amante fique emocionado, vibre, trema e fique entorpecido só de ouvir o nome do ser amado; que ele fique inquieto e morrendo de prazer com a sua visão; que ele fique arrebatado e encantado com a sua voz; que sua alma se dilate, por assim dizer, e fique sossegada quando ele fala; que suspire quando está perto dele; que o siga por toda parte; que o procure por toda parte quando está afastado dele; que o veja sempre como o viu desde o primeiro instante em que o amou, que o veja no mesmo lugar, com as mesmas roupas, com a mesma aparência, a mesma alegria, a mesma vivacidade ou a mesma melancolia quando ele está distante; que não se ocupe senão dele; que sonhe com ele sem cessar; que sua alma peça por ele incessantemente; que, nos jogos e nos risos, ele fique impaciente, taciturno e inquieto se o objeto amado não participa deles, e que fique animado, inquieto e ciumento se o objeto amado participa deles; que ele o fite, que o escute, que o admire sem cessar; que inveje qualquer outro pelos risos, os olhares e as palavras que o objeto amado lhes dirija; que ele queira que o ser amado não viva senão para ele, não fale senão com ele, não ria senão para ele, não veja senão ele; que ele confunda a sua alma e a sua vida com a alma e a vida do ser amado; que forme com ele um todo unido e indivisível. Se são esses, assim como muitos outros detalhes, os resultados da natureza, o nosso sexo é suscetível do amor e do amor mais verdadeiro e mais nobre. Ele recebe todas essas impressões, ele vive de todos esses tipos de sentidos, mas os concentra, e seu pudor faz com que ele os contenha bem atentamente.

Se o Cavaleiro de Feucher já tivesse estado em condições de ver em muitos círculos sociais muitas jovens pessoas (creio que ele ainda é bem jovem, e se encarregou muito jovem de uma causa bem ruim), se ele tivesse podido captar todas as nuances das afeições dessas jovens pessoas diante do nome, da proximidade, da voz e da visão do objeto de seus amores, ele não teria afirmado e atribuído a Jean-Jacques Rousseau – um pouco melhor observador que ele – um paradoxo tão absurdo quanto o que afirmou e atribuiu a ele.

Todas as afecções que acabo de descrever, e que chamei de *resultados da natureza*, eu as experimentei nesta idade em que elas assediam, em que elas agitam, em que elas arrebatam todos os nossos sentidos perturbados e confusos. Eu as vi em várias das minhas jovens companheiras. Mais de cem mil pessoas puderam apreendê-las em suas conhecidas, em suas parentes e em suas amigas.

Como é preciso que o Cavaleiro de Feucher seja injusto ou fraco de instrução, ou um grande falastrão para emitir semelhantes proposições, e para atribuí-las a um grande homem a fim de lhes dar peso! Mas este é um dos seus menores erros.

Não quero de forma alguma fazer aqui um tratado da natureza específica da mulher. Quero apenas mostrar que todas as nossas virtudes sempre se opuseram e sempre se oporão ao fato de que sejamos nós que corrompamos os costumes, e que foram os homens que os corromperam. Eu me apresso em minha marcha.

Aos vinte anos nos casam. Nossos pais, mais que nossas mães, decidem que devemos aceitar um determinado homem que eles nos apresentam, do qual – pelo que dizem – eles conhecem a fortuna, de quem eles sempre foram amigos (ou seja, conhecidos), cujas qualidades e virtudes eles conhecem e que devem nos convir. Eu digo *nossos pais*, e o ilustre Richardson provou antes de mim que eram os nossos pais, fazendo o pai de Clarisse forçá-la a casar com o odioso Royer Solmes.[8] Raramente nossas mães nos obrigam a isso, porque, muitas vezes tendo sido obrigadas, elas conhecem todos os perigos e todas as infelicidades de um casamento contraído sem inclinação, de um casamento forçado. Elas têm medo de nos ver expostas a um destino muito infeliz. Desse modo, a corrupção, o mal que se encontra nos casamentos, também é causada pelos homens.

Os homens com quem somos casadas são muito raramente aqueles que nos convêm pelo caráter e pelo espírito. Durante muito tempo nós lhes somos submissas e fiéis. As opiniões aceitas nos mantêm nesse dever. Elas nos manteriam nele para sempre, se alguns homens, ALGUNS HOMENS, percebendo esta pouca relação que existe entre os nossos temperamentos e os de nossos maridos, não procurassem nos seduzir e nos corromper. Sim, se eles não procurassem. Porque, por maior que seja a facilidade que eles possam crer que exista em nos corromper, por causa dessa falta de relação, nosso pudor e as opiniões aceitas

8 A autora se refere a *Clarissa Harlowe*, romance epistolar em nove volumes da autoria do escritor britânico Samuel Richardson. (N. T.)

sempre se oporão a que sejamos nós que busquemos isso, a não ser que já tenhamos sido muito corrompidas e muito pervertidas pelos homens.

Nós temos filhos. Se somos de uma constituição bastante forte, nós mesmas os amamentamos; senão, os confiamos a seios estranhos. Ah, qual é a nossa alegria quando vemos, quando tocamos e quando tomamos os nossos filhos em nossos braços! Como nós os apertamos voluptuosamente, deliciosamente contra o nosso peito! Como os acariciamos! Seja porque os pais deles tenham ciúmes dessas carícias, seja porque só sejam capazes de sentimentos fracos, seja porque temam parecer muito ternos e muito sensíveis, ou seja porque não sejam bastante ternos e nem bastante sensíveis, eles os abraçam sem prazer e sem cuidado, como por simples polidez e no temor de desagradar suas mães. Eu conheço um único pai que abraça seus filhos ternamente, e que os ama como convém.

Quando os nossos filhos estão bastante grandes, somos nós que nos encarregamos da sua primeira educação. Os pais têm a bondade de transferir para nós o que se refere a isso. É, dizem eles, uma dificuldade a menos. Até a idade de sete anos, como os nossos filhos nos deram inquietações! Com que atenção alarmada nós vigiamos os seus passos! Quantos aflições nos causaram os seus menores acidentes! Os pais estavam seguros de que nos ocuparíamos deles. Eles nos deixam esse cuidado.

Até que os nossos filhos tivessem completado sete anos, teria sido impossível para nós seguir qualquer paixão criminosa, adquirir qualquer vício ou mesmo qualquer defeito. Nosso amor por eles ocupava bastante todos os nossos sentidos. Que o Cavaleiro de Feucher não esqueça de que não falo em absoluto das mulheres horrivelmente corrompidas, que não são em muito grande número, guardadas as proporções, e que não são as únicas que compõem o nosso sexo.

Eis que chegamos à idade de trinta anos, ou quase. Nossos filhos estão nas mãos dos preceptores ou nos colégios ou no convento. Será bom que eles estejam assim, mesmo para a sua educação? Será que eles não seriam mais bem-criados diante dos nossos olhos? Essa questão, que exigiria uma dissertação bastante longa, não pode ser resolvida aqui. E o pode ainda menos pelo fato de que a decisão jamais poderia ser absoluta, já que nem todo mundo pode tomar os mesmos cuidados porque nem todo mundo tem uma igual fortuna. Seria bom, por nossa causa, que eles permanecessem conosco, que eles fossem educados diante dos nossos olhos? Não há dúvida de que seria o melhor para a continência das mães, para a dos sedutores e para a decência pública.

Aos trinta anos somos mais donas de nós mesmas. Somos mais sós. Nossos maridos já se entretêm menos conosco, tamanha é a força do hábito. Eles têm menos ciúmes, eles toleram mais que nós tenhamos companhias, e vão eles mesmos buscá-las. Eles demonstram pouco ardor por nós, e muitas vezes até mesmo fastio. Com isso, ficamos reduzidas a receber companhias estranhas, a acolher aqueles que teríamos continuamente nos recusado a ver. Recebemos a visita de jovens e, como consequência, a de homens amáveis. Nosso pudor, que os nossos maridos cometeram a imprudência de ridicularizar, está menos forte. As opiniões aceitas, das quais acreditamos poder escapar, nos assustam menos. Os exemplos nos estimulam. Os homens amáveis redobram os cuidados, as atenções e as amabilidades. Eles nos fazem sentir uma extrema diferença entre os nossos maridos e eles. Ora, se somos seduzidas, é por culpa desses homens que nos atacam, é por culpa dos nossos maridos, que não são mais os mesmos em relação a nós, que nos abandonam e nos deixam sozinhas. A corrupção dos nossos costumes é, portanto, culpa dos homens.

O Cavaleiro de Feucher se aperceberá de que eu reconheço ingenuamente os nossos erros. É verdade que os reconheço com as modificações que racionalmente devo fazer neles. Para lhe dar mais direito de tirar vantagem da minha confissão, não buscarei realçar o nosso brilho pelas qualidades que fazemos brilhar, mesmo nesta idade das nossas fraquezas, e que, segundo a ordem da natureza, só podemos fazer brilhar nesta idade. Não falarei nem do nosso entusiasmo pelo heroísmo – que sentimos tanto quanto os homens –, nem do nosso amor pela glória, nem do nosso generoso devotamento por maridos que supomos terem mais mérito do que nós, e cujas vidas acreditamos serem mais úteis que a nossa. Não citarei Constance Cezelly, de Montpellier, que defendeu Leucate após a captura de seu marido, e que Henrique IV nomeou governante dessa cidadela; nem Marie Milet, que salvou Péronne; nem Espapara que, quando do incêndio de Medina, atirou-se nas chamas para salvar seu filho; nem a amante de Chémayé, que lhe deu um tão belo exemplo no cerco de Falaise, durante o reinado de Henrique IV; nem Margarida Waldemar, rainha da Suécia; nem Awilda de Gotland, princesa da Dinamarca; nem Ária, nem Pórcia, nem Semíramis, das quais todas as belas ações são conhecidas; nem, enfim, todas as mulheres que se distinguiram nas artes, nas ciências e nas letras. Não, eu deixarei para o Cavaleiro de Feucher esta época de nossas fraquezas. Eu a entregarei a ele desvencilhada de todas as nossas virtudes, a fim de que ele tenha um lugar certo para situar os nossos defeitos, a fim de que ele possa designar para eles uma idade definida, e que não seja forçado, como pareceu que era, por falta de nos conhecer bem, a dizer que a nossa vida inteira está infestada de crimes, e a transformar em defeitos – e até mesmo em vícios – as pequenas ações, as pequenas fraquezas inconsequentes e indiferentes da nossa infância. Se ele quiser, embora eu acabe de provar que, nesta idade, a corrupção dos nossos costumes é culpa dos homens, lhe direi que é possível que seja o exemplo, a necessidade e a oportunidade que nos corrompam – exemplo, necessidade e oportunidade que não existiriam, no entanto, sem a culpa dos homens.

Aos quarenta e cinco anos (a época da qual acabo de falar pode compreender o espaço de quinze anos), a natureza modifica o nosso temperamento e a nossa maneira de existir. Se outrora adquirimos alguns conhecimentos nas artes e nas ciências, nós os cultivamos. Elas ocupam todos os nossos gostos. Se não adquirimos nenhum conhecimento sobre essas coisas, nos entregamos à vida contemplativa: a religião se torna a nossa única paixão. Livres de todas as afeições, de todos os laços que nos ligavam à sociedade, nada mais vemos além do termo ao qual todos nós devemos chegar.

Nossos filhos estão separados de nós, e raramente vivem conosco. Eles teriam sido os únicos laços que ainda nos manteriam unidas ao mundo. Mas eles deixaram a nossa companhia, ao deixarem a nossa casa, e nos deixam entregues a nós mesmas. Quais poderiam ser os nossos defeitos, os nossos vícios e as nossas paixões desde esta idade até a morte? Todos os nossos sentidos estão apagados. Se alguma faísca torna a acender, ela não brilha senão por um instante, e passa como um raio. Será um pouco de avareza? Creio que os homens não têm o direito de censurá-la em nós. Seguramente não se verá uma mulher avara no mesmo grau em que são os homens.

Se, desde os trinta anos até o momento da sua morte – que dificilmente os atinge antes dos oitenta –, os homens não nos gritassem sem parar que é necessário pensar em poupar, que não seria possível prever todos os acidentes, as doenças e as outras necessidades; se eles não nos dessem este exemplo odioso, talvez não existisse uma única mulher avara. Sou ainda mais levada a crer nisso pelo fato de que o número de mulheres avaras é muito pequeno, e que o dos homens avaros é infinito. São, portanto, ainda os homens que nos corrompem e nos sugerem este defeito – se é verdadeiro que os homens possam criticar a avareza em algumas de nós.

Mas eles não podem, porque não somos culpadas disso. Que o Cavaleiro de Feucher, para se convencer daquilo que digo, mande abrir os registros das paróquias nos quais estão inscritas as pessoas beneficentes, e ele verá se existem outras que não sejam mulheres. Os homens são duros e amargos quando ficam velhos. As mulheres ainda são ternas e sensíveis na sua velhice. Elas não podem ver desgraçados sem servi-los, sem socorrê-los com o seu dinheiro. Os homens, ao contrário, não distribuem mais nada, a não ser a algumas moças devassas para junto das quais eles ainda vão arrastar seus corpos vacilantes e debilitados.

Como, portanto, o Cavaleiro de Feucher teve a petulância de dizer que era a nós que se devia a corrupção dos costumes? Não posso concebê-lo. Quando penso que ele disse isso sem provas, seus argumentos me parecem mil vezes mais desprezíveis e mais ridículos. Foi um esforço em vão se entregar a uma palração tão tresloucada e debater como um energúmeno!

Em uma idade na qual todos os membros da sociedade humana são animados e arrebatados por todas as paixões, nós também o somos. Mas só o somos por culpa dos homens. Eu provei isso nas outras idades. Pouquíssimas de nós são culpadas de todos os vícios e de todas as paixões dos homens; e aquelas que o são só se tornaram assim por culpa dos homens – também o provei.

Fazendo um exame bem maduro e bem aprofundado, nós só somos culpadas – nas duas primeiras e na quarta idades da vida – de pequenas faltas e de pequenas fraquezas muito indiferentes em si mesmas, e que não podem merecer uma censura séria – também provei isso. Repito: Como, portanto, o Cavaleiro de Feucher teve a petulância de dizer que éramos nós as culpadas pela corrupção dos costumes? Queimo meu cérebro e não posso imaginá-lo.

Esse digno cavaleiro se inflamou com muito furor contra nós, teve a audácia de querer nos mostrar manchadas por todos os crimes; dedicou-se com todas as suas forças a justificar todas as suas afirmações condenáveis com cinco ou seis exemplos de mulheres cobertas por todo o desprezo dos dois sexos; e, a fim de melhor ressaltar suas acusações puramente retóricas, jamais teve a simples honestidade de citar uma única de nossas virtudes, e nem mesmo de enunciá-las. Será que esse digno cavaleiro pensará ter obtido uma grande glória, e tê-la bem merecido dos próprios homens? Será que ele pensará verdadeiramente ser digno da coroa que, semelhante aos grandes gênios que brilharam sobre a terra, ele não teme dizer que lhe deveria ser outorgada por ter ESPALHADO NOVAS LUZES? Será que ele pensará ter somente defendido uma tese que não se converterá em sua vergonha? Ele é, sem dúvida, bastante vaidoso. Mas não, eu não creio que ele tenha obtido uma grande glória, nem que a tenha merecido dos homens e nem que obtenha, com isso, a coroa que é devida ao gênio. Todo o seu sexo não pode ser tão injusto e tão ridículo quanto ele.

P.S.: Será verdadeiro que a queda das artes seja uma consequência da perda dos bons costumes, como o Cavaleiro de Feucher, Gilbert e dois ou três outros afirmaram? Para decidir esta questão, seria preciso, creio eu, provar antes que os costumes são mais depravados neste século do que nos séculos anteriores, nos quais os crimes de toda espécie eram cometidos com um pouco mais de ousadia que hoje.

De acordo com o exame que fiz, os mais virtuosos de todos os homens são os artistas e os homens de letras, porque estão continuamente animados pelo amor à sua arte e à sua glória. Se me consultassem sobre essa questão, eu não teria nenhuma dificuldade de decidir que é somente a natureza que é preciso acusar, se os autores não são mais fortes hoje em dia. Ela não os cria com bastante capacidade. Não existe um único deles que não desejasse compor com um gênio transcendente. É por isso que encontro sempre uma extrema injustiça nas críticas que são feitas aos autores pela sua fraqueza.

FIM

Anônimo

Filosofia de uma mulher[1]

O coração é feito para sentir, e todas as nossas sensações não parecem ter como objetivo senão acender em nossa alma as fogueiras do amor... E o amor amolece o homem! Estado funesto, que é sábio evitar, opondo todos os nossos esforços às suas seduções.

De todas as nossas paixões, o amor é aquela cujo império é o mais universal. Eu quase ousaria dizer que é a única que domina particularmente as almas honestas. Observai-as nos dois sexos, quando amam, e vereis a prova disso. A desconfiança de si e a fuga são os únicos meios de vencê-la.

Como uma mulher que não estabeleceu para si nenhum princípio contra o amor e o relacionamento com os homens deve ser lastimada! Se ela tem a desgraça de ter alguns encantos e sensibilidade, se torna o joguete de um enxame de estouvados, que não buscam a beleza senão para seduzi-la.

1 "Philosophie d'une femme" (SL: SE, 1787). (N. T.)

Esses homens perigosos se distinguem por todos os tipos de formas, e escondem seus desígnios com tanta arte que, por fim, alcançam a vitória.

"Nenhuma mulher, nenhuma moça pode resistir a nós" – dizem essas espécies de heróis, falando de suas façanhas. O que devem opor as mulheres às ciladas que eles armam para elas?... Resolução, altivez e prudência na escolha daqueles que elas admitem no seu círculo.

Que atroz aviltamento para uma mulher, o de se ver exposta a se tornar objeto do deboche e do desprezo de uma multidão de homens sem bons costumes! Somente uma imbecil ou um coração totalmente corrompido podem suportar esta ideia sem estremecer.

Ó vós, almas baixas, que acreditais poder comprar os corações, que fazeis do amor um vil mercenário, enrubesçam de vergonha, infelizes! Aprendei que sois vós quem fazeis nascer os vícios pelos quais a Terra está inundada, e que causais o desprezo pelo qual está coberta esta porção de um sexo frágil que vós haveis degradado!

Se é indigno de um homem honesto não respeitar a ingenuidade de uma donzela, o que se deve dizer daqueles que até mesmo se vangloriam da maneira como abusaram da confiança dessas vítimas infortunadas. Sem dúvida, pela maneira como eles falam, trata-se de uma façanha gloriosa, de um procedimento nobre e generoso. Mas como?! Será que eles não percebem, pois, que se o nosso sexo é tão frágil quanto eles afirmam, e que se eles fazem tão facilmente algumas conquistas, seus triunfos não têm nenhum mérito?

Portanto, ó homens!, não nos acuseis de modo algum de todas as vossas fraquezas; porque a natureza, dando-vos a audácia para nos atacar, não é bastante injusta para aprovar a vossa inconstância. Não, ela não aprova tanto em vós quanto em nós o abuso de suas inspirações. No entanto, estabelecestes para vós mesmos alguns princípios de acordo com a vossa vontade e tratais com bem mais severidade a nossa inconstância do que a vossa.

Não concebo como, nos acessos de vosso extravagante rigor, podeis exigir de nossa fraqueza uma recusa constante de nos prestar aos vossos desejos. Será que vós ignorais, pois, que a virtude dos dois sexos não depende muitas vezes senão de um instante infeliz?

Mas os homens se entregam muito cegamente ao ardor de suas paixões. A maior parte deles não conhece senão as aparências do amor; sua constituição robusta parece embotar sua alma e torná-la incapaz de sentir os seus arroubos encantadores.

Como eu perdoaria de bom grado os dois sexos pelos abusos que fazem do amor, se eu pudesse justificá-los pelos ternos movimentos que ele excita em nós. Porém, esses movimentos são substituídos pelos motivos vergonhosos da devassidão, do interesse etc.

Os homens são tão indóceis às suas sublimes inspirações! Vários dentre eles não buscam senão satisfazer a sua cobiça, e não pagam a nossa complacência senão com a mais negra ingratidão.

Parece-me que o hábito dos gozos dos sentidos é causa de que os homens desta espécie não saibam mais distinguir a sensibilidade ingênua e a entrega inocente de uma moça casta das carícias vergonhosas e repugnantes de uma criatura sem pudor.

Como eles não desejam outra coisa, atiram-se cada vez mais na desordem, por uma consequência desta inconstância que constitui a base do caráter de um tão grande número.

Muitas vezes também, é preciso reconhecer, eles aprendem conosco a arte de enganar e não deixam de nos enganar, por sua vez, na primeira oportunidade. Infeliz, então, da desafortunada que tem um coração sensível e torna-se objeto de suas pérfidas carícias.

Como uma mulher sem pudor sabe maravilhosamente empregar a arte do coquetismo para seduzir um homem! Se ela consegue, ele está perdido. Ele não é mais do que um escravo exposto alternadamente às ameaças, às carícias, às querelas e aos maus tratos; até que, por fim, sua cabeça inflamada tenha perdido a razão e que ele fique dócil como uma criança.

Ele se avilta de uma maneira inconcebível com todas as baixezas que exige dele a sua amante, e chega mesmo a metamorfosear em gozos todos os favores que o capricho dela lhe recusa.

Ele chora, ele geme, ele suspira para obter seu coração; e está bastante cego para perceber que ela não tem nenhum.

O interesse e a vaidade são os ídolos aos quais ele sacrifica, e o ridículo, o desprezo e a ingratidão são a sua recompensa. E se imagina, enfim, em sua bonomia, ter observado algumas leves provas de retribuição, ele se entrega à alegria, enquanto um rival menos delicado é favorecido sem reservas.

Semelhantes mulheres são de quem oferece mais; não é a ternura que é preciso buscar nelas; seu coração está inanimado e as delícias do sentimento lhes são alheias; elas vendem as suas carícias e não conhecem senão o lado material da volúpia.

Também existem alguns homens que têm bastante perspicácia para se aperceberem claramente de tudo aquilo que eu acabo de dizer, sem terem a força de romper os indignos laços que os retêm, embora eles jamais lhes proporcionem os prazeres celestes da união das almas.

O tédio e o desgosto se infiltram no relacionamento, a embriaguez se dissipa e toda a perfídia da Circe[2] se manifesta.

Por que os homens não têm a prudência de pôr o nosso sexo à prova? E por que sua paixão se inflama tão subitamente e com tanta violência?

Enquanto os encantos do rosto, um modo de andar elegante, um porte esbelto e um espírito jovial forem suficientes para fazer virar a cabeça de um homem, como será possível estudar o coração de uma mulher?

Ó insensatos! Vós ignorais, pois, o quanto o nosso coração é fingido? E que os caprichos, a vaidade, a teimosia, a dissimulação, o desatino e a malícia nele habitam?

Uma coquete, uma caprichosa, uma avara, uma tagarela, uma espirituosa, uma visionária, uma imaginativa, uma doidivanas ou uma sabichona não tornam certamente um homem feliz. Elas são, ao contrário, verdadeiras fúrias nascidas para fazê-lo experimentar de antemão os tormentos do Inferno.

Uma aparenta uma leve indisposição, vapores, uma enxaqueca, para testar as atenções das quais seu amante é capaz com relação a ela. Uma outra se queixa do rigor do seu destino, das suas desgraças, das perseguições que sofre, a fim de despertar a comiseração dele. Uma terceira discute continuamente sem piedade, se zanga incessantemente como um verdadeiro demônio, a fim de levar a complacência de seu amante e a paciência dele até o ponto que convém ao seu humor bizarro. Uma quarta finge ser um belo espírito em todas as ocasiões para conhecer o espírito de seu amante. Uma quinta estuda para parecer frágil

2 Na *Odisseia* de Homero, Circe é uma feiticeira que tem o poder de atrair os homens e de transformá-los em animais. (N. T.)

e lânguida, a fim de que o seu amante se modele por ela. Uma sexta, triste e melancólica, exige de seu amante que ele chore por simpatia. Uma sétima age com grosseria para fazer seu amante sentir que é seu escravo, e uma oitava, enfim, não tolera a menor contradição para parecer sábia.

Não é senão pela inocência e pelas virtudes que uma jovem pode fazer a felicidade de um esposo. Aquele que não se casa senão para satisfazer seu louco amor age como um insensato e corre para a sua infelicidade. O desgosto logo se apodera dele, e o objeto que o inflamava se torna odioso; os prazeres não são mais, a seus olhos, senão um veneno devorador e a fonte dos mais horríveis tormentos.

Se vós não dais ao amor senão um objetivo físico, ele se extingue quase no mesmo momento em que nasceu. Porém, quanto mais o elevardes, mais enobrecereis os seus gozos e mais o preservareis do humilhante desgosto.

O amor físico não deve ser senão uma consequência do amor moral; porque o primeiro não faz do corpo senão um ser passivo depois do gozo; e, quando ele é repetido, seu efeito é sempre o mesmo, não é jamais senão um mecanismo animal posto em funcionamento.

Existem tantos homens escravos de sua sensualidade! O hábito nada mais faz que inflamar o seu temperamento, e o primeiro objeto que se apresenta, por mais desagradável que seja, lhes convêm, para satisfazer o seu brutal apetite.

A falta de gosto é a principal causa dessa desordem. A maior parte dos homens têm a cabeça tão vazia que sabem muito pouco obter os verdadeiros gozos e fazer uso deles como convém. Se fosse de outro modo, eles se aproveitariam mais sabiamente da sensibilidade que lhes foi dada pela natureza.

Muitos carecem de educação, são grosseiros, não têm uma justa ideia do ponto de honra, e continuam a se comportar como consequência disso, sem buscarem se distinguir da canalha.

Não é que eu pense que seja preciso inspirar aos jovens ideias gigantescas ou – conforme os pontos de vista dos prefácios que se encontram no início de alguns romances açucarados – ensinar-lhes uma sensibilidade agradável. Porém, faz parte do dever daqueles que estão encarregados da sua educação ensinar-lhes a regular as suas inclinações e os seus gostos.

Devem-se estudar as paixões da juventude para lhes pôr um freio, e não para sufocá-las; de outro modo, seria aniquilar a fonte das mais belas ações, e suas paixões nem por isso deixariam de fazer um enorme estrago.

Quando a juventude chega à adolescência, não é mais preciso fazer mistério para ela sobre tudo aquilo que concerne à condição do homem e das suas paixões, sem o que a curiosidade a extraviará ou a ignorância causará sua perda.

É preciso fazer com que ela conheça o amor na violência de seus desejos, em seus arroubos, em seus langores e pelos sentimentos brutais que ele inspira, a fim de que esteja precavida e que, confundindo-o com a amizade, não acenda, sem saber, os fogos perigosos em suas veias.

Que retrato encantador de um amor virtuoso eu não poderia traçar aqui?! O que existe de mais amável, de mais doce e de mais submisso que aquele que recebe as primeiras impressões do amor?!

Os homens que amam com entusiasmo têm comumente o coração bom; o amor vivifica todas as suas ações, a menor coisa os torna felizes. Eles são indulgentes em seus discursos, beneficentes em suas ações e sua sensibilidade extrema os recompensa com os prazeres que lhes faz experimentar.

Uma espécie de fanatismo inflama a sua imaginação. A imagem encantadora de sua amante os segue por toda parte. Dois amantes conversam juntos em seus sonhos no meio da noite. Suas almas palestram e desfrutam sem o auxílio das palavras, nesta conversação secreta das delícias mais encantadoras do amor através do pensamento.

A solidão mais retirada tem para eles os encantos da alta sociedade, da qual eles fogem do tumulto e do turbilhão, tão fatais à inocência e à saúde. A razão tem bem mais domínio e o pensamento tem mais força e vigor em um homem solitário do que naqueles que se agitam no estrépito do mundo e deixam que ele embote os seus sentidos.

O amor dá o impulso a tudo, e uma espécie de energia desconhecida, mas sensível, anima toda a natureza. Quando a imaginação delicada do mais frágil pássaro recebe a impressão de sua bem-amada, seu coração se agita e bate com mais força. Com a aproximação de sua fêmea, um fogo súbito se acende nas veias do elefante assim como nas do inseto mais imperceptível. Sim, é o amor que clama com uma voz tão forte a toda a natureza: *Amai-vos!*

Tudo aquilo que respira obedece a esse comando. Mesmo o vegetal insensível sente o seu frêmito e se inclina amorosamente sobre um outro; ou, com seu choque, solta o pólen, como os suspiros do amor que o fogo lhe traz do seio de sua metade muito afastada dele.

A fera não escuta a voz desse dominador do universo senão em certas ocasiões determinadas, mas sua morada está sempre no coração do homem. Ele circula rapidamente em suas veias e nos espíritos vitais que conferem a mobilidade aos seus nervos. Restam sempre algumas centelhas dele no seu sangue.

Tal é a natureza da espécie humana. Mil causas podem produzir nela um abrasamento sem esperar o consentimento da alma.

Somente a razão pode pôr um freio nesta efervescência e acalmar o seu calor. Assim como uma leve tempestade em um dia abrasador torna a temperatura do ar amena, agradável e mais sadia e é possível desfrutar da luz do Sol sem ser queimado por ela, a educação confere delicadeza a esta paixão, e é aquilo que faz a diferença entre o coração de um devasso e o de um homem sensível, templo de virtude.

Este último produz para si uma felicidade real por meio de uma contínua moderação em seus gostos. O outro se expõe à dor e à vergonha pelo abuso desenfreado ao qual se entrega.

A idade não liberta do poder do amor, mas ele é mais perigoso para a juventude. Esta paixão está alerta; mal a natureza se desenvolveu, ela lança profundas raízes, e suas primeiras impressões raramente deixam de surtir efeito.

Enquanto o nosso espírito ainda não está maduro, não refletimos sobre nada; e quando a nossa razão se desenvolveu, nossas reflexões chegam quase sempre muito tarde para combater.

Trata-se de um deus malicioso; é preciso temê-lo, ter receio dele. Ele muitas vezes faz com que as ligações aparentemente mais puras e mais desinteressadas terminem de uma maneira muito triste. Nós somos fracos; é preciso, portanto, conhecer o amor para nos conduzir com circunspecção.

Não ver o perigo, é cegueira; não temer deteriorar seu coração, é uma imprudência. Mesmo que fôssemos invencíveis, será que não deveríamos nos considerar como já vencidos? Fortifiquemos nossa virtude pela vigilância, por meio de um respeito inalterável de um sexo pelo outro e governando com prudência a nossa sensibilidade.

Quando uma sabedoria demasiado severa nos faz confundir a virtude com uma certa rudeza, com um pavor que leva os dois sexos a fugirem um do outro, a vivacidade do espírito se amortece e, em vez de uma amável naturalidade, não se tem mais do que uma filosofia seca e falsa.

Chama-se de amor terno a união pura e íntima entre duas pessoas de diferentes sexos. É o mais raro e o mais agradável. Aquele que encontrou um semelhante tesouro é bastante rico. Viver assim, amigavelmente e sem incômodo, mas sempre sem esquecer o respeito recíproco, é – seja dito, sem ofender a decência – desfrutar dos prazeres mais deliciosos.

Reina em uma semelhante união um acordo de sentimentos, uma graça nos costumes e um certo espírito que as pessoas grosseiras não podem conceber, porque não creem que ela possa existir.

Tem-se o costume de julgar pelas aparências e, por conseguinte, de mal julgar. E só um pequeníssimo número pode distinguir entre os efeitos dessa espécie de amor e os da sensualidade.

Podemos facilmente nos enganar a esse respeito; mas será preciso, por isso, reduzir um bom homem à solidão, e excluir uma mulher honesta da sociedade, porque ambos, pelo seu mérito, têm pretensões à estima dos conhecedores?

Não é nem um beato e nem um voluptuoso que é preciso consultar, mas um homem honesto que jamais recusou um prazer racional. Não forjemos para nós dúvidas inúteis e só sejamos escrupulosos quando for necessário. Quando evitamos o mal e fazemos o bem, temos o direito de impor silêncio aos insensatos.

A palavra *amor* tem sido tantas vezes profanada, tantas vezes tem-se abusado dela, que somos tomados de horror quando vemos ser dado ao vício um nome que não pertence senão ao mais sublime sentimento do homem.

Esbanja-se com todos os sentimentos o nome de amor, e o que se entende por isso não é senão vaidade, capricho, temperamento, sensualidade e libertinagem.

Aqueles que reconhecem o amor como o autor de todo o bem são o mais ínfimo número. Ele deve nascer por si mesmo, gozar da liberdade e se manifestar nobremente.

Existem alguns homens que não amam senão para si mesmos, seja para satisfazer o seu orgulho, seja para alimentar a sua vaidade.

Em semelhantes circunstâncias, é preciso fazer uma escolha e não seguir cegamente o delírio de seus sentidos. Conhecer o mundo e o coração humano é de uma necessidade indispensável na vida social.

Também não seria mau que as mulheres entrassem dentro de si mesmas para se estudar, a menos que elas não queiram ou não possam aprender a pensar. Devo confessar, para a minha própria vergonha, que essa é mais ou menos a razão pela qual se encontra entre nós tantas mulheres estúpidas, bonecas cheias de vaidade ou criaturas sem pudor.

Tudo depende da educação. Com uma semelhante vantagem, vós formareis mulheres racionais e verdadeiramente sensíveis – que serão as primeiras a achar ridículos os caprichos, o mau humor e as fantasias –, em vez de abortos informes, repletos de todas as fraquezas.

A educação primária é o período durante o qual devemos nos ocupar particularmente de ganhar a confiança das crianças. A severidade daqueles que as orientam é sempre causa de que elas se tornem confidentes umas das outras. Elas jamais esconderiam nada de seus preceptores se não fossem forçadas a isso.

É muito natural que eles sejam os seus primeiros confidentes. A pressa com a qual elas lhes revelam os seus primeiros pensamentos é a prova disso; mal elas os conceberam, não tardam a transmiti-los àqueles que as governam. Se elas não temessem censuras, nem reprimendas e nem punições, jamais fariam mistério de nada.

A educação das moças deve diferir da dos rapazes, porque nem o seu caráter e nem o seu temperamento se parecem e nem devem se parecer. Segundo a ordem da natureza, deve reinar uma certa harmonia entre os dois sexos, mas eles não devem ser configurados no mesmo molde. O objetivo é o mesmo nas duas educações, mas a maneira de dirigi-las deve diferir.

O homem e a mulher são feitos um para o outro, mas a sua dependência mútua é desigual.

O prazer coloca o homem na dependência da mulher, que por sua vez depende dele para o prazer e pela sua fraqueza. Eles não podem subsistir um sem o outro.

A educação das mulheres deve, portanto, diferir da dos homens, já que seus deveres consistem em agradá-los e em lhes ser úteis, se fazendo respeitar e amar ao mesmo tempo; em educá-los na sua infância e em cuidar deles na sua velhice; em lhes dar conselhos, em consolá-los e em tornar a vida deles agradável.

Um homem de espírito disse: "Sem as mulheres, os dois extremos da nossa vida não teriam auxílio e o meio não teria prazeres".

É preciso educar as moças para serem alegres e laboriosas; suas punições devem contrastar absolutamente com as suas faltas; deve-se afastá-las de uma vida muito indolente para que o menor vento não as resfrie, assim como acontece com a maior parte das nossas mulherzinhas, e constranger desde cedo as suas vontades para acostumá-las a se submeter mais facilmente às dos outros.

Sem repetir-lhes incessantemente que eles devem se comportar sabiamente e com prudência, é possível inspirar nos jovens o amor pelos seus deveres fazendo com que eles sintam o valor da virtude e as vantagens que ela proporciona.

Não é suficiente fazer com que eles vejam essas vantagens à distância, ou com que as considerem no futuro. É preciso escolher os exemplos que estão diante dos seus olhos e mostrá-los no próprio caráter daqueles que eles mais amam.

Mencionai a uma jovem um homem de bem, um homem de mérito, fazei com que ela trave conhecimento com ele, com que ela deposite a sua felicidade em amá-lo e convencei-a de que somente este homem pode torná-la feliz.

Mães sábias e racionais, gravai profundamente no coração ainda novo de vossas filhas essas importantes lições. Dizei a elas: "Aquilo que anima o vosso corpo é bem superior a ele, visto que a alma, que é este agente, vos une a Deus e o corpo não vos une a nada. Vossa alma merece todos os vossos cuidados, ó minhas crianças!, e a vossa felicidade ou a vossa infelicidade dependem da perfeição que ela adquirirá!"

Moldai, pois, sabiamente e com habilidade, o seu tenro coração desde a idade que parece merecer a menor atenção. Dai à sua sensibilidade um feliz impulso, que possa corrigir os movimentos da natureza grosseira, e tornar felizes a elas e àqueles que a elas estarão ligados. Ainda que vossa filha tivesse recebido do Céu a beleza mais perfeita, seria vergonhoso que, em sua opinião, ela não estimasse mais a sua alma do que o seu corpo.

As pessoas do sexo frágil são levadas a ser voluntariosas. Acostumai-as, portanto, pelos cuidados mais ternos e pelos meios mais carinhosos, a ver e suportar tudo aquilo que contraria os seus desejos. Desta forma, elas se acreditarão felizes quando os seus desejos forem satisfeitos, e estarão sempre sem mau humor, e até mesmo felizes, quando forem submetidas a algumas privações.

Moderai sua vaidade para torná-las mais suscetíveis de sentimentos elevados. Ensinai-as a julgar, a sentir a grandeza e a nobreza das coisas dignas de interessar uma alma forte e virtuosa, e a não ver senão com desprezo aquelas que não parecem importantes senão para aqueles que só têm uma maneira de pensar mesquinha e vulgar.

Convencei-as de que a beleza sem os bons costumes, o espírito sem a razão e as riquezas sem a arte de fazer um bom uso delas não somente não proporcionam ao homem nenhuma elevação, mas, ao contrário, o degradam. Com isso, impedireis vossas filhas de serem orgulhosas com as pessoas desprovidas dos encantos do rosto, de aparentarem um belo espírito perante os tolos e de terem mais altivez com as pessoas sem fortuna do que com aquelas que são ricas.

A razão deve sempre servir de guia para a virtude. Sem dúvida, é preciso fazer com que as moças conheçam a influência do seu sexo. Porém, é preciso provar a elas que não basta, para mantê-la ou ampliá-la, ter uma boa conduta ou bons costumes; que essa influência depende também da maneira de pensar dos homens e que ela se reduz a pouca coisa sobre as almas baixas e corrompidas.

Descrevei, pois, para elas os costumes do nosso tempo e estejais certas de que as vereis ter horror deles. Mostrai-lhes as pessoas da moda e elas as desprezarão, fugirão dos seus princípios, odiarão a sua maneira de pensar e desdenharão a sua vã galantaria. Seu nobre coração arderá com o desejo de ter sobre alguns homens de um espírito viril e amplo a influência que as mulheres de Esparta tinham sobre os seus esposos.

A educação e suas ditosas consequências ficam para sempre. A experiência me provou em todos os tempos que uma moça que aprendeu a reprimir os seus desejos não pode jamais se extraviar e nem se tornar uma mulher sem juízo em sua conduta.

Ela jamais será uma carga para ninguém e, sem proteção, honrará a humanidade pela coragem com a qual suportará a indigência. Quando, ainda assim, ela tiver alguma fraqueza, sua alma nutrida de bons princípios a reconduzirá sempre ao seu antigo sistema.

Se tiverdes chegado ao ponto de inspirar-lhe o desgosto pela fria galantaria, orientai sua vaidade, porque não há nenhuma mulher que não tenha vaidade em relação a alguns objetos estimáveis; então, ela poderá ver sem perigo homens de toda espécie.

Vós não a vereis absolutamente fazer seu julgamento com base na primeira entrevista, sobre aqueles que são admitidos na sua presença, porque ela saberá que existem seres bizarros que censuram muitas vezes com a boca aquilo que estimam no fundo do coração, ou que louvam aquilo que realmente os desagrada.

Vê-se um grande número de rapazes que se fiam de tal modo na leviandade e na pouca solidez de espírito de nosso sexo que adotam o nosso caráter e imitam as nossas menores loucuras para nos agradar.

Jovens beldades, proporcionai, pois, a vossa consideração ao mérito daqueles que vos fazem a corte; enquanto o caráter deles vos é desconhecido, comportai-vos sempre com uma sábia circunspecção; esta continência será tão honrosa para o vosso discernimento quanto para a vossa virtude.

Existem homens que dizem lisonjas às moças unicamente para ter o ar galante e para ridicularizar em seguida, juntos às pessoas que pensam como eles, a credulidade daquelas que os escutam.

Não dai, pois, ouvidos às doçuras dos homens, porque um rapaz astuto não as esbanja senão em detrimento da vossa razão e da vossa honra. Um petimetre sem graça, familiarizado com as expressões romanescas, vos faz os mesmos discursos que a uma cortesã que ele quer tornar favorável aos seus desejos.

Atacai esses espíritos vãos e levianos pelo seu lado fraco e não imaginai sempre que aquele que mais vos lisonjeia seja aquele que mais tem consideração por vós.

Evitai sobretudo escutar as declarações que querem vos fazer. Muitas vezes, o rapaz mais tímido pode vos arrastar para uma armadilha. Uma polidez séria, afastando de vós esses galãs de profissão, é o mais seguro meio de vos preservar do perigo de seus ataques.

Aquele que não passa de uma espécie de bufão em vosso círculo também não deve merecer a vossa atenção.

Um homem que não se ocupa senão em dizer a uma moça sem experiência que ela é bonita, que ela é bela e muito amável; que nada mais faz que beijar-lhe a mão ou suspirar ou buscar os meios de pô-la de bom humor, tem ordinariamente uma cabeça bem vazia e seus talentos se reduzem a uma gentileza galhofeira.

Ride à vontade de semelhantes personagens; não os poupai de maneira alguma e lhes dizei: "Meu coração é feito para amar um homem e não um inseto efêmero".[3]

3 A título de curiosidade, existe uma classe de insetos que não dura mais de algumas horas. É por isso que tais insetos foram chamados literalmente de "efêmeros" ou, mais exatamente, de efemerópteros, do gênero *Ephemera*. Na raiz da palavra, o termo grego "ephemeros" significa "duração de um dia" ou "apenas por um dia". Aqui, a autora parece

O voluptuoso tem comumente uma linguagem terna e adocicada, e para aumentar os encantos de sua pessoa, faz mil propostas das quais ele próprio conhece toda a falsidade. Se esse valente começar a se afastar da decência, oponha a ele a modéstia e vós o reduzireis logo ao silêncio.

Se houverdes tido a infelicidade de receber em vossa casa um desses homens desprezíveis que, para vos seduzir, faz brilhar o ouro diante dos vossos olhos, que vossa altivez vos proteja e que jamais vos avilteis a ponto de vender a vossa ternura.

Divide-se muitas vezes o leito com uma coquete, mas não se transmite a ela o seu nome; e uma moça que sorri para todos com a mesma polidez, que recebe todas as adorações ou deixa recair indistintamente olhares cheios de cobiça sobre o primeiro recém-chegado que quiser ofuscar todos os rapazes com os seus encantos, bem pode despertar paixões, mas jamais tocará o coração. Somente aquela que é virtuosa pode conseguir fazer a sua felicidade.

É por uma sábia modéstia e por um certo pudor que lhe é próprio que ela fará nascer por ela a atração dos homens, ou pelo menos a sua estima.

Haverá alguma coisa mais encantadora que uma beleza modesta?! Aquela que tem necessidade de se forçar para parecer assim causa bem rápido o desgosto, ou pelo menos faz nascerem alguns desejos pouco honrosos para ela.

Em poucas palavras, os homens têm o defeito de recusar sua admiração quando ela é solicitada, e a concedem de bom grado quando se parece evitá-la. Aquelas que dão a impressão de esconder suas graças têm comumente, por isso mesmo, vantagem.

---

desejar reforçar a ideia de que o coração de uma mulher está longe de ser volúvel e não quer se entregar a sentimentos fugazes.

Fugi, pois, do tom do coquetismo, mas evitando vos lançar no defeito oposto, ou seja, não tenhais jamais o ar desdenhoso.

O desdém, quando não é produzido pela insensibilidade ou por uma espécie de alheamento aos homens, não passa senão de um disfarce causado pela hipocrisia, pelo orgulho ou pelo capricho.

Se é a hipocrisia que o produz, a máscara logo cai e o rumor que se eleva torna a sua condição mais desagradável. Se é por orgulho ou capricho que elas adotam esse papel, isso será atribuído ao seu pouco juízo. Uma moça verdadeiramente virtuosa jamais manifesta o desdém.

Quando virdes um homem honesto e pouco falante vos procurar, que vossa sensibilidade se manifeste por inteiro para lhe querer bem; tratai-o com distinção e com este ar amigável e amável tão encantador para um homem da parte de uma moça, e estai segura de que, com isso, obtereis sua estima e sua amizade.

Jamais trateis com desdém nenhum daqueles que vos fazem a corte, pois com isso as pessoas sensatas atribuirão o vosso comportamento a algum defeito do coração ou do espírito – e o juízo delas, nesses dois aspectos, não é nem um pouco vantajoso.

Um homem sólido e sensato tem sempre uma grande vantagem sobre esses rapazes frívolos, que eu compararia de bom grado com uma espécie de saltimbancos. Considerai como uma constatação que um espírito sereno é um terreno fértil onde crescem as mais sólidas virtudes e onde nascem as mais belas ações.

Colocai, pois, muita prudência na escolha de um esposo; mas tomai cuidado para não levá-la longe demais, já que disso resultaria um outro inconveniente. Nossos antepassados mostraram, pela sua conduta, que é preciso se manter no meio do caminho. Isso é sempre o mais seguro, e a sabedoria em todas as coisas consiste em evitar o muito ou o muito pouco.

Querei ser feliz? Buscai em primeiro lugar o contentamento do coração. Sem ele, o amor não é nada. Um casamento feito ao acaso é sempre perigoso. Porém, depois do vosso coração, consultai cuidadosamente a vossa razão. É ela quem deve vos orientar.

Perguntai a vós mesma se alguma paixão secreta (evitai essa desgraça) não se imiscuiu em vossa alma, sem o que vossa razão vos censuraria severamente e, por fim, conspiraria com o vosso coração para vos abandonar.

"Quereis fazer um casamento feliz? – diz Rousseau – Pedi conselho à natureza, à conformidade de gosto, de temperamento, de sensibilidade e de maneira de pensar."

Os homens vos buscarão por dois motivos: por atração ou para fazer a felicidade deles. Essa última intenção também é chamada de *interesse*.

Esta expressão tem um sentido muito amplo e não se limita a significar um casamento bem combinado. Examinai, pois, a vós mesma com cuidado, assim como o homem que vos procura. Tratai de descobrir as suas verdadeiras intenções, a fim de não estar exposta ao arrependimento; mas não sede, no entanto, demasiado escrupulosa e esse respeito. Porque, se podeis comprar com todos os vossos bens o amor, a fidelidade e o bom tratamento de um homem, não tereis pago muito caro por isso.

O homem mais superficial causa muitas vezes a mais forte impressão sobre o nosso sexo; evitai fixar vossa escolha sobre ele. É preciso, com toda a necessidade, que conheçais a fundo o caráter daquele ao qual dareis a vossa mão. Empregai, para descobri-lo, mil meios inocentes para marcar o vosso caráter e, por conseguinte, estabelecer a igualdade entre vós.

Haveis vós, por fim, feito uma escolha com as precauções requeridas? Não adiai a vossa felicidade e a de vosso amante;

agir de outro modo é o efeito de uma vaidade bizarra. Existe uma multidão de exemplos de homens que, ligados pelo mais terno amor, ficaram fatigados com a sua lentidão e terminaram por perder o gosto por aquelas que eles inicialmente amavam.

Esforçai-vos para parecer a mais amável das mulheres aos olhos de vosso melhor amigo, e não deixai jamais de parecer assim. Fazei de tudo para que ele vos creia o bem mais precioso que pode possuir na Terra; e não imaginai, como faz a maior parte de nós, que o momento do vosso casamento é a época do vosso reinado e que, para o vosso esposo, é a época de pôr à prova a sua paciência.

O bem e o mal que se observa nas moças provêm comumente das opiniões que elas recebem da parte de suas mães antes do casamento. Se a mãe jamais pensou seriamente em amar ternamente o seu marido, é muito natural que sua filha, doutrinada por ela, imite o seu exemplo, que considere o casamento como um estado de liberdade e se torne uma fúria nascida para atormentar o seu marido demasiado complacente.

Porém, nem todos os homens se acreditam de tal modo presos pelos laços do casamento que abandonem inteiramente a sua autoridade. A experiência nos ensina que uma mulher, contraindo um semelhante compromisso, sempre arrisca mais do que um homem. Não podemos esconder de nós mesmas que confiamos a nossa felicidade à conduta de nossos esposos.

Evitai, portanto, vos comportar como essas mulheres perversas que causam quase sempre desprazeres mortais aos maridos mais estimáveis.

O império de uma mulher é um império de doçura, de sabedoria e de encanto; suas ordens devem ser carícias e suas ameaças devem ser lágrimas.

O laço do casamento cria, ouso dizê-lo, uma pessoa moral, da qual a mulher é o olho e o homem o braço, e cujo interior depende tão fortemente de ambos que a esposa deve aprender com seu marido como ela deve ver, e o homem aprender com ela como deve agir.

Tudo tende a estabelecer esta harmonia que deve procurar sua felicidade até nos menores objetos. Eles fazem aquilo que lhes agrada reciprocamente, cada um obedece e ambos governam.

Uma mulher deve mandar em sua casa como um ministro em um Estado; é preciso que ela tenha a arte de fazer seu marido ordenar aquilo que ela quer fazer.

Se ela abusa de seus direitos, se ela quer mandar sozinha, disso não resulta senão desordem, desgosto e uma má reputação.

O maior mérito de uma mulher virtuosa e honesta é permanecer desconhecida. Sua verdadeira fama está na estima de seu marido e seu prazer está na felicidade de sua família.

A doçura é a sua qualidade mais eminente. Como ela é feita para obedecer ao homem, que muitas vezes é vicioso e sempre sujeito a tantos defeitos, ela deve aprender desde cedo a suportar sem reclamações a injustiça de seu marido. A contrariedade e a obstinação sempre aumentaram a infelicidade das mulheres e a desordem dos homens, porque esses últimos sentem que essas não são as armas que é preciso empregar contra eles.

Não é para sermos megeras que a natureza nos fez carinhosas, que ela nos deu alguns encantos e um coração terno. Ela não nos criou frágeis para que sejamos dominadoras; não é para discutir que ela nos deu uma voz tão doce. Enfim, ela absolutamente não desenhou nossas feições com tanta delicadeza para que nós as deformemos pela cólera.

É um esquecimento de nós mesmas que faz com que nos deixemos levar por esta paixão; temos muitas vezes motivo para nos lamentar, mas nunca para reclamar; é preciso se restringir àquilo que é do seu sexo. Um homem demasiado complacente torna sua mulher insuportável; mas uma mulher, com sua doçura, controla sempre seu marido. A não ser que ele tenha inteiramente o coração de um monstro, mais cedo ou mais tarde ela certamente triunfará sobre ele.

Um contínuo encantamento nesta vida é uma quimera. Nem o casamento mais feliz pode resguardar de alguns momentos vazios e melancólicos. É preciso empregar todos os seus cuidados para fazer nascerem flores, a fim de dar ao ar, com o seu perfume, a elasticidade e a salubridade que ele perdeu.

O ciúme é o mais perigoso inimigo da felicidade no casamento. Algumas vezes é prudência antes de contraí-lo, e sempre loucura depois. Aplicai todos os vossos cuidados em preservar vosso coração desse veneno. O quanto vós teríeis que lamentar se este pensamento cruel penetrasse em vossa alma contra o vosso esposo, e sobretudo se ele se fixasse nela para sempre!

Afastai essa horrível paixão do espírito de vosso esposo por meio da vossa boa conduta. Evitai tudo, mesmo as mais leves aparências, se isso puder fazer nascer a mínima nuvem; e vossa prudência, reunida aos deveres sagrados que impõe o casamento, vos manterão na posse da confiança e do amor de vosso esposo.

A honra de uma mulher depende quase inteiramente da de seu marido, e uma mulher virtuosa e sensata busca sempre conservar a pureza dessa honra. Aquela que, na presença de outras mulheres, deixa escapar algumas queixas contra a conduta de seu marido não dá uma grande ideia do seu caráter. Mas aquela que revela os seus defeitos, ainda que sejam conhecidos do mundo inteiro (e, com mais forte razão, se ainda não se tinha certeza sobre eles), é a mais desprezível criatura da Terra.

Uma conveniência recíproca torna o casamento o mais feliz dos estados; mas ela jamais será encontrada quando uma verdadeira atração e o amor não presidirem a vossa escolha. Os exemplos daqueles que se amam mais depois do casamento do que antes são raros entre os homens; e nos enganamos cruelmente quando acreditamos que o amor virá com o tempo.

Predomina entre nós um erro muitíssimo prejudicial para o nosso sexo: imaginamos que um esposo e um amante não são senão uma única e mesma pessoa. São os nossos romances, nos quais não vemos senão descrições fantasiosas, que nos impedem de ver que são dois seres muito distintos. Este erro diminui, no entanto, a felicidade do casamento – uma felicidade que, se não é destruída por algum acidente, não se encontra tão perfeita em nenhum outro estado.

É impossível confundir o amante e o esposo um com o outro, como fazem tantas de nós. Nós nos lamentamos de não encontrar no casamento essas pequenas atenções, essas lisonjas e uma quantidade de bagatelas com as quais nos divertem os nossos amantes e que a nossa vaidade confunde com o amor. Se esta pretensa *ternura* – como gostamos de chamá-la –, que nos encanta tão fortemente antes do casamento, deixa de se manifestar, atribuímos isso à frieza, à indiferença ou à falta de atração por parte do marido. Essa mudança não é, no entanto, senão uma consequência natural da posse de um coração que se tinha buscado com ardor. Enquanto se está na expectativa, os sentidos estão agitados; quando se atingiu o seu objetivo, não se está com isso menos feliz, porém mais tranquilo.

Tal é o efeito do casamento: como a razão não está mais cegada pelo tumulto das paixões, ela examina com sangue frio a escolha que se fez; quando se tem motivo para se congratular por ela, então o sentimento torna a despertar e, com ele, a ternura mais forte, mais duradoura e uma amizade eterna, efeito não da violência da paixão, mas de uma doce sensibilidade do coração deliciosamente e constantemente enternecido.

Um semelhante amor proporciona a uma mulher sensata uma satisfação incomparável e uma felicidade bem acima dos gozos que oferecem as ninharias com as quais os amantes entretêm as insensatas que os escutam – às quais eles poderiam, sem lhes fazer injúria, dar as bonecas que elas mal acabaram de abandonar.

Quanto a vós, ó homens!, não vos ofendais com a liberdade com a qual eu me exprimi a vosso respeito. O sábio conselho que vos vou dar vos provará que esta obra está escrita com a máxima imparcialidade. – *Evitai escolher uma mulher ruim e buscai uma boa.*

Toda criatura infeliz, por se ver enganada em seu amor, me causa piedade. Mas o homem que só pudesse desfrutar das doçuras de uma afeição terna por uma espécie de conquista penosa ou à força de dinheiro seria, no meu modo de ver, o mais desafortunado dos seres.

Adulai-nos menos e seremos menos desdenhosas, e vós não tereis necessidade de ter tanta paciência conosco. A partir do momento em que formos curadas do nosso orgulho e da nossa vaidade, nos apressaremos a pagar na mesma moeda os vossos sentimentos por nós.

Acostumai-nos a reprimir nosso desejo de dominar e nós empregaremos, então, os rogos, em vez de dar ordens imperiosamente. Buscai formar o nosso espírito de acordo com o vosso gosto e não tereis mais razão para vos aborrecer junto de nós.

Ensinai-nos a pensar e a agir naturalmente e não seremos mais dissimuladas. Que a vossa franqueza provoque a nossa e se verá entre os dois sexos reunidos a amizade mais perfeita e mais estimável.

É possível se amar sem entusiasmo e sem aventuras romanescas; ajudar uns aos outros alternadamente sem perturbar o seu bem-estar. Desta maneira, todos os sentimentos mais deliciosos – recompensa encantadora de uma vida amigável – se tornarão o apanágio de toda a espécie humana. Buscai, portanto, esposas cujo espírito, o juízo, o caráter e o coração ainda não estejam estragados!

Embora a desordem e a libertinagem reinem em nossas cidades com a impudência mais audaciosa; embora o vício ande nelas de cabeça erguida e a virtude quase não ouse se mostrar, existem, no entanto, alguns corações que – semelhantes a plantas delicadas e preciosas – foram postos ao abrigo dos furores do vento norte, e mereceram que a virtude os escolhesse para seus templos.

Que a esposa que tiverdes escolhido seja interessante pela sua juventude e pela sua candura. Não existe nenhuma viagem perigosa que os salteadores da Espanha ou a avareza holandesa não tenham realizado, nenhum país distante que eles não tenham visitado para encontrar alimentos para os seus vícios. Que vergonha não seria ver que um coração apaixonado pelos encantos da virtude e da inocência considerasse a distância que o separa daquele que se parece com ele demasiada para esperar um dia alcançá-lo!

Que uma grande beleza não seja absolutamente o objeto dos vossos desejos. O casamento faz desaparecer tudo aquilo que ela tem de atraente. A posse embota os seus encantos e em poucas semanas sereis indiferente a eles. Se uma bela mulher não é um anjo, seu marido é o mais desgraçado dos homens, e ainda que ela tivesse a perfeição de um anjo, os inimigos pelos quais estará continuamente cercada ainda conseguirão aniquilá-la.

Será, portanto, inevitável – direis vós – que dois amigos se tornem indiferentes um para o outro? Não será possível prevenir essa infelicidade? Será que é a natureza que quer que seja assim? Será que ela seria bastante madrasta para, nos dando o mais belo presente que está em seu poder, não nos conceder o seu gozo senão durante o tempo necessário para nos tornar infelizes pela sua privação?

De uma maneira delicada, cavalheiros: se são esses os vossos pensamentos, me parece que sois injustos ao acusar a natureza de tantas barbaridades. Conservai um justo meio em vossa escolha, mesmo com relação à beleza. Preferi sempre uma fisionomia agradável e um caráter brando. Um bom espírito não murcha como a beleza. Ele tem sempre o mesmo frescor e se renova sem interrupção. Uma mulher virtuosa e doce agrada tanto a seu marido depois de trinta anos de casamento quanto no primeiro dia.

Esses arroubos inflamados, pelos quais o coração é agitado no começo de uma paixão, por mais forte que ela seja, se enfraquecem e se perdem pouco a pouco. Mas um verdadeiro amor subsiste sempre – ou, se ele se desvanece, é sempre por culpa dos infortunados que ele abandona.

Ele assume, na verdade, um outro caráter. Ele se torna uma inclinação perfeita e tranquila, uma amizade terna que une dois esposos tão estreitamente quanto antes para a sua felicidade em comum. As atenções, a ternura, a fidelidade, tudo aquilo que é necessário, enfim, para a felicidade de dois corações, subsiste. Somente esses acessos efêmeros, essas infantilidades, esta volúpia sensual, que acompanham comumente o amor, desaparecem. Porém, quando dois amantes não tiveram como objetivo, um com o outro, senão essas bagatelas, eles logo sentem, depois de um gozo bem curto, um vazio que causa a sua infelicidade.

Se, pelo contrário, seu amor está fundamentado em motivos mais sábios, nos princípios que são os de uma verdadeira e preciosa amizade – se ele tem como motivo, por exemplo, as qualidades, o espírito, a virtude, a estima e o bom caráter –, longe de se degradar, ele se tornará a cada dia mais forte. Ele perderá, na verdade, alguma coisa deste estado resplandecente que seduz, mas emitirá sempre por si mesmo algumas chamas claras e brilhantes. Ele vai sempre se aperfeiçoando; ele estende até a velhice os encantos do primeiro dia da união conjugal e conserva esta ação do coração que faz as delícias dos dois esposos.

Homens! Tende, pois, a coragem de buscar uma esposa que possa fazer a vossa felicidade! E, quando a tiverdes encontrado, dignai-vos algumas vezes a pensar naquela que tratou de vos despertar da vossa negligência sobre uma coisa tão importante.

Cailly
(17**-18**)

Queixas e lamentações das mulheres malcasadas[1]

Aos nossos senhores da Assembleia Nacional

O caos cessa, as trevas se dissipam, os olhos se abrem, e a França rompe seus grilhões. É à filosofia, tão desacreditada, que deveremos uma nova ordem de coisas – há muito tempo, o sacerdócio e a autoridade despótica, unidos para se apropriarem de tudo, lutam contra essa filosofia regeneradora. Eles percebiam que abusos revoltantes não podiam conservar um caráter sagrado, e que séculos de mentiras não podiam estatuir contra a verdade. Eles previam que o império da razão e da justiça destruiria aquele que eles há muito tempo haviam usurpado por causa da estupidez dos homens, que eles tinham transformado em seus escravos.

Nossas leis, restos informes das leis romanas misturadas com as dos nossos bárbaros conquistadores, devem o seu nascimento a esses tempos de ignorância, nos quais os sacerdotes

1 *Griefs et plaintes des femmes mal mariées* (1789). (N. T.)

eram tudo e o povo nada. Essas leis nada mais eram que as do mais forte.

Quantos abusos a reformar! Quantos absurdos a serem substituídos pela razão! Toda a França protesta.

Nessa confusão de vozes que se elevam e imploram à augusta assembleia que representa a nação, será que ela fechará os ouvidos para as queixas dessa amável metade do gênero humano, criada para suavizar os seus sofrimentos e fazer as suas delícias? Será que esse sexo, ainda mais digno de consideração pelo fato de ser o mais fraco, continuará escravo do mais forte? Seus direitos continuarão sendo ignorados e desprezados? Enfim, será que a lei do divórcio, tão desejada quanto necessária, devolverá ao casamento sua dignidade tão horrivelmente degradada? Será que ela devolverá aos costumes a sua pureza tão escandalosamente profanada pelo desregramento desses esposos entre os quais o acordo é impossível?

Unidos por um laço respeitável para se amarem, eles passam sua vida maldizendo um ao outro. Inimigos tanto mais perigosos um para o outro, que a eterna coabitação à qual estão condenados renova a cada dia os motivos de ódio, e faz continuamente fermentar o veneno em seus corações.

Quantas desordens, quantos escândalos resultam dessas tristes uniões! O adultério é quase sempre a sua perigosa e, muitas vezes, menos criminosa consequência. Eis em que se fundamenta o egoísmo dos celibatários; eis aquilo que multiplica esses vampiros da sociedade. Eles encontram na incompatibilidade entre os esposos recursos para desfrutarem dos prazeres do casamento sem suportarem os seus sofrimentos.

Os males que eles causam assustam até eles mesmos, e tornam temíveis para eles esses laços indissolúveis! Não se vê senão solteirões: um número infinito de fortunas perdidas para as famílias vai se deixar engolfar pelos abismos do fisco. O casamento é tido como uma tolice e, com efeito, é uma, por causa dos vícios da nossa legislação. As mulheres se vingam dos poderes arbitrários dos maridos, e estranhos dão herdeiros às famílias.

Ou o pai sabe disso, e detesta os filhos de sua mulher; ou suspeita, e, então, sua incerteza constrange os sentimentos da natureza; ou ele o ignora, e sua ternura cega desperdiça seus carinhos, seus cuidados e seus bens com filhos ingratos nos quais a natureza está muda. Ela tem os seus direitos e as suas leis. Por que vemos tantos pais e filhos que se detestam? Por que tantos irmãos inimigos?

Uma mãe culpada, entregue às paixões vergonhosas, unicamente ocupada com os seus prazeres, os abandonará para a educação de seus filhos? E, supondo que o faça, qual será essa educação? Uma querela interminável é a única conversa; um ódio implacável enche de amargura e de fel os corações desses desgraçados esposos. Eles precisam de consolo, e nos braços de quem ambos irão buscá-lo?

A desorganização dos negócios, consequência da desordem, só faz aumentar. Não se é muito exigente na escolha dos expedientes: depois de ter esgotado os mais vergonhosos, a bancarrota será o derradeiro recurso.

O que farão as crianças criadas em uma semelhante casa? Testemunhas de um escândalo contínuo, o que levarão elas para a sociedade? O vício e a corrupção.

Vejam, ao contrário, essa outra família, unida e expandida pelo amor. Tudo nela está de acordo, a paz reina. O pai, a mãe, os filhos entre si, todos se amam. A ternura conjugal nunca se altera nos corações dos esposos. A honestidade e os costumes não sofreram nenhum dano; a religião santificou as suas virtudes. Seus filhos, criados de acordo com os princípios mais puros, fizeram deles um hábito. O amor os criou, ele os conserva, e estreita os laços da natureza. Filhos de pais honestos, eles serão honestos. Eles compensarão a sociedade dos males que levam para ela as gerações bastardas e criminosas.

O que é o casamento? É, diz a Igreja, a sociedade legítima entre o homem e a mulher, para se santificar. Qual é a sua finalidade? A procriação dos filhos. O que diz do casamento o nosso Divino Legislador? *Erunt duo in carne una*. Eles serão dois em uma mesma carne. O que supõem essas palavras pronunciadas pela própria verdade, a não ser o princípio eterno e criador? Esse princípio vivificante inato no homem e em todos os animais, esse princípio alma da natureza – o amor, enfim. Um ditoso instinto o anuncia, e ele rapidamente se desenvolve. Uma doce atração impele um sexo para o outro. Porém, a diferença entre o homem e os animais é que, nesses últimos, ele é generalizado e vago, enquanto um único objeto pode preencher o coração do homem. Por um outro favor, o homem não ama senão para ser amado; e Deus escolhe para ele a esposa que deve fazer a sua felicidade e recebê-la dele. Eles se encontram, esses dois seres criados um para o outro, se o orgulho ou a avareza dos pais não violam as leis da natureza. Eles se unirão para se amar para sempre. Os sofrimentos da vida serão compartilhados entre eles, e lhes parecerão leves. Os prazeres dobrarão. Cada um será senhor: ninguém comandará e ninguém obedecerá. Os ternos frutos desse himeneu estreitarão os seus nós; esses nós serão indissolúveis. Que poder humano poderia rompê-los? Só a morte.

Eis aí o casamento indissolúvel. Foi Deus quem o fez, e ele será imutável como Deus. As leis da natureza são invioláveis, porque elas são justas, quando o impulso é dado pelo Criador. Ele colocou até mesmo prazer na obediência.

Se o amor é o princípio universal, uma própria emanação da Divindade; se Deus estabeleceu uma simpatia irresistível entre dois indivíduos que ele quer unir, deduz-se necessariamente que a antipatia também é uma lei irresistível da natureza. É ela que, desde a origem, fomenta uma guerra eterna entre diferentes espécies de animais. Ela tanto repele quanto atrai. Ela indica por sinais seguros e infalíveis as relações e as conformidades, a discordância e a insociabilidade. Ela estabeleceu uma tamanha variedade em nossos caracteres que tornou uns incompatíveis com outros. Como pode subsistir uma sociedade entre dois seres contrastantes? Os inimigos fogem uns dos outros e temem se encontrar: existirá uma lei mais bárbara e mais perigosa em seus efeitos do que aquela que os force a viver continuamente juntos?

Nós vimos o casamento feito segundo Deus; o casamento indissolúvel porque é feliz; o casamento mais comum, enfim. Porque (é preciso reconhecer) os maus casais são mais raros do que se acredita – eles se formam mais comumente entre as pessoas refinadas do que entre as pessoas simples.

Vejamos agora como se unem, para serem infelizes, os esposos que não se conhecem ou que não se amam. Tomemos como causa de duas espécies de maus casamentos os dois vícios extremos, a prodigalidade e a avareza, e limitemo-nos a dois exemplos.

Aquilo que se chama de conveniências de posição e de fortuna é tudo o que se considera. Uma donzela de quinze anos. Pensam em casá-la. Ela é mantida fechada desde a infância em um convento; ali, ela recebeu uma educação negativa. Criada por reclusas ignorantes e supersticiosas, em uma prisão inacessível, ela só sairá dela para ir para o altar. Sua idade – na qual as paixões são mudas –, seu retiro, os cuidados que foram tomados para subtraí-la daquilo que se chama de *o perigo do amor*, a ignorância mais profunda do mundo, de nossas leis e dos deveres e direitos do casamento, a tornam indiferente quanto à escolha e dócil aos projetos de seus pais. Eles lhe apresentam um jovem que deve ser seu esposo. No dia seguinte, ele tem permissão de visitá-la. No outro dia, o joalheiro abre diante de olhos ofuscados um estojo cintilante. Os tecidos e as rendas são exibidos no parlatório. Tudo é examinado com uma ávida atenção. Aquilo que menos se considera é o futuro. O casamento vai se concluir; os proclamas são publicados; o contrato é assinado. A jovem nunca ouviu pronunciar os termos bárbaros do estilo jurídico; ela não compreende nada daquilo, mas lhe disseram que ela terá uma carruagem e um camarote na ópera – eis aí o que ela compreende. Ela está cansada das chatices do convento, ela arde por sair de lá. Só se espera pelas costureiras com as roupas e as rendas, suspira-se pelo belo dia que será o fim do tédio e o começo dos prazeres. Resplandece, enfim, esse dia tão desejado: a carruagem está na porta do convento, a noiva sobe nela, coberta com as riquezas do luxo, coroada de flores e invejada pelas suas companheiras. Ela vai fazer no altar um juramento terrível que vai ligá-la para o resto da vida a um homem que ela não conhece. Ela vai contrair compromissos cujas consequências ela ignora. Sua boca já pronunciou esse voto fatal no qual seu coração não teve nenhuma participação, e o nó que a prende é indissolúvel.

Talvez ela seja feliz. Com uma palavra, ela entregou o curso de sua vida inteira ao acaso.

Porém, em vez desse *talvez*, o marido ainda jovem, cujo coração não está formado, cujo caráter não está definido, logo será um libertino, um jogador, um esbanjador. O dote será o recurso de suas paixões, a esposa será a vítima delas; os pesares a consumirão, as lágrimas serão as suas únicas armas. Ela implorará à sua família, que não pode fazer mais nada por ela. As diligências junto ao marido, as censuras, os conselhos, tudo será inútil. Ele se prevalecerá da lei bárbara e tirânica que regula os casamentos. Por essa lei, o marido é senhor absoluto da pessoa e dos bens de sua mulher, e dispõe deles ao seu bel-prazer. Os bens dele responderão pelo dote, se ainda restar algum; se não, o dote estará perdido. Quanto à sua mulher, logo ela não pode mais viver na sociedade; a situação dos negócios exige que ela entre em um convento da escolha do marido e não da mulher; ela viverá nele como agradar ao marido, mais ou menos cativa segundo o capricho dele; ele lhe concederá uma pensão insuficiente. Ali, ela passará sua vida nas privações, na escravidão e nas lágrimas. O marido irá onde quiser, viverá com cortesãs; ele assegurou sua existência, ele investiu os restos de sua fortuna e o dote em uma renda vitalícia; ele desafia as recriminações de uma família inconsolável, ele está quite com a lei, tudo o que ele tem a temer é a bancarrota do Estado.

Eis uma espécie de casamento. Esbocemos um outro quadro.

Assustados com o terrível exemplo que acabamos de citar, alguns pais excessivamente prudentes, para livrar sua filha dos males trazidos pela prodigalidade, vão torná-la ainda mais infeliz. Ela tem dezoito anos, ela ama um rapaz há mais de um ano, ela é amada por ele, eles iam se unir. Logo tudo se modifica: o casamento é rompido, o jovem é dispensado. Sua idade, o temor das desordens da juventude, são as causas da anulação. Sem outro exame, decidem que é necessário um homem maduro, cujas paixões sejam calmas, um homem sensato. Fazem indagações, pedem informações.

Um ocioso com vontade de prestar serviços, amigo e parasita da casa, é encarregado da procura. Ele agarra avidamente a sua missão, ele vai se tornar necessário, pagar a baixo preço o custo de suas costumeiras refeições, e estabelecer uma nova cozinha na casa dos esposos que ele vai fazer. Ele procura. Por fim, desenterra por acaso um velho e avarento celibatário. Sua fortuna é honesta, ele a formou tostão por tostão. É um homem da ordem, um bom administrador: eis aí o que é necessário. O alcoviteiro conhece o seu temperamento e a sua avareza, e vai criar nele o gosto pelo casamento. Ele elogia uma jovem donzela cheia de graças e de virtudes; ela ama a vida retirada, e prefere um homem sensato; ela só tem gostos razoáveis, ela dará pouca despesa e tem um bom dote.

Ao ouvir essas palavras, a fronte nebulosa do celibatário se desfranze: uma bela mulher, modesta, ecônoma, e um bom dote. Em vez de pagar pelos seus prazeres, ele será pago por eles! E ainda lhe restará dinheiro. É um negócio da China. Vejamos:

O intermediário apresenta o personagem que ele conhece há oito dias. É um amigo antigo, um homem... um homem, enfim. Ele será cheio de respeito. A mulher terá apenas que desejar. Desejar?! Nem será preciso que ela tenha desejos, eles estarão todos previstos. Essas belas palavras não influenciam a jovem. Ela diz baixinho: "Ele é muito feio, ele é muito velho". O apresentador e o apresentado se retiram, os pais interrogam sua filha em particular. Eles estão bem longe de obrigá-la, dizem eles, ela pode falar segundo o seu coração. Ela o faz, e repete em voz alta o que disse baixinho: "Ele é muito velho, ele é muito feio". "Mas não" – replicam –. "Você vai se acostumar com a aparência dele, ele não tem nada de repugnante. Não é um jovem que torna uma mulher feliz. A quantos desvios ele não estará sujeito? Veja o caso da Fulana, que acaba de entrar para o convento, arruinada por seu marido libertino! Além do mais, os bons partidos são raros, e esse oferece grandes vantagens. É preciso se decidir rapidamente." A donzela se retira e vai chorar em seu quarto. Os pais veem a sua repugnância, mas não ficam desconcertados com isso. O tempo, as reflexões, as ameaças e, sobretudo, a insistência do agente prestativo farão a jovem se decidir. Será forçoso que ela se renda. Ela é, com efeito, perseguida. Todos esgotam a sua eloquência. Falam-lhe das cláusulas do contrato de casamento, chegam os presentes. Eles são insignificantes, mas as promessas são brilhantes. É preciso optar: o casamento ou o convento. Se zangam com ela e a infeliz cede.

A sensibilidade de seu coração será o seu mais cruel suplício. Ela renunciará por força às doçuras da vida, ela não desfrutará jamais da felicidade de amar sem crime, ela jamais será chamada pelo doce nome de mãe, ela não chorará no regaço de filhos queridos, eles não enxugarão suas lágrimas. Ei-la condenada a não beber senão na taça da amargura. Ela vai sacrificar a sua vida inteira pelo temor do convento.

Enfim, essa outra vítima é arrastada para o altar. Nele, ela pronuncia com uma voz trêmula o terrível, o eterno *sim*, depois de ter feito a seus pais uma reverência vacilante que prova claramente que o seu coração diz *não*. Ei-la ligada para sempre, não a um esposo – ele não o será jamais –, mas a um senhor, a um proprietário da sua pessoa e dos seus bens, a um tirano avaro que vai exigir e recusar tudo imperiosamente.

O leito do himeneu está preparado. Uma mulher jovem e bonita nele se encontra, com pavor, nos braços de um desagradável e repugnante velho. Ela ignorava a natureza dos sacrifícios que teria de fazer a ele, e treme por isso. Carícias piores que suplícios são repelidas com horror. O leito nupcial está inundado pelas lágrimas da inocência. Os gemidos da dor, os gritos do desespero, os resmungos e as censuras do marido formam o concerto deste himeneu fatal. Mal surge o dia e essa desafortunada se levanta, ela corre para os seus pais e os enche de recriminações. Esses últimos esperavam esse momento para refletir. Eles estão, enfim, sensíveis ao desespero de sua filha desgraçada. Reconhecem sua culpa e têm horror dela, mas não está mais em seu poder repará-la. Terminam por ver seu genro com os mesmos olhos com que o vê a sua filha. As recriminações são recíprocas, eles se zangam um com o outro, eles detestam a si mesmos. O marido se manifesta, ele reclama os direitos do himeneu, tanto mais ardoroso de desfrutar deles quanto é mais inábil para isso, e quanto mais constantemente eles lhe são recusados. O confessor vem pregar. Ele une cristãmente a sua indignação à do marido e abre os abismos do Inferno. Só se fala da santidade dos juramentos a uma jovem a quem eles foram arrancados, e que os detesta. Não se fala senão dos direitos que tem sobre a sua pessoa um homem que um sacramento augusto tornou seu senhor. Diante dessas absurdas exortações, a repugnância aumenta, o horror redobra, a mulher foge para a casa de seus pais. O marido corre para arrancá-la de seus braços paternos. Ele percebe, pelo seu lado, a falta que cometeu, mas esta não é como a da mulher sem recurso. Resta, para indenizá-lo, o dote. Sua avareza se apodera dele. Sua mulher carece do necessário, mas ele não se envergonha por isso. Ele a sequestra, ele a afasta de seus pais que a consolavam. Ela não tornará a vê-los. Ela ficará reduzida a vegetar em uma casa de dor e de tédio. As roupas de solteira, porque ela não tem outras, caem em farrapos. Ela não ousa aparecer na sociedade. O desespero a força à fuga, ela se refugia em um convento. Seu tirano quer arrancá-la dele para enviá-la para um outro, a cem léguas, onde a hospedagem é mais barata do que em Paris. Proprietário e senhor do dote, ele não o dissipará, ele acumulará juros sobre juros, o aplicará em títulos ao portador. Herdeiros ávidos irão se apoderar da sua carteira de títulos, que ele não poderá mandar enterrar com ele. E a mulher terá perdido a sua juventude, a sua beleza, o seu repouso, a sua liberdade e os seus bens. Ela ficará sem recursos, se não for bastante feliz para morrer primeiro de dor e de aflição, em seu triste cativeiro. Eis aí a sua única esperança, porque a lei não lhe oferece nem mesmo o recurso da separação. Será que existirá uma sorte mais atroz?

O que resultará dessas duas espécies de casamentos? Nada para o povoamento, se a mulher é honesta; ou filhos adulterinos, se ela não é.

E que não se imagine que os dois horríveis quadros que acabam de ser expostos sejam exagerados. Penetrem na sombra dos claustros. Neles vocês verão os seus tristes modelos e tremerão. E eis aí a lei que regula os casamentos na França. É por ela que a sociedade legítima entre o homem e a mulher é uma sociedade leonina, na qual o marido é senhor da pessoa de sua mulher, do seu dote e dos seus direitos. A sua parte é o senhorio e o despotismo, a da mulher é a submissão e a obediência.

O costume de Paris nem mesmo permite, nos contratos de casamento, estipulações que revoguem o poder absoluto do marido. Condições racionais sem as quais o casamento não poderia acontecer não podem ser expressas. É preciso reconhecer que esse é, de todos os atos dos tabeliães, o mais importante e o mais impostor.

O adultério da mulher, ou seja, uma fraqueza muitas vezes única, implica ainda hoje na morte civil. A culpada tem a cabeça raspada e é condenada à reclusão em uma prisão perpétua. Sua herança está perdida, o seu dote é entregue ao marido.

Este último, ao contrário, pode entregar-se impunemente à libertinagem, à devassidão, diante dos próprios olhos da sua mulher, em sua casa. Se ele quiser, tem ali sua concubina e vive em um adultério público e escandaloso. A mulher nem mesmo tem o direito de se queixar. A lei não lhe outorga a ação de adultério. Ela nunca pode ser senão a acusada, e nunca a acusadora. A desordem do marido não tem consequências. No entanto, esse marido adúltero, que não quer que herdeiros estranhos sejam introduzidos em sua casa, vai introduzi-los na de seu vizinho e de seu amigo. E, se alguém se queixa disso, riem.

Um jogador arranca com esforço, de sua mulher, o estojo com diamantes que ela ganhou de seus pais, para pagar – diz ele – uma dívida de honra; e a mulher não poderia vender uma mínima parte deles para aliviar seu pai na necessidade.

Mas como! O casamento é uma sociedade legítima, e nessa sociedade um é tudo e o outro não é nada!

Eles são apenas um, e uma metade dessa unidade comanda e a outra serve! Uma oprime e a outra é oprimida, e não pode deixar de sê-lo! Esse contrato é sagrado! Ele é incontestável, imprescritível! A finalidade do casamento é a procriação dos filhos, e não haverá filhos, ou eles serão adulterinos! Esse mal atroz não terá remédio! E é só nos países submetidos ao catolicismo, é na França, que ainda subsiste essa lei injusta! O que há, pois, de mais ridículo que o costume desses selvagens bárbaros que se põem no leito quando suas mulheres dão à luz, e que se fazem servir por elas?

E esses maridos duros e ferozes ainda querem ser amados por si mesmos. O amor, segundo eles, é uma obrigação imposta à mulher acima de tantas outras. É bem lamentável para ela que este amor seja impossível, porque só ele poderia tornar suportável para ela uma lei tão bárbara.

Dizem ainda que Paris é o paraíso das mulheres. Sim, para muitas, e nem sempre para as mais virtuosas. Mas se o provérbio tem fundamento, não é seguramente pelo favor da lei. É, ao contrário, pelo abuso e pelo esquecimento da lei. Os próprios homens acham-na tão insensata, tão tirânica, que abrem mão dela por pudor e por humanidade – quando têm um pouco disso. Mas os covardes e os tolos usam de seus direitos e, então, a condição das mulheres é pior que a dos escravos.

Como os escravos, suas pessoas e seus bens são, pela lei, uma propriedade do marido. E elas ainda trazem um dote, é preciso que elas paguem para servir, enquanto os escravos têm o seu patrimônio e a sua alimentação.

Vão nos opor algumas objeções.

Dirão: 1°. As mulheres não devem estar senão na segunda classe na ordem da sociedade.

De acordo, mas elas jamais devem ser assimiladas aos escravos – e já que, pela lei, elas o são na França, é preciso libertá-las como se acaba de libertar os servos.

2°. A brandura e a modéstia devem ser o seu quinhão. Elas desarmarão com isso a própria ferocidade.

Não. O homem brutal e feroz nunca deixa de sê-lo, e a brandura não deve ser o único recurso contra a ferocidade. É preciso uma lei que previna ou puna os seus excessos.

3°. Seu sexo é o mais fraco. Elas devem ser submissas ao mais forte.

Sim, mas para serem protegidas por ele, e não oprimidas. A força da qual se abusa é uma covardia, e nada além disso. Não se dissimula que o homem deva ser o chefe da comunhão, porque suas faculdades, sua educação e sua inteligência o tornam mais apropriado que a mulher para a administração. Que ele seja, pois, o chefe, mas não o senhor; que a mulher seja consultada, que nenhum contrato possa ser firmado sem ela, ajudada por um conselho. É o direito daquele que é chamado de associado em todas as outras convenções. Que a lei, prevenindo prudentemente os abusos que a mulher pode sofrer, se encarregue de que ela tenha uma manutenção honesta e proporcional; que um avaro não possa deixar que lhe falte o necessário; que essa infame avareza não seja mais adornada com o título de economia; que o pródigo não possa dissipar os seus bens e deixar sua mulher na miséria. Se disserem que a lei já previu isso, podemos responder corajosamente que a maneira como ela previu é como se não tivesse previsto.

4°. Mas, dirão ainda, a beleza, as graças e os encantos do sexo frágil submetem a ele todos os corações, e o fazem reinar sobre os homens.

Isso é o normal, mas não sem exceções, e muitos maridos estão nessas exceções. É preciso fazê-los sair delas. A lei do divórcio os tornaria menos indiferentes e mais complacentes. Mas os direitos deles são tudo aquilo que esses maridos consultam quando são viciosos ou perversos. Assim, esse libertino volúvel, seduzido pelos encantos de uma cortesã, não será contido pelos de uma esposa amável. É preciso um novo alimento para os seus fogos impuros. Ele corre para o objeto da sua brutal paixão, e só retorna para a mulher quando é expulso da vergonhosa casa na qual se arruinou. É preciso que essa esposa traída abra os braços para esse infame adúltero, que vai lhe transmitir os frutos amargos e vergonhosos da libertinagem.

Essa desafortunada estará reduzida aos atrozes inconvenientes da prostituição. Sua saúde será também um sacrifício devido a seu marido; ele será o senhor dela assim como do resto. Ela não poderá se queixar; não existe nisso a menor causa de separação.

Assim, também esse avaro não se deixará tocar pelos encantos de sua mulher. Ele prefere um escudo[2] aos atrativos do belo sexo. Ele só se casou para desfrutar, sem custos, dos prazeres pelos quais precisaria pagar. Sua alma apodrecida não conhece nem a delicadeza e nem a volúpia pura do amor. Ele satisfaz uma necessidade. Ela não lhe custa nada e ele está contente com isso.

Eis aí como uma pomba lastimosa é vítima dos atentados de um cruel abutre ou de um sombrio mocho. Ela se debate entre as garras do animal feroz, e cada ato do casamento é uma violação estéril.

5°. Mas a natureza, acrescentarão, deu às mulheres um temperamento maleável e astuto; elas fazem dos seus maridos aquilo que querem, e os levam, como se diz vulgarmente, no bico.

Sim, se elas têm maridos brandos ou imbecis. Reconhecemos que existem muitos assim, mas nem todos o são. Além do mais, a astúcia e a falsidade são meios horríveis e humilhantes. O que se deve pensar da lei que os torna necessários às mulheres, para terem uma existência suportável? Mas será que elas são felizes se tornando culpadas disso? Será que elas não perderão, pela perfídia e pelo desprezo da lei, o sentimento de sua dependência? Será que elas se rebaixarão, sem vergonha e sem pena, aos meios empregados com o mesmo sucesso pelos escravos mais vis? As negras da América não reinam assim sobre os seus senhores?

---

2 Moeda de ouro que começou a circular na França no século XIII. (N. T.)

6º. Mas, dirão ainda, as mulheres são bem tratadas pelas leis na França, sobretudo pelo costume de Paris, que lhes assegura uma pensão de viuvez e que, através da comunhão, as faz participar dos frutos do trabalho e da indústria do marido.

Responde-se, a essa objeção, que o costume de Paris não rege toda a França; que a Normandia e as regiões de direito escrito[3] não conhecem a comunhão. Mas quando esses direitos estão abertos à mulher? Quando ela desfruta deles? Depois da morte do marido. E, se ela morrer primeiro, de que terá desfrutado? De nada. Se o marido não deixar nada, do que ela desfrutará depois dele? De nada.

E será que ela não terá posto nada nessa comunhão?! As parcelas do seu dote, os cuidados do lar, a economia, a inteligência com a qual ela ajuda o seu marido – no comércio, por exemplo –, os incômodos da gravidez, as dores do parto, a criação e a educação dos filhos não devem merecer nenhuma consideração? E se cabem a ela alguns frutos da comunhão, será que não são muito legitimamente adquiridos? Mas como ela desfruta deles? Ao bel-prazer do dono e senhor da comunhão. Eis aquilo que estabelece o costume de Paris, no artigo 225:

"O marido é dono dos móveis e aquisições imóveis por ele feitas durante o período do casamento dele e de sua mulher, de tal maneira que ele pode vendê-los, aliená-los, hipotecá-los e fazer e dispor deles por doação ou outra disposição estabelecida entre vivos, de acordo com o seu prazer e vontade, sem o consentimento de sua dita mulher, à pessoa capaz e sem fraude."

---

3 Durante o Antigo Regime, prevalecia em algumas regiões da França o direito consuetudinário, fundamentado nos costumes e na tradição. (N. T.)

Eis aí a lei e os profetas. O marido dono... Ele dispõe de acordo com o seu prazer e vontade... sem o consentimento de sua dita mulher... e sua dita mulher não dispõe de nada e não tem nada a dizer.

O marido pode mais: "Ele recebe sozinho os pagamentos das rendas próprias de sua mulher menor. O dinheiro desses pagamentos é um bem mobiliário, e essa mobilização faz com que o dinheiro caia na comunhão da qual o marido é o senhor. Na sua qualidade de senhor, ele tem sozinho o direito de recebê-lo e de exercer contra o adquirente a ação mobiliária pertencente à sua mulher – e, por uma consequência necessária, ficar sozinho com o valor do imóvel".

Bela consequência! Era inútil que a lei acrescentasse que o marido pode também gastar o valor da herança: isso nem é preciso dizer.

Se a mulher é maior, seu consentimento é necessário; mas ela é seduzida, pressionada e muitas vezes sacrifica os seus interesses por promessas vãs e ilusórias.

Parece necessário que uma nova lei zele com mais atenção pelos interesses da mulher, e que um conselho, ou o ministério público, intervenha nesses atos, e acompanhe o emprego do dinheiro da venda dos bens. Que essa lei estabeleça mais equilíbrio na sociedade entre o homem e a mulher, que ela garanta melhor essa última da perda de seus bens com um dissipador, ou da privação do necessário com um avaro. É preciso uma lei que não diga mais que o marido é o dono e senhor da pessoa e dos bens da mulher, e que o casamento é indissolúvel – quando, por sua causa e seus efeitos, ele jamais deveria ter sido contraído, e que ele é nulo com toda a nulidade.

Uma boa lei deve se ocupar mais de prevenir do que de punir o crime, de evitar o mal mais do que de repará-lo. Mas nossa lei do casamento não previne e nem repara o mal que só é sofrido pela parte mais doce e mais fraca.

Previnamos esse mal, só admitindo o casamento entre pessoas feitas para viver bem juntas. Vamos dar tempo para as comprovações. Que o amor seja consultado, e ele não unirá duas pessoas díspares. Ele não pode existir entre um homem e uma mulher de idades desproporcionais. Só o amor fará casamentos segundo as intenções da natureza e de Deus, para a felicidade da humanidade. Somente esse casamento será indissolúvel. Que o divórcio seja a ameaça e a pena daqueles que não quiserem consultar senão as conveniências e o interesse. Os pais não abusarão mais da sua autoridade; eles terão medo de comprometê-la. Um homem não será bastante desprovido de bom senso para se ligar a uma mulher apesar da repugnância dela. Um velho não desposará uma jovem que poderá deixá-lo. Todos os casamentos serão bons; eles se multiplicarão. Os celibatários não terão mais os recursos dos casamentos mal combinados, a terra não estará mais coberta desses egoístas inúteis que perturbam a ordem. Eles próprios se casarão.

Aquele esposo feroz temerá perder os pretensos direitos sobre sua mulher, e a tratará com consideração.

Aquele pródigo será contido pelo temor das contas que terá que prestar do emprego dos bens de sua mulher. Esta última poderá, com boas leis, prevenir a sua ruína.

Aquele avaro infame será forçado, por essa lei justa, a dar à sua mulher um sustento honesto, e a manter a sua casa decentemente. Ele sacrificará uma porção dos seus bens para conservar o resto. Assim, o divórcio, que não romperá os bons casamentos, conservará ainda em seus laços muitos esposos para quem o compromisso, sem ter encantos, será pelo menos suportável.

Porém, com a simples palavra divórcio, quantos santos clamores não vão se elevar?! A indignação dos padres vai explodir: "Com que direito – dirão eles – pretendeis separar aquilo que Deus uniu? Nós fizemos em nome do Céu um casamento, e vós quereis destrui-lo. Nós mesmos ditamos as palavras sagradas de um voto indissolúvel, e vós pretendeis anulá-lo. Será que ignorais que aquilo que nós ligamos na terra está ligado no Céu? Foi o que disse Jesus Cristo".

Eis aqui a nossa resposta: 1°. Um nó formado contra as intenções da natureza não foi atado no Céu.

2°. Jesus Cristo também disse: "Aquilo que vós desatais na terra, será desatado no Céu". Desatai, pois, esse nó fatal, esse nó reprovado pelo próprio Deus. Ou, antes, deixai uma lei sábia e justa quebrar essa cadeia atroz forjada no Inferno.

Vós haveis liberado os súditos de seu juramento de fidelidade para com o seu soberano. Esse voto era, e ainda é, tão sagrado quanto o do casamento. Vós liberais os religiosos de seus votos sob diferentes pretextos; eles são, pouco a pouco, secularizados; seus votos são tão sagrados quanto o do casamento. Vós suspendeis durante vários anos os votos de uma jovem que quer se tornar a esposa de Jesus Cristo. Ela passa um ano a postular e outro ano a experimentar a si mesma pelo noviciado. A essas precauções sábias da religião, se unem as da lei: ela fixou um ano para os votos. O legislador julgou sabiamente que uma moça menor que não podia dispor de seus bens, podia menos ainda dispor de sua pessoa e de sua liberdade. E depois de tantas provas, de tanto tempo dedicado à reflexão, ainda existem exemplos de que essas esposas de Jesus Cristo tenham deixado de sê-lo. E a mulher casada, em oito dias, sem reflexão – na idade em que ela não é feita –, muitas vezes forçada, quase sempre seduzida, essa esposa é atada por um nó indissolúvel. O voto feito a um homem enganador em suas promessas, perverso, libertino ou avaro, é mais sagrado que aquele feito ao próprio Deus!

Não é possível que esse absurdo desole por mais tempo tantas famílias, e retenha nos grilhões da escravidão mais dura de todas as esposas infelizes.

Quatro palavras pronunciadas pelo padre tornam sagrada e eterna uma união à qual falta o consentimento do coração, enquanto uma mínima falta de formalidades eclesiásticas acarreta a nulidade de um casamento feito de boa-fé entre dois esposos que o próprio amor uniu. Eles vivem em paz, contentes um com o outro. A pureza de seus costumes faz com que eles sejam citados como modelo das uniões conjugais. Uma família nasce desses esposos amantes. Ela foi criada na virtude, eles transmitiram a seus filhos bons preceitos, bons exemplos e uma fortuna legitimamente adquirida pelo trabalho e a economia. Eles morrem satisfeitos, dando graças a Deus e abençoando os seus filhos.

Fazem o seu inventário. Procuradores encontram uma nulidade no casamento celebrado há vinte anos. Um dos cônjuges não tinha um domicílio fixo dentro do prazo prescrito na paróquia, ou alguma formalidade faltou à cerimônia religiosa. Parentes ávidos atacam o casamento, ele é declarado nulo. Os filhos são abandonados, eles são bastardos, e aqueles nascidos de casamentos publicamente adúlteros são legítimos. A forma é tudo, o fundo não é nada: eis a lei.

Foi assim que os sacerdotes dos primeiros séculos, para tudo governar, para dominar, mesmo acima das leis, submeteram tudo às suas bênçãos. Tudo foi santificado por eles, para que tudo dependesse deles. Eles sagraram nossos reis, lhes puseram a coroa na cabeça; e, com isso, tiveram por muito tempo a pretensão de que, pelo fato de que a haviam posto, eles também poderiam tirá-la. Eles abençoaram nossas bandeiras em nome do deus dos exércitos. Eles abençoaram tudo, até o casamento. Nada é melhor. Mas por quê? Por que ele foi abençoado, será indissolúvel? O divórcio não pode senão multiplicar as bênçãos. Portanto, os padres não devem mais se opor a ele. O divórcio nos salvará do escândalo das separações, que são o remédio forçosamente empregado pela lei, no lugar do divórcio. Essas separações têm o mesmo efeito e os mesmos inconvenientes do divórcio sem ter as suas vantagens, já que elas secam as fontes das gerações, e que o divórcio as fecunda. Elas são frequentes e o divórcio será raro. Por qual contradição os esposos separados não seriam desunidos? Seria pela esperança do retorno e da reunião? É o que se vê bem pouco. Assim, se separa sem separar. Porém, de que servem essas separações, e que condição a lei lhes impõe? Ei-las: É preciso que a vida da mulher esteja em perigo, que ela seja agredida, ferida pelos golpes da brutalidade. É preciso que as sevícias sejam provadas pela afirmação e o juramento de testemunhas oculares.

Mas esse feroz esposo, esse monstro hipócrita e tenebroso, cruel com prudência, saberá escolher o tempo e o lugar. Ele maltratará sua mulher sem testemunhas – ou, o que é ainda pior, lhe fará sofrer um suplício contínuo, mais cruel que as pancadas. As injúrias, as privações, uma escravidão insuportável, ficam impunes. Ele sabe até onde pode ir a tirania tolerada pela lei. Ele exerce sem pudor, sobre sua mulher, os direitos dos senhores sobre seus escravos.

E um homem honesto, revoltado com uma afronta da qual ele é testemunha, em um movimento impetuoso e involuntário, terá levantado por uma única vez a mão para uma esposa adúltera. Ele não ousa ou não pode fornecer as provas da sua vergonha. A mulher tem testemunhas dos golpes que recebeu; seu cúmplice é muitas vezes uma dessas testemunhas. Sua separação é ordenada. O marido está desonrado, enquanto a mulher vive livre na sociedade que ela continua a escandalizar. Eis aí como, pela lei, a inocência permanece oprimida, e o vício é liberado.

Vejamos agora como, e desde que tempo, o casamento é indissolúvel.

São Crisóstomo, de acordo com Jesus Cristo, decidiu que o casamento é dissolvido pelo adultério; que, então, o marido deixa de ser marido. Os concílios adotaram essa doutrina.

O de Verberie foi mais longe. Ele decreta, no cânone II, que "quando um homem é forçado a fugir para um outro ducado ou província, ou a seguir seu senhor em uma semelhante fuga, se sua mulher com saúde se recusa a acompanhá-lo, por apego pelos seus pais ou pela sua casa, que ela permaneça sem tornar a se casar pelo resto da sua vida. Mas o marido que foi forçado a se expatriar, se não puder viver continente, pode tomar uma outra mulher, submetendo-se a uma penitência".

O Concílio de Trento excomungou aquele que sustenta que o adultério não é uma causa de dissolução do casamento. Que nenhum dos dois esposos pode, se o outro estiver vivo, contrair um outro casamento, e que, se o contrair, ele seja adúltero.

Esse mesmo concílio só considerou como indissolúvel o casamento contraído segundo as *intenções primitivas do criador.*

Esse mesmo concílio conservou no seio da Igreja, e em sua comunhão, os poloneses que promoviam o divórcio no caso de adultério, *e em todos os outros casos não menos legítimos.*[4]

---

4 Cf. o *Tratado filosófico sobre o divórcio*, p.109. [Louis-Philippe-Joseph d'Orléans, *Traité philosophique, théologique et politique de la loi du divorce*, 1789 (N. T.)]

Segundo essas citações, e muitas outras que poderiam ser feitas, vê-se ainda menos como é de uma consequência necessária que o casamento seja indissolúvel, pela razão de que ele é um sacramento. Se ele é um sacramento, nem sempre o foi. Ele só começou a sê-lo por volta do décimo século da Igreja. Pufendorf[5] estabelece esse fato: "Os papas – diz ele – quiseram se apropriar do julgamento de todas as causas matrimoniais, sob pretexto de religião".

Mas respeitemos o poder dos papas, respeitemos o casamento como sacramento. Que ele seja, se quiserem, indissolúvel. Mas ele não pode sê-lo senão por sua natureza, senão quando é contraído segundo Deus, entre pessoas livres, que uma doce e mútua atração levou uma para a outra; que o amor uniu, e cujos nós ele estreita mais ainda com o tempo.

Isso posto, um casamento contra a natureza e a razão não é nem um casamento, nem um sacramento e nem indissolúvel. Ele não é nada, ele é nulo.

O que é um sacramento? É um sinal perceptível instituído por nosso senhor Jesus Cristo para nos santificar. Essa vaga definição da Igreja não prova claramente que o casamento deva ser um sacramento e indissolúvel. Porque a Igreja não diz: "É um sinal sensível e indissolúvel". Mas qual é a finalidade de um sacramento? O serviço, a glória de Deus e a salvação do homem.

Como servem a Deus dois esposos antipáticos, sempre em guerra? Como o santo nome de Deus será glorificado por suas bocas cheias do veneno do ódio? Eles só pronunciam maldições. Eles detestam o erro que os seduziu ou a violência que os obrigou. Eles invocam a morte e a desejam um ao outro.

5 Samuel von Pufendorf (1632-1694), jurista e historiador alemão. (N. T.)

Como será ofender Deus o fato de separar aquilo que ele não uniu, aquilo que jamais deveria ter sido unido? Esse casamento é, ao contrário, uma profanação, um sacrilégio, justamente pela razão de que ele é um sacramento. E este abuso de uma coisa sagrada; esse sacrilégio, enfim, que só pode ser expiado pela cessação, deve existir para sempre?! É preciso que um sacrilégio seja indissolúvel, que Deus seja sempre ofendido, que a maldição e a blasfêmia não deixem jamais de emanar para o Céu! É preciso que um sacramento, instituído por nosso senhor Jesus Cristo para a salvação do homem, seja necessariamente a causa de sua danação.

Que esses dois esposos profanadores se tornem livres. Cada um se unirá, pelo seu lado, com aquele que ele pode amar. Duas gerações irão nascer desta copulação anteriormente estéril. Os pais, as mães e os filhos se amarão. A bênção do Céu descerá sobre eles. Cada aurora será celebrada por um doce concerto de louvores e de ações de graças. Eles se encontrarão, enfim, no lugar que Deus lhes havia designado. Ei-los, dessa vez, atados por um nó indissolúvel.

Mas, por uma contradição bem estranha, a profanação dos outros sacramentos acarreta a exclusão, a excomunhão é pronunciada contra o profanador, ele não participa mais do sacramento, ao passo que o profanador do casamento é condenado pela Igreja a uma profanação perpétua!

Este dogma dos tempos bárbaros não pode continuar sendo um agora. Nosso clero esclarecido pela luz da razão vai, enfim, se despojar do velho homem. Ele acaba de abjurar erros góticos e ridículos. As propriedades dos padres cá embaixo não são mais um direito divino, como se dizia antigamente. Tocar nelas não é mais se intrometer nas funções eclesiásticas. Os dízimos não são mais sagrados. Esse respeitável clero se rende sem dificuldade à justiça e à razão. O generoso sacrifício que ele acaba de fazer prova o quanto ele está imbuído desta verdade evangélica de que o reino de Jesus Cristo não é deste mundo. Totalmente entregue aos interesses do Céu, ele não os confundirá mais com os da Terra. Enfim, se deixará de crer que o casamento é indissolúvel, assim como muitas outras crenças têm sido abandonadas desde que são vistas com clareza.

Resta-nos combater os preconceitos vulgares. Quantas desordens – dirão muitas pessoas – vão nascer do divórcio! Responderemos: Pelo contrário, quantas desordens e escândalos vão cessar pelo divórcio! Quantas esposas estéreis vão se tornar fecundas! Quantos celibatários vão ser privados dos recursos que encontravam nos maus casais! Quantos dentre eles desposarão as mulheres que amam, e que eles corromperam! Eles darão ao Estado filhos legítimos, em vez de introduzir nas famílias bastardos espoliadores.

Mas, dirão, quantas mulheres vão romper suas cadeias?!

Esse argumento é justamente a prova de que a nossa lei do casamento é detestável. Visto que vós reconheceis que as mulheres abandonarão os seus maridos, é porque os maridos são tiranos autorizados pela lei. Mas não temais uma deserção tão considerável. De resto, aconteça o que acontecer, nada pode ter piores efeitos do que as nossas leis atuais. O divórcio romperá poucas uniões, pelas seguintes razões:

1°. Os nossos casamentos, na sua grande maioria, são bons. Vê-se mais mulheres contentes do que descontentes. Somente os bons casamentos deveriam subsistir.

2°. Entre essas mulheres descontentes, aquelas que são, por uma necessidade inevitável, falsas e pérfidas, aquelas que conhecem a arte de bem enganar seus maridos, continuarão a enganá-los. Sua depravação torna todos os homens, para elas, praticamente iguais. Elas permanecerão com seus maridos pelo temor de encontrar outros menos fáceis de enganar.

3°. O divórcio porá limites à autoridade dos maridos. Eles não abusarão mais dela quando ela puder ser reprimida. Suas mulheres serão menos desgraçadas, e carregarão um jugo tolerável.

4°. Entre o número das descontentes, bem poucas encontrarão recursos para viver isoladas. Aquelas que receberam um dote modesto, ou que foi dissipado ou reduzido, e que é insuficiente para a sua subsistência, permanecerão.

Mas o que acontecerá com os filhos? Que confusão na ordem das heranças!

Resposta: Muitas dessas uniões infelizes são infecundas; não existem filhos. Por isso mesmo, elas devem cessar para o bem público. Não existe o menor inconveniente para o divórcio. Nesse caso, ele é mesmo necessário.

Se existem filhos, eles serão divididos entre os esposos. Se só existe um, ele será sustentado pelos dois. Os filhos dos esposos divorciados se tornarão aquilo que se tornam nos países onde o divórcio ocorre. Eles serão como os filhos cujos pais e mães estão separados; como os filhos cujo pai ou a mãe contraiu segundas, terceiras e até mesmo quartas núpcias. Será que não se vê filhos de dois e três leitos? Mas dois esposos que tiverem tido vários filhos serão admitidos no divórcio? A incompatibilidade poderá ser validamente alegada depois de vários anos de coabitação?

O divórcio terá menos inconvenientes e menos escândalos que as separações.

O divórcio fará ainda menos bem à geração presente do que preparará o bem para as gerações futuras.

O casamento será transformado em um caso sério, a natureza e o amor serão consultados, e a lei do divórcio tornará raro o divórcio. Ele é infinitamente raro nas nações onde ocorre.

Um voto indissolúvel é um atentado à liberdade do homem, e o sistema atual é, e deve ser, o da liberdade. A indissolubilidade de um voto o torna insensato, e absolutamente contra a natureza. Tudo o que ele faz é reter nos grilhões escravos rebeldes. Vide essas comunidades religiosas nas quais o voto é simples. Elas são mais bem organizadas que as outras, menos escandalosas e mais permanentes. Esses reclusos solitários conservaram o sentimento da liberdade, e é certo que a liberdade, em qualquer governo que possa ser, não existe e não pode existir senão na opinião.

Resumo

Generosos cidadãos, escolhidos pela mais poderosa nação do mundo para exercerem o ministério mais augusto, o de legisladores. Escutai os votos de tantos esposos encadeados para a sua infelicidade e para o escândalo público. Escutai os gritos de dor dessas mulheres desafortunadas, vítimas do constrangimento, da sedução ou do erro de um momento. Elas estendem para vós os seus braços inocentes através dessas grades de ferro que as ferem. Elas estão cativas para o resto das suas vidas em prisões inquisitoriais, piores que a medonha Bastilha, que já não existe mais. Mais severamente punidas que os criminosos destinados ao suplício, o que será que elas fizeram para serem privadas de seus bens e de sua liberdade – o primeiro de todos os bens? Qual é o seu crime? Elas não podem dominar a revolta dos sentidos, elas tremem de horror com a aproximação de homens repulsivos, que elas desposaram contra a sua vontade. O próprio Deus reprovou esse laço contra a natureza. É preciso que a repugnância seja insuperável para que essas mulheres enganadas prefiram o mais duro dos cativeiros ao horror de uma aliança insuportável.

A França rompeu seus grilhões. A liberdade se tornou por vós, nossos senhores, a base de todas as nossas leis. Será que o sexo mais amável, mais fraco e mais doce gemerá por mais tempo no cativeiro, em um povo que se vangloria de ser galante para com as mulheres? Que os franceses renunciem, se tornando livres, a esse epíteto feito para o vício que ele caracteriza. Que eles sejam justos e bons maridos, e não galantes.

Pois bem! Por que estas grades, estas trancas, este cativeiro perpétuo, dignos do despotismo oriental?

É – dizem – para pôr uma jovem fora do alcance da libertinagem, e para conservá-la pura em um asilo decente.

Muito bem. Mas será que o único asilo seguro e decente estará em uma prisão? Será que essas prisões religiosas podem subsistir em um povo livre?

Uma mulher que se retira para elas, para se furtar à brutalidade ou à proximidade de um marido justamente detestado, não é capaz de faltar com aquilo que ela deve a si mesma. Seu retiro atesta e prova a sua virtude. A mulher viciosa e criminosa, ou foge e se entrega à desordem, ou fica com um marido que ela detesta. Ela o engana, ela se vinga dele, e se compensa pelo seu constrangimento com afeições estranhas que enchem o seu coração corrompido.

De forma que é em razão da sua honestidade que uma mulher pura e inocente é punida mais severamente. E por quê? Não terá ela um pai e uma mãe honestos e virtuosos? Eles a conservaram pura e sem mácula antes do seu casamento, e continuarão a conservá-la da mesma maneira. Sua casa é um asilo tão seguro e mais honesto do que o convento.

Se a mulher, devolvida à sua família, se comportar mal, então ela terá merecido a pena que não deve ser infligida à inocência. A prisão deve ser a punição do crime, mas é tão absurdo quanto bárbaro fazer da prisão um preservativo contra o crime.

Quebrai pois, sábios legisladores, esses grilhões da tirania sacramental. Demoli esses calabouços religiosos. Que as prisões não encerrem senão os crimes. Que as mulheres participem da liberdade do povo francês de uma maneira compatível com a decência e a modéstia de seu sexo.

Vós haveis arrancado o cetro do despotismo ministerial, para entregá-lo nas mãos do chefe da nação. Destruí o poder do fanatismo. Admiti com sabedoria e prudência a lei do divórcio. Que ele só seja ordenado por causas válidas. Ele será pouco frequente. Ele roubará do celibato os seus criminosos recursos. Ele diminuirá o número dos celibatários. Ele devolverá aos costumes a sua pureza. A ameaça do repúdio conservará melhor a esposa no dever do que o temor das penas estabelecidas contra o adultério, porque elas são desproporcionais ao delito e porque as pessoas se envergonham de infligir castigos muito rigorosos. As mulheres sabem disso, e nada é mais frequente que o adultério, pela razão de que nada é mais raro do que a punição desse crime. Uma pena forte demais faz a impunidade. Eis como o maior inconveniente das leis cruéis é a sua inexecução. O divórcio devolverá ao casamento a sua dignidade. Ele eliminará o escândalo das separações. Ele secará a fonte dos ódios. Ele fará com que os ódios sejam sucedidos pelo amor e pela paz. Ele duplicará a população, e fará com que sejam para sempre abençoados Luís, o restaurador da liberdade, e os imortais legisladores da nação francesa.

Joseph-Marie Lequinio de Kerblay
(1740?-1813)

Os preconceitos destruídos (Das mulheres)[1]

Das mulheres

Será que as luzes da razão serão feitas para continuarem sempre enterradas no monstruoso caos dos preconceitos da irreflexão e do erro, e a lei da força deve permanecer eternamente a dominadora do universo? A injustiça que, até esse momento, constitui a única base do governo moral dos homens, subsistirá perpetuamente? Essa metade da espécie humana estará decidida a manter acorrentada para sempre por mil entraves a outra metade dela própria que produz seus mais deliciosos gozos? Essa metade terá jurado irrevogavelmente ser ingrata, e recusar toda a liberdade civil e moral àquela que lhe confere tão penosamente a existência, e junto à qual ela ainda busca a cada instante a felicidade?

Se excetuardes alguns pequenos recantos do universo, será que as mulheres conhecem a sombra da liberdade? Em toda a

---

1 *Les préjugés détruits* (Chapitre XIV: Des femmes) (2.ed., Paris: 1793, p.143-54). (N. T.)

Ásia, em toda a África e em uma imensa parcela da Europa, elas são verdadeiramente e muito realmente prisioneiras, encarceradas desde o seu nascimento, reservadas para as brutalidades físicas e tratadas quase sempre tão duramente quanto os escravos estrangeiros. Elas mal têm o direito de respirar o ar livre através da grade que as encerra; sequestradas, cuidadosamente reclusas e privadas de toda a comunicação com o exterior; desprovidas de todas as faculdades, de toda a autoridade, de toda a propriedade; educadas somente para as necessidades de seus esposos, elas jamais conheceram as belezas da natureza, e ainda bem menos os encantos da sociedade. Se, algumas vezes, o capricho de seu tirano as chama a ir para o campo prodigalizar-lhe os favores dos quais ele é indigno de desfrutar, elas viajam verdadeiramente trancadas em uma prisão ambulante, cobertas por um duplo ou triplo véu, não podendo observar nada e só deixando que o público perceba uma espécie de torre informe instalada sobre uma mula, um dromedário ou um camelo – animal, incontestavelmemente, menos desgraçado e menos exposto às privações que a desafortunada que ele carrega.

Quando as paixões do monstro que a tiraniza estão saciadas, ela retorna encoberta como antes, depois de ter infrutuosamente percorrido, do mesmo modo que na noite mais escura, um espaço do qual nenhum ponto pôde se assinalar a seus olhos. Ela volta para sua prisão para ali passar – em meio ao ciúme de suas companheiras e em uma perpétua inércia, entre prazeres indecentes, as rixas e a ociosidade – uma existência que ela só conhece bem pelas dores que pôde sofrer para dá-la a outros.

Entre as nações selvagens da América, sua triste sina só é aliviada em alguns aspectos; e o pouco que elas ganham em termos de liberdade física, elas perdem superabundantemente pela vida penosa e vagabunda que são obrigadas a levar para seguir em suas guerras e em suas caçadas distantes seus maridos reunidos em hordas errantes, e percorrendo com habilidade este hemisfério quase de um polo ao outro.

No entanto, no centro desta grande ilha, em algumas populações emigradas da Europa; e, nesta última parte do mundo, entre cinco ou seis nações semicivilizadas (porque ainda não conheci nenhuma que deva se gabar de sê-lo inteiramente), as mulheres parecem desfrutar de algum grau de liberdade. É na França, sobretudo, que elas têm de se felicitar por sofrer menos privações. Como a consagração dos direitos do homem pelo culto público dos franceses não faz nenhuma exceção contra as mulheres, elas devem esperar, sem dúvida, mais tarde, um futuro mais feliz e uma completa liberdade. Os legisladores da França, enfim, acabam de dar um passo para esse objetivo, decretando a lei do divórcio, por mais imperfeita que ela seja; e, de agora em diante, nesta República, uma mulher não estará mais sujeita de modo irrevogável aos caprichos e ao humor de seu esposo – que fica arrogante, indiferente e duro depois que se torna possuidor do objeto junto ao qual abdicava tão ternamente de todo o seu orgulho quando ainda não desfrutava dele. Aquilo que deve surpreender o filósofo é que uma semelhante lei não tenha sido promulgada antes, já que os dois sexos se encontravam igualmente interessados nela, visto que cada um deles pensa igualmente na sua felicidade.

Ambos igualmente destinados a regenerar a espécie humana, a todo tempo enfraquecida, e a viver ditosos uma felicidade em comum, a compartilhar seus prazeres para duplicá-los, a diminuir seus sofrimentos compartilhando-os, a dissipar seus incômodos mesclando suas sensações, suas ideias, seus desejos, e sufocando suas dores em uma esperança comum e na confusão de suas almas. Chamados, enfim, a semear de forma recíproca flores em seu caminho, para torná-lo tão afortunado quanto possa sê-lo, é necessário que os dois esposos sejam sempre independentes um do outro para viver sempre unidos. É preciso que as mesmas atenções, amabilidades e cuidados que formaram a sua ligação saibam também consolidá-la a cada dia. Tornando-se pesada, sem isso, pelas inquietações dos afazeres domésticos, pelo fastio produzido pelo gozo, e pela inconstância natural, esta ligação logo se tornaria para os dois um igual tormento, a desolação da sua existência e o flagelo da sua vida em comum.

Ora, a lei do divórcio era a única que poderia necessariamente estabelecer essa preciosa e necessária independência, fortalecer o laço sagrado do amor pelo temor de vê-lo se romper a cada instante e conservar entre os dois esposos as atenções, os cuidados e a doce amizade que deve tornar sua união sempre nova e sempre feliz. Mas, para isso, é preciso que essa lei necessária a fim de assegurar o destino e a condição dos filhos, e indispensável à felicidade dos dois esposos, seja suficiente e que assegure às mulheres toda a extensão dos direitos que elas, como nós, receberam da natureza, e que tivemos, sem dúvida, a intenção de reconhecer em nossa declaração geral dos *direitos do homem*. É preciso que essa liberdade, essa igualdade que a razão prescreve, não tenham limites tão estreitos. É preciso que toda mulher, em qualquer idade e em qualquer condição em que possa estar, se encontre situada sempre no grau correspondente ao homem na escala de liberdade que agora deve elevar a espécie humana à felicidade.

Se a constituição mais débil das mulheres, se sua destinação a carregar o embrião da nova geração e dar a ela a primeira educação física, se a textura mais frouxa e a irritabilidade de suas fibras lhes interditam o duro exercício das armas, o perigo dos combates e as fadigas morais do governo político, ao menos essas exceções deveriam ser restritas ao limite mais circunscrito que lhes confere a natureza.

Também é em vão que algumas leis justas viriam, aqui, restituir ao sexo mais frágil os direitos que a nossa força e a nossa injustiça lhe arrebataram em todos os tempos se, através de uma educação simples e filosófica, não apoiarmos essas leis com a destruição dos preconceitos de qualquer gênero e com o ensino da verdade em todos os pontos. É inutilmente que tentaríamos convocar o sexo frágil à liberdade política e moral, se ainda continuarmos nós mesmos a fazê-lo escravo, desde o nascimento, de mil esperanças e de mil terrores igualmente tolos e vãos; se continuarmos, enfim, à torná-lo tributário, desde o berço, desta massa incalculável de fantasmas, filhos da iniquidade, da ignorância e da irreflexão, queridos pelos espíritos fracos e falsos que os temem e os amam ao mesmo tempo, pelas imaginações desreguladas que os admiram e pelas almas perversas cujos injustos projetos eles servem poderosamente.

Se um dos dois sexos tem necessidade de ser prevenido contra os ataques contínuos desses espectros alegres ou tristes, nocivos ou benfazejos, sábios ou perversos, com os quais o despotismo acreditou dever se armar para governar uma espécie repleta de paixões e geralmente incapaz de refletir por ela mesma; se um dos dois sexos tem necessidade de não ver senão a pura verdade, a partir do momento em que seus olhos percebam o primeiro clarão da luz moral, é, sem contestação, aquele que um sentimento mais refinado, uma sensibilidade mais desenvolvida e uma imaginação mais viva sujeitam mais facilmente a tudo aquilo que pode comovê-lo.

Ora, esse sexo frágil para o qual escrevo nesse momento é de tal modo dotado de sensibilidade – e, por conseguinte, de tal modo suscetível de intensas emoções e de agitações perigosas à sua felicidade – que parece não viver senão pela necessidade de amar. Assim, será um consolo inexprimível para ele amar ao menos um ser ideal, quando a mão inflexível do tempo que destrói tudo começar a alterar as graças e os encantos que atraíam para ele, pela lei da natureza, o sexo mais forte e que conserva por mais tempo a sua energia.

Eis aí, sem contestação, entre as mulheres, a maior causa da sua devoção, gênero de fraqueza que parece tão vizinho da virtude e que se alia tão frequentemente a todos os vícios. Elas são devotas porque têm uma grande necessidade de amar, e isso é notável sobretudo no declínio de sua existência. Elas amam, então, o deus do qual formam a imagem, assim como outrora amavam seu amante; elas imploram seu apoio contra os horrores da morte e do inferno, assim como imploravam a força de seu amante contra um insulto. Muitas vezes, elas nem mesmo esperam essa época dolorosa; elas deixam facilmente rivalizar, em seu coração ainda jovem, o amante celeste que engana a sua imaginação e o amante humano mais real, mas que engana quase sempre com mais perfídia sua alma formada para um destino menos infeliz.

A má educação das mulheres ainda as torna escravas da vaidade, paixão singular comum aos dois sexos, mas mais exaltada no delas, e que, sob diferentes sintomas, deixa sempre perceber a mesma causa como geradora. Ora, essa vaidade, essa pueril vaidade, sua mais cruel inimiga, as tiraniza – e, no entanto, seu domínio lhes parece muito doce para que elas procurem se livrar dele. Vítima, então, desses diferentes flagelos, princípios de todos os outros, como esse sexo poderia, em seguida, sem loucura, ousar acreditar que possa desfrutar da liberdade? Ele a deseja sinceramente, mas a força do hábito é tamanha que, apesar das suas vivas aspirações, ele não ousa se crer capaz de obtê-la, e esta nova fraqueza vem, então, aumentar nossa dominação. É preciso, portanto, se quiser ser verdadeiramente livre, que ele saiba se decidir a romper com coragem essas diferentes amarras às quais ele comete a imprudência de se prender ou de tolerar que o encadeiem.

A reforma que proponho em sua educação será bem mais difícil, eu sei, que na nossa. Pois qual é a mãe atualmente corrompida pela instrução mentirosa que ela mesma recebeu na sua juventude e pela força do hábito, que poderá se decidir a não pôr nas mãos de sua filha alguns livros religiosos, desses romances devotos que, por exibirem um título respeitável, nem por isso são menos quiméricos? Qual é a mãe que ousará se dispensar de submeter sua filha ao que ela ainda acredita ser ao menos a decência, e talvez mesmo a virtude? Além do mais, qual é a moça que, desde a aurora desta frívola e pérfida educação, não encontrará romances mais deleitáveis para substituir aqueles que a loucura, assim como o amor pela virtude, fez eclodir em séculos nos quais os conhecimentos físicos, ainda nulos, deixavam o espírito humano vagar em uma vasta e tenebrosa esfera de sonhos e de fantasmas?

Pois bem, enquanto esse sexo amável for escravo de suas paixões, ele será, apesar de tudo, escravo do sexo injusto que se aproveita da sua própria debilidade para mantê-lo perpetuamente subjugado. Muito inutilmente excelentes leis lhe prestariam algum auxílio, já que ele obteria apenas uma aparência de liberdade. Fragmentos de pedras transparentes, vindos de

Golconda,[2] polidos, engastados em pequenas folhas de metal e suspensos nas orelhas ou semeados nos cabelos, pequenos globos reluzentes, extraídos de uma concha do mar das Índias, enfileirados e pendurados ao redor do pescoço de uma europeia, assim como nas narinas de uma asiática, serão volúpias sem preço para esse sexo, tão intenso em seus desejos, enquanto sua educação não for melhor, mais verdadeira, mais simples e mais sábia. Ora, enquanto essas frivolidades forem para ele delícias tão preciosas, elas serão para nós um cetro. O sexo frágil acreditou nos lançar uma rede, e nós formamos com ela os laços que nos servem para retê-lo e que ele não pode romper. Enquanto ele próprio não intervier nisso com energia, nós tomaremos muito cuidado para não enfraquecê-los. Esses laços nos são muito vantajosos, e não poderíamos consentir plenamente em ser despojados de uma autoridade tão antiga, tão universal e tão cômoda.

Sexo frágil, que nossa injustiça oprime em todos os tempos, e submete a uma escravidão quase universal e completa, quereis enfim quebrar o nosso cetro e romper vossas correntes? Tenhais a coragem de vos instruir, de abandonar todos os vossos antigos erros; saibais vencer mesmo esta paixão sedutora, mas louca, da qual toda a finalidade é ideal, que multiplica os vossos desejos e os faz renascer incessantemente à medida que eles são satisfeitos. Renunciai às frivolidades que são o tormento de uma vida da qual elas parecem não dever produzir senão as delícias; despojai-vos de toda a vaidade; não suspireis mais por objetos que não têm em si mesmos nenhum valor real, e que não têm outro preço além daquele que tendes a ingenuidade de pôr neles.

---

2 Antiga cidade da Índia, célebre pelos seus diamantes. (N. T.)

Acima de tudo, aprendei a escapar da dominação dos preconceitos religiosos, porque eles são o princípio de toda cegueira e a morte da inteligência humana. Desvencilhai-vos com audácia de todas as quimeras; aprendei a pensar e fazei uso da vossa razão; saibais, enfim, vos governar por vossa própria conta, se pretendeis não ser mais governado doravante pelos caprichos e a vontade suprema de vossos esposos fortalecidos pela vossa superstição e pelas vossas fraquezas.

SOBRE O LIVRO

Formato: 13,7 x 21 cm
Mancha: 23,5 x 39 paicas
Tipologia: Venetian 301 BT 12,5/16
Papel: Off-white 80 g/m² (miolo)
Cartão Supremo 250 g/m² (capa)

1ª edição Editora Unesp: 2024

EQUIPE DE REALIZAÇÃO

Edição de texto
Rita Ferreira (Copidesque)
Jennifer Rangel de França (Revisão)

Capa
Negrito Editorial

Imagem de capa
Maurice Quentin de La Tour,
Madame de Pompadour, c. 1755.

Editoração eletrônica
Sergio Gzeschnik

Assistente de produção
Erick Abreu

Assistência editorial
Alberto Bononi
Gabriel Joppert

Rettec artes gráficas e editora

Rua Xavier Curado, 388 • Ipiranga - SP • 04210 100
Tel.: (11) 2063 7000 • Fax: (11) 2061 8709
rettec@rettec.com.br • www.rettec.com.br